KB040576

한국외교정책론

현인택 편저

박영사

서 문

　「한국외교정책론」을 기획한 지는 어언 3년 전이다. 필자가 마지막 학기 강의를 구상하고 있을 즈음 당시 고려대학교 정치외교학과 학과장을 맡고 있던 김동훈 교수가 마지막 학기 강의를 한국외교정책론을 맡아달라는 부탁과 함께, 강의에 외부 강사들을 초청해서 하면 어떻겠느냐며 학과에서 여러 가지 지원을 하겠다고 나선 것이다. 이에 용기를 가지고 시작하였다. 한 학기 강의 목차부터 짜고 여기에 맞춰 외부에서 강의를 해주실 교수님들을 섭외하기로 마음을 먹었다. 한 학기 강의이다 보니 한국외교정책이란 방대한 주제에 대해서 매우 구체적인 것까지 다 할 시간적 여유가 없어 큰 주제에 국한해서 10여 개를 선택하였고 거기에 맞는 교수님들을 섭외하였다. 여기에 참여해주신 교수님들은 한 분도 예외 없이 필자의 청에 흔쾌히 승낙해 주셨다. 국내외적으로 명망 있는 교수님들이시고 또 바쁘신 일정에도 불구하시고 강의에 응해주시고, 또 원고로 만들어주신 모든 참여 교수님들께 깊은 감사를 드린다.

　본 「한국외교정책론」은 기본적으로 강의를 바탕으로 만들어진 내용이다. 그렇기 때문에 참여 교수님에 따라서 구어체를 문어체로 바꾸는 과정에서 각 장마다 약간의 차이가 생기는 것은 어쩌면 매우 자연스러운 현상이라 하겠다. 약간의 구어체적 표현이 남아있는 것도 있고 매우 문어체적인 장도 있다. 이것을 필자는 인위적으로, 또 일률적으로 문체를 통일하지 않았다. 사실 강의를 시작하기 전에 참여한 교수님들과 모여 이 문제를 상의하였다. 강의가 바탕이기 때문에 구어체로 그대로 출판하는 게 더 생생할 것 같다는 교수님들도 계셨고, 책이기 때문에 문어체로 해야 한다는 교수님들도 계셨다. 결국 필자는 마지막 단계에서 문어체로 하기로 결론 내렸고, 다만 그것은 교수님들의 수정 정도에 따르는 게 좋겠다고 생각해서 지금의 책이 나온 것이다.

「한국외교정책론」은 한국의 외교, 안보, 통일 문제를 전체적으로 조망하는 데 매우 유용한 책이 될 것이다. 필자는 이 책을 출판하기 위해서 한국외교정책에 관해서 기존의 이론서나 정책서들이 어떠한 것이 있나 살펴보았다. 그간 한국외교정책을 연구하는 학자들에 의해서 수많은 이론적, 정책적 연구들이 있었으나 학부나 대학원 과정의 학생들이 입문서로 참고할 만한, 즉 교과서로 쓸 만한 저서는 상당히 드물다는 사실을 발견하였다. 영문은 물론 국문으로도 그러한 것이 현재 학계의 현실이다. 바로 이러한 점이 본 「한국외교정책론」이 가지는 강점이자 의의라 할 것이다. 본 저서는 한국외교정책을 이론적, 역사적, 정책적으로 조망하기 위해서 목차가 구성되었고, 내용이 서술되었다. 다만 다양한 이론적 논의, 이승만 정부부터 문재인 정부에 이르기까지 각 정부에 대한 매우 구체적 연구, 대외관계 및 정책에 관한 매우 다양한 연구 등은 다 담지 못했다. 주지하다시피 이 책에 수록된 내용 외에도 의미 있는 이론적, 역사적, 정책적 논의들이 있기 때문이다. 그것은 독자들의 개별 노력에 의해 연관된 연구들로 보완하는 작업이 필요할 것이다. 그러나 그러한 것이 이 책의 중요성을 감소시키는 것은 아니다.

필자의 퇴임 전 마지막 학기의 강의가 본 저서의 모태가 된 것처럼, 필자는 학계에 몸담고 있는 동안 한국외교정책에 관해서 필생을 연구하고 가르쳐왔다. 그리고 한때는 잠시나마 정책 결정을 담당해야 하는 정부의 자리에 몸담기도 했다. 그 시간은 평생을 연구하고 가르쳐온 자신에 대한 평가와 반추의 시간이라 해도 과언이 아니었다. 본인이 연구하고 가르쳤던 것이 어느 순간 현실에서 전개되는 것이었기 때문이다. 따라서 필자는 한국외교정책을 연구하는 우리 모두는 (특히 공부 과정에 있는 학생들은) 그냥 현실과 동떨어진, 탁상공론만을 공부하고 연구하는 것이 아닌 우리에게 닥친 현실과 미래에 부딪히고 있다는 인식을 더 할 필요가 있다고 생각한다. 따라서 한국외교정책론을 비롯한 국제정치학이 문제의 분석, 진단을 넘어서 처방까지를 생각하는 문제 해결의 학문이어야 한다고 생각한다. 이럴 때 우리가 공부하는 학문이 진실로 실사구시의 학문이 되고 스스로 가치를 가지게 된다.

본 저서를 출판함에 있어 다시 한번 참여해주신 교수님들께 심심한 감사의 말씀을 드린다. 그리고 앞서 언급한 고려대 정외과 김동훈 교수와 학과 교수님들 전원에게 깊은 감사의 말씀을 드린다. 외부에서 강의하러 오신 교수님들이 오실 때마다 몇 분의 학과 교수님들이 같이 자리를 해주셔서 상당히 좋은 시간이 되었고 추억이 되었다. 사실 강의를 구상함에 있어서 외부에서 강의해주실 분들을 섭외하다 보니 본 저서가 이렇게 구성되었다. 지금 생각해 보면 고려대에서 국제정치를 연구하시는 훌륭한 선생님들도 다 모셨더라면 훨씬 균형 잡힌 저서가 되지 않았을까 생각해 보면서 아쉬움이 남는다는 말씀을 드린다.

그리고 한 학기 강의가 원활히 되는 데는 연구조교 김명현 군과

학과 조교들 도움이 컸다. 끝으로 이 책의 출판을 맡아준 박영사의 이영조 부장님, 편집을 맡아준 탁종민 선생님께 특별한 감사의 말씀을 드린다.

2022년 2월

편저자 현인택

목 차

제1장
한국외교정책 결정의 요인과 역사

● ● 현인택 교수(고려대학교 정치외교학과)

1. 한국외교정책의 기원과 결정요인

현대 한국외교정책은 언제, 어떻게 시작되었나? 그 기원은 무엇인가가 가장 먼저 던져야 하는 질문이다. 물론 현대 한국외교정책은 1948년 8월 15일 대한민국의 건국으로부터 시작되었다. 그러나 그 뿌리는 그 이전 어디서 시작된 것이다. 역사가 어느 한 순간에 시작될 수 없듯이 대한민국의 시작이 기계가 작동하듯 멈춰 있다가 갑자기 시작되는 것은 아니다. 여기에는 외적 요인과 내적 요인 두 가지가 작동하고 있다고 해야 할 것이다. 외적 요인은 우리 역사에 뿌리 깊은 외부로부터의 영향, 즉 외부적 위협 요인이 그 동인이다. 내적 요인은 이것에 대응, 반응, 저항하면서 생겨난 내적 동력과 거기에 덧붙여 우리 제도와 정치 문화에서 형성된 것이 결합된 것이다.

외부적 요인은 현대 한국의 시작에 영향을 끼치는 역사적 요인이 가장 중요한 요인이 될 것이다. 물론 역사를 오래 거슬러 올라가서 그 긴 역사에서 작동하는 많은 요인들이 다 응축되어 현대 한국의 태동으로 나타난 것이긴 하나 그 역사적 요인을 일일이 다 구분할 수도 또한 그럴 필요도 없다. 현대 한국의 태동에 직접적으로 연관된 주된 요인만을 찾아도 그것으로 충분히 역사적 요인이 표현된 것으로 볼 수 있다. 이렇게 본다면 1945년 8월 15일 일제로부터의 해방과 그리고 분단, 3년여의 미군정을 거쳐 대한민국 정부 수립의 과정에서 생겨난 두 요인, 즉, 미국 요인과 북한 요인이 한국외교정책의 외적 요인 중에서 가장 강력한 영향력을 행사하는 중심 요인이라고 할 수 있다. 여기에 국내적 요인이 결합하는 것이다. 국내적 요인은 ① 정치체제 또는 제도의 성격, ② 체제 능력, ③ 리더십 유형, 그리고 ④ 정치 문화를 아우르는 것이다. 이러한 요인들의 어떠한 조합이 어떤 특정한 시대와 이슈에 반영되어 나타남으로써 결과에 영향을 미친다.

다시 말하면 "한국외교정책을 결정하는 요인이 무엇이냐?"라는 질문을 던졌을 때 그 해답은 어떤 특정한 정책에 영향을 미치는 국제적 요인과 국내적 요인의 어떠한 조합이라고 할 수 있을 것이다. 국제적 요인은 앞서 설명한 것처럼 가장 중요한 요인이 두 가지가 있다. 그것은 대한민국 수립 이후 지금까지도 주요한 요인이었고, 또한 앞으로도 일정 기간 주요한 요인으로 남을 요인들인 미국 요인과 북한 요인이다. 이들 요인들은 현대 한국외교정책의 태동과 깊이 관련되어 있기 때문이다. 즉, 분단과 대한민국의 수립, 그리고 전쟁이라는 일국의 태동 및 존망에 가장 깊은 관계를 가진 요인들이기 때문이다. 여기에 한 가지 간과되어서 안 될 것이 바로 국제체제적 요인이다. 즉, 미국 요인이나 북한 요인의 근원적 요인은 바로 국제체제 그 자체이다. 따라서 어떠한 국제체제 하에서 미국 요인과 북한 요인이 어떻게 작동하였느냐가 중요한 것이다.

아래의 표를 통해서 보면 외부적 요인은 구조적으로 맨 위에 국제체제적 요인이 있고, 그 영향 하에서 미국 요인과 북한 요인이 동렬로 놓여 있는 형상을 하고 있다. 이것의 조합이 바로 외부적 요인

으로 행사한다. 이 외부적 요인은 누구에게 행사되는가? 바로 국가에
작동하는 것이다. 그러나 국가는 외부적 영향만을 받고 바로 정책을
결정하지 않는다. 국가의 내부로부터도 외부만큼의 영향을 받는다.
즉, 내부적 요인이 작동하는 것이다.

　내부적 요인은 앞에서도 설명한 것처럼 크게 네 가지 요인들에
의해 영향을 받는다. 즉, 국내정치체제/제도의 성격, 체제능력, 리더
십 유형, 그리고 정치문화이다. 국내정치체제 및 제도의 성격은 구체
적으로 민주주의의 정도, 권위주의 체제의 유형, 민주화 과정의 속성

•• 한국외교정책결정구도

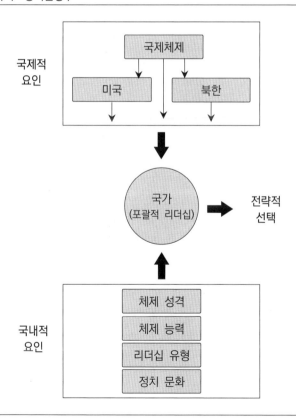

등을 말할 수 있다. 체제능력은 특히 외교, 안보적 능력을 말한다. 구체적으로는 북한에 대한 자강능력이 가장 중요하다. 여기에 경제력이 주요한 변수이다. 경제발전 정도가 되겠다. 리더십 유형은 국가 지도자의 개인적 성향과 능력을 말한다. 즉, 국가 지도자가 어떤 개인적 배경—즉, 독립투사인가, 군출신인가, 야당 출신인가, 기업가인가—이 그 지도자의 정책 지향점에 지대한 영향을 행사한다. 또한 어떤 이데올로기를 가졌느냐가 중요하다. 반공이냐 반일이냐 친미냐 등등이다. 북한에 대해서 어떠한 이데올로기적 성향을 가졌느냐도 중요하다. 또한 강한 리더십을 가진 지도자인가 아닌가도 중요하다. 마지막으로 국민들이 어떠한 정치문화를 가졌냐가 국내적 요인을 형성하는 마지막으로 중요한 요소이다. 즉, 국민들이 강한 정치 지향성을 가졌느냐, 민주화에 대해 얼마만큼 강한 열망을 가졌느냐, 경제발전 성취 지향성은 어느 정도인가, 그리고 외부적 요인들에 대한 선호도가 얼마나 강하고 오래 그것을 지속하느냐도 중요하다. 즉, 미국과 북한, 또는 일본에 대한 국민들의 호감/반감이 구조적으로 얼마나 강하고 약하냐가 외부 요인에 반응하는 내부 요인을 결정하는 주요 변수가 된다. 이러한 모든 요인들이 아우러져 내부적 요인을 이루게 된다.

다음으로 질문해야 할 사항이 바로 '누가 결정하느냐'이다. 여기에 대한 해답은 바로 '국가가 한다' 이다. 그런데 '국가'란 과연 누구를 말하는 것이냐란 질문을 할 수 있다. 이것을 설명하기 위해서 70년대 말 및 80년대 초 중반 구미에서 유행했던 국가이론(statist theory)까지 장황하게 소환할 필요는 없을 것이다[1]. 그 국가이론도

---

1) 국가이론은 국가−사회(state−society) 관계를 밝히는 이론으로 특히 국가의

결국 국가가 무엇인가 하는 가장 근본적 질문에 대한 논의로 끝나버렸기 때문이다. 필자의 견해로는 국가란 구체적으로 정책결정을 하는 주체, 즉 '포괄적 리더십'을 말하는 것이다. 여기서 포괄적 리더십이란 대통령이 가장 중심에 있고 그를 둘러싸고 한국의 경우, 청와대의 주요 스텝(즉, 수석비서관과 비서관) 및 정부 각 부처의 각료로 구성되는 결정체에서 나오는 리더십을 말한다. 이 포괄적 리더십이 대내외적 요인들의 영향을 받아서 마지막으로 결정하는 것이다.

그들이 어떻게 하느냐? '전략적 선택'을 한다. 그냥 하는 것이 아니라 전략적 선택을 한다. 전략적 선택을 한다는 말은 포괄적 리더십이 여러 가지 다양한 선택적 방안을 놓고 최선의 선택을 하기 위해 그 비용과 이익을 다 고려하고 최대의 이익이라고 생각되는 안을 합리적으로 선택하는 것이다. 여기서는 물론 합리적 선택이론에 대해서 장황하게 설명하지는 않을 것이다.[2] 결론적으로 한국외교정책 결정은 국가(포괄적 리더십)가 대내적, 대외적 요인의 영향 하에서 전략적 선택을 한 결과라고 말할 수 있다.

마지막 질문은 그럼 정책은 언제 변화하느냐? 너무도 상식적인 해답 같지만 대외적 요인과 대내적 요인으로부터의 제재(constraints)와 유인(incentives) 요인이 변하면 변화한다. 대외적 요인이 변화한다

....

경제외교정책(foreign economic policies)의 결정에 있어서 국가의 능력과 구조를 강조하는 이론이다. Stephen D. Krasner, "State Power and the Structure of International Trade." *World politics*, Vol. 28, no.3(April 1976), pp. 317–47; Peter J. Katzenstein, ed. *Between Power and Plenty: Foreign Economic Policies of Advanced Industrial States*(Madison: University of Wisconsin Press, 1978)

2) Duncan Snidal, "Rational Choice and International Relations," Walter Carlsnaes, Thomas Risse, and Beth A. Simmons.eds., *Handbook of International Relations*, (London: SAGE Publication, 2013)

는 것은 구체적으로 무슨 말이냐? 이것은 세 가지이다. 첫째, 국제체제의 성격이 변화하는 것이다. 이러한 변화는 냉전으로부터 탈냉전으로의 변화와 같은 것이다. 단순히 대외적 환경이 변화하는 정도의 변화는 아니다. 둘째, 대외적 요인 중 가장 중요한 두 요인 즉, 미국요인과 북한요인이 변화하는 것이다. 이것은 구체적으로 미국과의 동맹 관계의 기본적 변화가 있든가, 북한으로부터의 위협 요인의 기본적 변화가 있으면 대외적 요인이 기본적으로 변화하는 것이다. 따라서 이들 중 어느 한 요인이 적어도 변화하든가 아니면 이들의 혼합적 변화가 생긴다면 대외적 요인이 근본적으로 변한 것이다.

대내적 요인의 변화도 마찬가지이다. 앞서 설명한 대내적 요인 중 가장 중심적인 네 가지 대내적 요인이 근본적으로 변화하면 대내적 요인의 성격이 바뀌게 된다. 첫째가 정치체제의 변화이다. 권위주의적 체제에서 민주주의 체제로 변화한다든지 하는 것이다. 둘째로 체제능력이 변화하는 것이다. 자강의 능력을 가지게 되었거나 경제적 능력이 강해졌다면 안보적 위협에 대응하는 국가의 능력은 달라진다. 동맹에 덜 의존적이 되고 북한의 위협에도 견딜 수 있는 국가가 된다. 더욱이 일인당 국민소득 1만 달러의 국가와 3만 달러의 국가는 기본적으로 국가적 능력에서 완전히 다른 국가이다. 셋째, 리더십의 유형이다. 리더가 바뀌면 당연히 대외정책의 기본 방향이 바뀔 수 있다. 한국과 같은 대통령제 하의 국가는 더욱 그러한 경향성이 강하다. 마지막으로 정치문화이다. 민주화를 이룬 국가의 국민을 가진 정치문화는 그렇지 않을 때와 달라진다. 정치문화야 말로 민주주의 국가의 정치의 밑바탕이고 결국 이것이 리더십의 성향에 깊은 영향을 끼치기 때문이다. 이들의 어떤 한 요소나 또는 이들의 어떤 조합의 결과가 대내적 요인의 변화를 추동할 것이다.

2. 한국외교정책 결정의 이론적 측면

이러한 설명을 국제정치이론의 측면에서 분석하면 어떻게 될까?
다시 말하면 이것을 무슨 '이론'이라고 말할 수 있는 것이냐? 위의 설
명은 하나의 이론적 틀(scheme)이다. 외교정책결정을 대외적 요인과
대내적 요인을 가지고 설명하는 것은 매우 새롭지도 않고, 또한 독
창적인 사고도 아니다. 오랫동안 많은 국제정치학자들이 말해오던
것을 좀 더 한국 현실에 맞게 짜임새 있게 설명한 것이다. 그러므로
이것을 굳이 '무슨 무슨 이론'이라고 말하기를 주저하는 것이다. 아
마도 기존의 국제정치이론에 빗대어 본다면 가장 가까운 이론은 바
로 '신고전적 현실주의 이론'(Neoclassical Realism)이라고 할 수 있
다.3) 기디온 로즈(Gideon Rose)가 명명한 신고전적 현실주의 이론도
보다시피 고전적 현실주의의 생각을 약간 새롭게 조명한 것에 불과
하다.

이 기회에 외교정책 결정이론에 대해서 약간 설명하고 넘어갈
필요가 있겠다. 외교정책결정이론은 국제정치이론적 논의 중에서도
가장 오래되고 중요한 (국제정치이론이 국가의 행태를 설명한다는 측면에
서 본다면) 이론 중의 하나이다. 주지하다시피 한 때 이에 대해서는
매우 활발한 이론적 논의가 이루어졌었다. 외교정책을 논하는 이론
중에는 대이론(大理論, grand theory)에 속하는 이론들도 있고 소위 중
범위이론(middle range theory)들도 있다. 대이론들 중에는 신현실주의
계열의 이론들—공격적 현실주위, 방어적 현실주의—의 논의는 체제

---

3) Gideon Rose, "Neoclassical Realism and Theories of Foreign Policy," *World
Politics*, 51 (October 1998), pp. 144-172.

(system) 요소를 단일 독립변수로 보는 이론이다.[4] 외교정책결정에 대해 체제적 변수만을 고려함으로써 어느 한 면만을 강조하는 이론들이다.

이에 반하여 예를 들어 매우 고전적인 생각인 '내치가 외치를 결정한다'는 주장을 하는 이론들이 있다. 기디온 로즈가 명명하는 것처럼 소위 내부적 변수만을 고려하는 내부정치(innen politik) 주장이 있다. 현대적 이론에 비추어 보면 구성주의(constructivism)도 마찬가지로 정체성(identity)을 강조함으로써 의미가 있으나 내부적 요소를 중요시 한다.[5] 이도 체제를 주장하는 이론들처럼 강조하는 것을 전혀 다르나 전체의 일부만을 강조하는 이론이다. 물론 구성주의 이론을 외교정책결정이론으로 분류하지는 않는다.

이에 비해 신고전주의적 현실주의의 주장은 외부적 요인, 즉 체제적 요인을 독립변수로, 내부적 요인을 개입변수(intervening variable)로 보면서 양 요인을 다 결합시켰다는데서 보다 실체에 더 적합한 이론적 논의라고 생각한다. 그러나 여기에는 두 가지 제기해야할 문제가 있다고 생각한다. 첫째는 왜 외부적 요인을 독립변수로, 내부적 요인을 개입변수로 보느냐 하는 것이다. 아마도 80-90년대 당시 신현실주의의 열풍이 워낙 강했던 시대였기 때문에 소위 체제적 사고를 우선시하였다고 보이는데 실제로 그 반대가 아닐까 하는 생각이다. 즉, 내부적 요인이 독립변수이고 외부적 요인이 개입변수가 되는

4) Kenneth Waltz, *Theory of International Politics* (Reading, MA: Addison-Wesley, 1979); John J. Mearsheimer, *The Tragedy of Great Power Politics* (New York, NY: Norton, 2001)

5) Alexander Wendt, *Social Theory of International Politics.* (Cambridge: Cambridge University Press, 1999)

그런 구조가 훨씬 실체에 가깝다고 생각된다. 물론 이러한 논의는 외교정책결정의 주체가 국가인데 그 국가가 어떠한 외교정책결정의 상황에서 하느냐에 따라 다소 달라진다. 외부적 위협에 직면하여 국가가 외교정책을 결정하는 상황에서는 외부적 변수가 보다 독립변수 성격이 강해질 것이다. 그러나 국가가 보다 능동적으로 전략적 선택을 하는 경우라면 내부적 변수가 독립변수적 성격이 강해진다.

기디온 로즈가 논한 신고적적 현실주의의 두 번째 문제는 그가 소위 큰 그림만 제시했지 이것을 보다 구체적으로 발전시키지는 못했다는 것이다. 즉, 위에서 논했던 독립변수와 개입변수와의 관계도 어떻게 구체적으로 작동하느냐에 대해서는 논의가 별로 없다. 물론 기디온 로즈 이후 이러한 시각을 가지고 구체적 사례 연구들이 더러 나와 있다.6) 다만 이러한 연구들도 양 요소가 구체적 정책결정에 어떻게 투영되었느냐를 밝히는 정도의 연구라 할 것이다.

필자가 생각하는 이론적 틀은 국가, 또는 포괄적 리더십이 대외적, 대내적 요인들을 감안하여 (감안한다는 것은 그들로부터의 제재나 유인 요인들에 영향을 받으면서) 국가가 생각하는 목표를 구현하기 위해 내리는 전략적 선택이라고 할 수 있다. 이론을 공부하는 입장에서 보면 이러한 사고는 신고전적 현실주의가 말하는 큰 틀(독립변수와 매개변수의 관계에 대한 조정이 필요하지만) 속에서 전략적 선택을 말하는 이론들을7) 결합하면 좀 더 정교한 이론적 틀이 나오지 않겠냐는 생각이 든다.

6) Steven E. Lobell, Norrin M. Ripsman, Jeffrey W. Taliaferro, eds., *Neoclassical Realism, the State, and Foreign Policy* (Cambridge University Press, 2009)
7) Charles Glaser, *Rational Theory of International Politics: the Logic of Competition and Cooperation* (Princeton University Press, 2010)

이러한 이론적 생각을 바탕으로 한국외교정책의 지난 70년을 조명해보자. 초대 이승만 정부부터, 장면 정부, 박정희, 전두환, 노태우, 김영삼, 김대중, 노무현, 이명박, 박근혜 정부를 거쳐 지금의 문재인 정부에 이르기까지 11개의 정부가 있었는데 여기서 장면 정부는 빼더라도 10개의 정부를 거쳐 온 셈이다. 이들 정부에서의 주요 외교안보정책들을 이러한 분석틀의 관점에서 분석할 수 있게 된다.

3. 한국외교정책의 회고 I
: 이승만, 박정희, 전두환, 노태우, 김영삼 정부

(1) 이승만 정부

먼저 이승만, 박정희, 전두환, 노태우, 김영삼 정부의 주요 정책들을 한 두 가지씩만 끄집어내서 위의 이론적 틀의 관점에서 설명해보자. 이승만 정부의 대외정책 중에서 가장 흥미를 끄는 것은 한미동맹 체결이다. 이승만 정부는 주지하다시피 대한민국 초대 정부이고 가장 외부적 변수의 영향을 많이 받은 정부라 할 수 있다. 특히 정부수립부터 6.25전쟁, 전후 복구를 통해서 미국의 영향을 가장 많이 받았다. 따라서 이승만 정부는 강력한 한미관계가 가장 중요한 대외정책의 기본 틀이었다. 그럼에도 불구하고 이승만 정부는 한미동맹 체결에 지난한 협상 과정을 극복해야 했다. 미국의 이승만 정부에 대한 부정적인 생각 때문이었다. 당시 미국은 전쟁이 소강상태에 이른 1951년 초부터 하루 빨리 한국전쟁에서 손을 떼고 싶어했고, 그 결과가 휴전협정의 체결이었다. 그러나 이승만 대통령은 이러한 미국의 정책에 쉽게 응해주지 않았다. 매우 까다로운 휴전 전제

조건을 걸며 미국의 시도를 시험하였다. 그 전제조건 위에 한미방위
동맹체결을 주장하였다. 미국은 트루먼 대통령까지 나서서 이승만
대통령을 설득했으나 트루먼 대통령은 이승만의 한미동맹 체결에 부
정적이었다. 1952년 아이젠하워 대통령의 당선으로 분위기가 반전되
어 덜레스 국무장관이 주도하고 실무는 로버트슨(Robertson) 차관보
가 산파역을 맡아 1953년 8월에 한미방위조약 체결을 위한 가조약에
서명하였다.[8) 한미방위조약 체결은 그 후 지금까지 존속되어 한국
방위의 가장 중요한 버팀목이 되었다. 이것은 이승만 대통령의 거의
원맨쇼에 가까운 노력에 의해 탄생된 것이라 해도 과언이 아니다. 이
승만 대통령은 당시 한국의 안보를 위해서는 한미동맹이 가장 중요
하다고 생각하였고, 미국의 부정적인 생각을 바꾸기 위한 각고의 협
상노력, 외교노력을 통해 한국의 전략적 가치에 대해 매우 부정적이
었던 미국 행정부를 설득하여 한미방위조약 체결에 성공하였다.

(2) 박정희 정부

박정희 정부의 대외정책은 집권기간이 길었던 만큼 여러 가지
중요한 사안들이 많지만 대표적인 것은 역시 '자주국방정책'이다. 대
외적으로는 무엇보다도 북한의 위협이 지속되었다는 것이 가장 큰
요인이 되겠다. 1968년 1.21 사태처럼 북한은 박정희 대통령을 직접
제거하려는 시도를 통해 한반도 적화통일의 야욕을 감추지 않을 때
였다. 이러한 북한의 위협에 맞서기 위해 가장 중요한 것이 튼튼한
한미동맹이어야 하는데 주지하다시피 1960년대 초 등장한 미국의
케네디 행정부는 인권을 존중하는 미국의 민주당 정부였다. 군부 쿠

----

8) 남시욱, 「한미동맹의 탄생 비화」 (서울: 청미디어, 2020)

테타를 통해 집권한 박정희 정권에 대해서 미국의 케네디 행정부는 여러 가지 압박을 하는 상황에서 박정희 정부는 정권안보를 걱정해 야할 정도였다. 이러한 와중에 박정희 정부는 외교적 돌파구를 찾게 되었고 그 결과 중의 하나가 바로 한일국교정상화이다.

케네디 암살 사건으로 미국의 대통령이 바뀌고, 또 미국은 베트 남 전쟁에 깊숙이 개입하기 시작하였다. 이것이 한미관계에도 깊은 영향을 미치게 되었다. 박정희 정부는 미국의 요청에 의해 베트남에 파병 결정을 하고, 미국의 핵심 이익에 맞추려는 노력을 함으로써 초기의 미국의 압박에서 벗어나게 되었다. 그러나 존슨 대통령은 재 선을 포기하였고, 닉슨 대통령이 당선되었다. 닉슨 대통령은 주지하 다시피 닉슨 독트린을 통해 아시아에서 서서히 벗어나려 했고, 특히 데땅트 정책의 시행, 베트남에서의 철수를 행동으로 옮겼다. 닉슨 사 임이후 포드 대통령 시 한미관계는 돈독하였으나 이것도 잠시 카터 의 당선과 그의 주한미군철수 정책으로 한미관계는 최악의 상태로 치달았다. 미국이 변하고, 북한의 위협은 계속되는 와중에 박정희 정 부는 자강에 매달릴 수밖에 없었다. 그래서 비밀리에 핵개발 계획을 세웠으나 이것은 미국의 저지 노력으로 무산되는 일을 겪어야 했다.

대내적으로는 70년대 들어 유신체제를 강화하는 과정에서 권위 주의 체제의 병폐가 심화되면서 상대적으로 민주화의 압박이 강해지 는 상황이었다. 이를 정권이 극복하고자 더욱 강한 통제와 반공이데 올로기의 강조 등으로 나타나게 된다.

박정희 정부의 자주국방정책은 대외적으로는 미국으로부터의 압박과 북한 위협의 점증하는 상황에서 이에 대응하고자 하는 전략 적 선택이었다. 그 구체적인 정책은 한일국교정상화, 베트남 파병, 핵개발 계획, 한미연합사 창설 등이 그것이다. 이는 대내적으로 강한 권위주의 체제, 미약한 체제능력, 군부 출신의 강력한 리더십, 그리고 민주화를 열망하는 대내적 정치문화 속에서 탄생한 결과라고 할 수 있다.

(3) 전두환 정부

전두환 정부에 들어서서는 강력한 친미정책으로 전화하게 된다. 대내적으로는 정통성이 매우 약한 정권이었기 때문에 이를 극복할 필요가 있었다. 특히 우방인 미국으로부터 지지를 받는 정권이라는 점이 부각되어야 했다. 전두환 정부로서는 다행스럽게도 당시의 미국과 일본의 정부는 강력한 보수 정권이었다. 미국의 로날드 레이건 (Ronald Reagan) 대통령은 당선 후 소련에 대해 강력한 신냉전 정책을 표방한 터였다. 레이건 대통령은 전두환 정부를 강력히 지지하였다. 또한 당시 일본의 나까소네 정부도 미국의 영향 아래 전두환 정부를 지지하며 한일관계 개선이 이루어진다. 이의 결과가 바로 일본 정부의 한국에 대한 '안보경협차관' 제공이다.

전두환 정부 하에서 북한의 위협은 극에 달해 아웅산 폭파 사건 같은 전대미문의 북한 정권에 의한 테러 사건이 일어난다. 전두환 대통령의 미얀마 방문을 수행한 대부분의 각료들이 희생되는 그야말로 무참한 도발이었다. 이러한 북한의 도발에도 불구하고 미국은 전두환 정권의 북한에 대한 보복이 한반도에서의 전쟁 발발 위협이 커지는 것을 우려해 전두환 정부를 달랬고 결국 전두환 대통령은 보복을 포기하였다.

전두환 정부의 전략적 선택은 '강력한 한미관계'였다. 이를 통해 취약한 정통성을 보완하고, 북한으로부터의 위협을 대비하고, 그리고 한일관계도 새롭게 정립하는 일석삼조의 효과를 노린 것이다. 전두환 정부는 대내적으로는 집권 내내 정치적 불안정을 겪었지만 대외관계에서는 미국의 강력한 지지를 바탕으로 안보를 지켜나갈 수 있었다. 대신 핵개발 계획을 포기하는 등의 대가도 치러야 했다. 전두환 정부의 중반에는 강력한 경제발전의 영향으로 경제적 체제능력이 향상됨으로써 남북간의 군사력 균형이 어느 정도 이루어지는 상태가 되었다. 이러한 영향으로 북한은 극도의 대남대결 정책에서 후퇴하여 1985년에는 역사적인 남북간 이산가족상봉 같은 일이 일어나게 되었다.

(4) 노태우 정부

노태우 정부에 들어서면서 국제체제 변화가 일어나기 시작하였다. 이러한 국제체제의 변화는 한국의 대외정책에서도 깊은 영향을 미치게 된다. 제1장에서 언급한 것처럼 국제질서의 변화는 대외변수를 가장 기본적인 것으로 이것이 변화하면 이에 영향을 받는 다른 하위 변수, 즉 미국과 북한 변수에 영향을 주고 결국 한국의 대외정책에 결정적 영향을 준다. 노태우 정부는 이러한 변화를 감지하면서 이를 대외정책 방향에 반영하였는데 그 결과가 바로 "북방정책"이다. 이 북방정책을 들여다보면 당시 노태우 정부의 전략적 선택의 목표가 무엇이었나를 이해하게 된다.

북방정책은 주지하다시피 한국의 대외정책에서 그동안 회색지대였던 북방 지역 국가 ― 즉, 러시아, 중국, 일부 동구권 국가들 및 북한 ― 들과 관계 정상화를 통해 한반도의 안정과 평화를 유지하자는 목적의 정책이다. 이는 1980년대 후반 소련의 몰락으로 냉전체제가 와해되는 그런 변화가 가시화되면서 가능해진 정책이라 할 수 있다. 노태우 정부에서 한국은 처음으로 1988년 한―헝가리 수교를 시작으로 한-소 수교, 1992년의 한-중 수교 등 북방정책의 주요 핵심국가와 수교를 단행하였다. 국제체제는 그 사이 1989년 베를린 장벽이 무너져 내리고, 동구 유럽 국가들이 전부 몰락한 후 민주화 과정을 겪고, 또한 소련 마저도 무너져 내리면서 미증유의 대변혁으로 탈냉전 체제로 탈바꿈하였다.

가장 흥미로운 것은 노태우 정부의 대북정책인데, 이것은 북방정책의 마지막 고리라고 할 수 있다. 노태우 정부는 80년대 말 동구권 유럽 국가들이 모두 레짐 체인지(regime change)를 겪으면서 공산체제가 몰락하고 민주주의로의 변환과정을 겪는 와중에서도, 북한 정권의 붕괴/몰락에 의한 한반도의 대변화를 전략적 목표로 삼지 않았다는 것이다. 대신 한반도의 안정적 관리를 바탕으로 한 평화를 목표로 삼았다. 그것의 결과가 바로 남북 간의 한반도 비핵화 공동선언(91년)과 남북기본합의서 채택(92년)이었다. 이로써 북한은 남한으로부터의 체제 붕괴 압박에서 완전히 벗어나게 되었다. 1993년 즈음 국제체제의 대지진, 즉 탈냉전의 변화가 가라앉기 시작할 무렵, 북한은 스스로의 안전을 확인하고, 기존의 남북한 합의를 완전히 휴지조각으로 만들어 버리고 핵개발에 박차를 가하면서 완전히 과거의 남북관계로 돌아갔다. 그것의 반증이 바로 1993년 북한 핵 위기이다.

노태우 정부의 북방정책은 한국이 그 당시까지 매우 수동적이고, 방어적이며, 전략적으로 미국 의존적인 정책에서 벗어나 어쩌면 최초의 적극적이며, 공세적이며, 독자적인 '전략적 선택'이었다고 평가할 수 있을 것이다. 그러나 그 비전이나 상상력은 그 당시 국제체제가 변화하는 것 만큼에 이르지는 못했다. 탈냉전의 쓰나미에 소련이 몰락하고, 동구 유럽 국가들이 모두 체제 변화를 겪는 그러한 현실 속에서 당시 노태우 정부는 한반도의 안정과 관리를 위해서 남북한 공존 정책을 택했으니, 북한의 김일성 정권은 결과적으로 그러한 와중에서 체제를 안정적으로 지키게 된 것이다. 그러나 그 쓰나미가 물러가자마자 한국정부와의 약속을 헌신짝처럼 버리고 핵개발을 통해 예전의 북한으로 돌아가 버렸다.

(5) 김영삼 정부

김영삼 정부는 출범하면서 "세계화"를 정권의 화두로 삼았다. 다만 세계화 정책은 외교, 안보 정책만을 위한 것이 아니고 정책 전반에 걸친 ― 경제, 금융까지를 망라한 ― 정책이기 때문에 보다 포괄적이고 종합적인 정책이라 할 수 있다. 김영삼 정부는 최초의 문민 정부라는 특징을 가진다. 따라서 이전의 정부와는 다른 보다 탄탄한 정통성을 가진 정부로 출발하였다. 그러나 정부의 탄생이 보수와 진보 세력의 일종의 합종연횡적 성격이었기 때문에 이것이 정책의 방향에도 일정 부분 반영되었다고 할 수 있다. 즉, 친미정책을 중요한 노선으로 정했음에도 불구하고 대북 정책에서도 초기 장기수의 북한으로의 일방적 송환 같은 매우 유화적인 태도를 취하였다.

김영삼 정부의 대외정책은 임기의 초, 중반까지는 북한 이슈로, 임기의 마지막 해는 소위 IMF위기로 모든 것이 휩쓸려가게 되었다. 세계화의 기치를 들고 매우 새로운 대외정책을 시도하려 했으나 현실은 그 정반대로 고질적인 남북관계에 묶이게 되었고, 특히 경제문제에서 큰 시련을 겪으면서 최초의 문민정부의 다른 성공적인 국내 정책들 ― 예를 들어 금융실명제의 실시 등 ― 도 모두 이에 묻히게 된 것이다.

특히 1993년 북한 핵위기의 발생은 김영삼 정부의 최대 안보 과제로 떠올랐고, 1994년 김일성과의 정상회담 합의, 그 직후 김일

성의 사망으로 인한 정상회담 무산, 그리고 1994년 미국과 북한의
제네바 합의 등으로 이어지는 숨가쁜 남북미 간의 외교전이 이어졌
다. 제네바 합의는 미북간의 직접 접촉에 의해서 결과한 것으로 북
한 핵문제를 봉합하는 의미를 가졌음에도 불구하고 그것의 완전한
해결이 아닌 '동결'이라는 미봉책으로 마무리 했다는 것이 문제였다.
당시 문제를 깨끗이 해결하지 못함으로써 그것이 두고두고 문제가
되고 결국 북한이 핵을 보유하게 되는 원인을 제공하였다. 또한 핵
문제의 해결에 있어서 남북한 당사자 원칙이 훼손된 것도 바로 제네
바 합의에 한국이 참여하지 못함으로써 일어났다.

북한은 제네바 합의로 핵동결을 약속했지만 그것이 완전한 폐
기가 아님으로써 일단 김일성 사후의 혼란을 수습할 시간을 벌었지
만, 그러나 한편으로 극심한 식량난에 직면하여 소위 "고난의 행군"
을 견뎌야 하는 체제 위기에 직면하였다. 북한에서 이러한 지각변동
과 같은 사태가 났음에도 불구하고 미국의 클린턴 행정부는 대내문
제 ― 클린턴 스캔들 등 ― 에 빠져서 한반도 상황을 단지 관리만 하
고 있었고, 김영삼 정부도 뚜렷한 전략적 방향 없이 이 시기가 지나
감으로써 북한 핵문제의 해결의 소위 '골든타임'이 지나가게 되었다.
특히 김영삼 정부의 마지막 해는 경제문제의 대두로 정권이 북한문
제의 해결에 전력을 기울이지 못했다. 더욱이 정부의 마지막 시기는
불행하게도 소위 IMF사태라 불리는 외환위기가 도래하여 국가의 도
탄적 상황이 발생함으로써 북한이 아니라 오히려 대한민국 자체가
위태로워지는 초유의 사태가 생긴 것이다.

4. 한국외교정책 회고 II: 김대중, 노무현, 이명박, 박근혜 정부

(6) 김대중 정부

김대중 정부의 대표적인 외교안보 정책은 바로 "햇볕정책"이다. 우리의 이론적 틀에 비추어 보면 소위 '최초의 진보적 정권'에 걸맞게 진보적 성향이 반영된 대북정책이라고 할 수 있다. 따라서 그동안 북한의 대남 위협에 맞서서 대북 억제와 압박 정책을 시행하던 것에서 벗어나 화해와 지원 정책으로 대북정책을 급선회 시켰다. 김정일 정권이 '고난의 행군'이라는 초유의 사태에 직면하였기 때문에 김대중 정부의 대규모 북한 지원을 바탕으로 하는 햇볕정책은 남북한 상호 간의 이해가 맞아떨어지는 것이었다. 이로서 남북은 최초로 정상회담을 여는 등 화해무드로 전환하였다.

김대중 정부는 '햇볕정책'의 명목 하에 정상회담의 대가로 수억 달러를 김정일에게 선(先)지급하고, 또 매해 쌀, 비료 등을 수십만 톤씩 북한에게 제공하였다. 그 당시 북한의 식량 부족분이 연간 100만 톤 정도였기 때문에 이 부족분 대부분이 김대중 정부의 대북 식량 및 비료 지원으로 충당되었다고 할 수 있다. 또 기타 많은 물자 또한 북한에게 제공되었다. 특히 1998년 11월 시작된 금강산 관광으로 엄청난 액수의 현금이 북한으로 흘러들어갔다.

김대중 정부의 햇볕정책은 미국으로부터 상반된 반응이 나오는데, 얼마 남지 않은 클린턴 행정부는 햇볕정책에 호응하는 모습을, 이어서 부시 행정부는 심한 거부반응을 보였다. 2000년 6월 남북정상회담이 있은 후 김대중 정부는 미국의 클린턴 행정부를 집중 설득하기 시작했고, 그 결과 2000년 10월 북한의 소위 2인자라고 알려진 당시 국방위 부위원장인 조명록이 미국을 방문하여 백악관에서 클린

턴 대통령을 면담하는 일까지 벌어진다. 이어 클린턴 대통령 자신도
북한을 방문하려는 계획을 임기 마지막까지 추진하였다. 당시 국무
장관인 매들린 올브라이트가 사전 방북하였고,9) 클린턴 대통령도 거
의 방북을 결정하였으나, 임기 마지막에 중동문제에 전념하기 위해
방북을 마지막 순간에 포기하였다.10) 사실상 클린턴의 방북에 대해
서 당시 이미 부시 대통령이 당선된 이후이고 공화당에서도 엄청남
반대가 있었던 터라, 클린턴 대통령으로서는 차기 대통령이 당선된
이후 아무리 현직 대통령이라고는 하지만 미국의 대북정책을 획기적
으로 바꾸는 모험을 하기는 어려웠을 것으로 보인다.11)

2001년 1월 부시 대통령 취임 이후 김대중 대통령은 조기에 한
미정상회담을 열어 기존에 조성된 한미 간의 대북정책에 대한 기조
를 부시 행정부에서도 이어나가기를 희망하였다. 외교 업무를 담당
하는 부시 행정부의 국무장관이 채 임명도 되기 전인 3월 김대중 대
통령의 요청으로 조급하게 한미정상회담이 열렸으나 김대중 대통령
이 원하는 것처럼 좋은 성과가 나지 않았다. 특히 그해 9월 소위
9.11 사태가 발발하고 미국은 "테러와의 전쟁"을 선언하면서 미국은
북한문제에 멀어졌다. 특히 북한을 소위 "악의 축"의 하나로 언급하
면서 부시 대통령으로 부터의 햇볕정책 지원은 완전히 물거품이 되
었다. 무엇보다도 2002년 10월 미국 동아태차관보인 제임스 켈리
(James Kelly) 방북 과정에서 밝혀진 북한의 농축우라늄 개발 건으로
제2의 북한 핵위기가 터지게 되었고 이로써 미북관계의 화해는 완전

9) Madeleine Albright, *Madam Secretary: A Memoir* (New York: Miramax Books, 2003), chapter 27.
10) 빌 클린턴, 「마이 라이프」 (서울: 도서출판 물푸레, 2004)
11) George W. Bush, *Decision Points* (New York: Crown Publishers, 2010)

히 물 건너가게 되었다.[12]

김대중 정부의 햇볕정책은 북한 문제를 접근하는 하나의 접근 방법으로써, 그 자체를 가지고 '좋다 또는 나쁘다'의 가치의 개념으로 볼 문제는 아니다. 다만 북한문제의 가장 중핵적 사안인 북한 핵문제에 대해 눈을 감았다는 것이 가장 큰 문제점이다. 햇볕정책을 통해 북한에게 제공된 지원이 북한 핵문제를 풀기 위한 단초가 되기는커녕 오히려 북한이 어려움을 극복하고 핵능력을 결과적으로 키우는 기반이 되었다는 점에서 햇볕정책은 근본적으로 문제가 되는 것이다. 더욱이 북한 핵문제는 미국과 북한 사이의 문제라는 입장을 고수함으로써 핵문제를 의도적으로 무시 또는 외면했다는 비판을 면하기는 어렵게 되었다. 그럼으로써 햇볕정책의 가장 중요한 '존재의 이유'를 스스로 부정한 꼴이 되었기 때문이다.

(7) 노무현 정부

노무현 정부의 외교안보 정책을 보면 소위 '진보적 정권'이라고 하지만 정책적 방향이 매우 '혼합적'이었다고 할 수 있다. 처음부터 진보적 성격에 걸맞게 추진된 정책이 있는가 하면, 처음부터 현실적, 보수적 성격의 정책도 더러 있고, 의도는 진보적이었는데 결과적으로 보수적 정책이 된 것도 있다.

------

12) 당시와 그 후로도 한동안 당시 김대중 정부의 고위 관계자와 햇볕정책지지 학자들이 이구동성으로 미국이 북한 강석주의 말을 의도적으로 곡해해서 핵문제를 악화시켰다고 북한 편을 드는 듯한 발언들을 쏟아내었다. 이에 대해 파키스탄의 무샤라프 대통령은 어떻게 해서 파키스탄의 칸박사가 북한에게 농축우라늄 기술과 장비를 넘겼는지 그의 자서전에서 상세히 밝히고 있다. Pervez Musharraf, *In the Line of Fire: A Memoir* (New York: Free Press, 2006), pp. 288–296.

노무현 대통령 자신의 대미인식도 이와 같다. 대통령이 되기까지는 거의 반미라 할 정도로 미국에 대한 인식이 비판적이었지만, 첫 번째 방미 시 로스엔젤레스에 도착해서 워싱턴 DC로 가는 며칠 간에도 그의 대미 발언의 강도는 점차 친미적으로 바뀌었다. 결국 첫 번째 노무현·부시 정상회담은 많은 우려에도 불구하고 비교적 성공적으로 끝이 났다. 이러한 상황이 노무현 대통령 임기 내내 반복되었다. 부시 행정부의 임기 거의 2/3가 소위 '네오콘'으로 불리는 신보수주의자들의 영향으로 미국의 대북정책도 전임 클린턴 정부와 달랐기 때문에 노무현 대통령 임기 거의 전반을 이와 같은 미국의 영향 하에서 고심하였다고 보아진다.

이의 결과로 노무현 정부의 주요 대외정책들을 보면 혼합적 성격의 정책들이 나타난다. 대표적인 것이 이라크 파병결정과 한미 FTA(자유무역지대) 추진이다. 이라크 파병은 전적으로 대미관계를 고려한 것이고, 한미 FTA 추진은 노무현 정부의 성격으로는 의외라 할 정도로 자유주의적 성향을 가진 것이다. 군사안보 정책에 있어서도 혼합적 정책들이 나타난다. 2003년 주한미군 2사단의 이전 결정과 평택 주한미군지지 결정은 상호 배치되는 듯 하면서도 한미동맹의 재조정을 통해 한미관계를 재정립하고자 한 노무현 정부의 성격을 잘 나타낸다. 이와 더불어 제주해군기지 결정은 노무현 정부의 매우 강한 안보지향성을 나타내는 또 다른 지표이다.

북한 핵문제에 대해서는 세 갈래의 다른, 좀 더 복잡한 과정에 의해서 남북 간의 상호작용이 이루어진다. 첫째는 노무현 정부의 소위 '햇볕정책 시즌 2'라 불릴 수 있는 대북유화정책의 추진이다. 물론 그 과정은 조금 복잡한데 정권 초기는 김대중 정부 시 북한과의 정상회담 대가로 준 대북 송금에 대한 특검으로 남북관계는 완전히 경색되었다. 그러나 대북 지원은 김대중 정부의 수준으로 계속하였다. 또한 2004년 개성공단을 오픈함으로써 개성공단과 금강산관광으로 북한에 대한 지원이 크게 늘었다. 이를 계기로 집권 후반기에 정상회담을 추진하였다. 이의 결과로 급기야는 집권 마지막 해, 그것도 거의 마지막인 2007년 10월 정상회담을 평양에서 개최하여 소위 '10.4 선언'을 채택함으로써 후에 매우 논란이 되는 합의를 남겼다.

둘째, 북한 핵문제는 노무현 정부 임기 내 거의 전부를 회담으로 일관하였다. 그것은 특히 6자회담이 2003년 처음 시작이 되어 핵문제 해결을 다자간 협의에 의존하는 변화가 되었다. 이의 결과로 2005년 9.19 공동성명을 통해 북한이 핵을 완전히 포기하는 선언을 하였다. 그러나 북한은 2006년 1차 핵실험을 단행함으로써 이를 깼고, 이에 국제사회가 제재를 가하고 또 이를 봉합하기 위해 소위 2007년 '2.13 합의', '10.3 합의'를 통해 북한을 협상의 틀 안에 놓으려는 시도가 있었다.

소결을 지어보면 노무현 정부도 대내적 성격, 즉 진보적 성격이 대외관계에 기본적으로 투영되었다. 안보정책에 있어서는 한미관계라는 특수성에 비례해 비교적 동맹 중시 정책에서 크게 벗어나지 않으려 했다. 그러나 대북정책에 있어서는 특히 집권 후반기로 갈수록 진보적 성향이 두드러지게 나타나는 양상을 보였다. 특히 다음 대통령 선거가 불과 2개월 여 남짓밖에 남지 않는 임기 말의 정상회담의 추진은 노무현 대통령의 말처럼 "남북관계에 대못을 박겠다"는 것으로 매우 무리가 있는 정치적 결정으로 내린 것으로 볼 수 있다.

(8) 이명박 정부

이명박 정부의 외교안보정책도 본 연구의 이론적 틀에서 이미 제시한 것처럼 대외적 요인과 대내적 요인의 영향 하에서 지도자의 전략적 선택의 결과라고 말할 수 있다. 이명박 정부의 대외정책의 기조는 이미 정부가 출범하기 전에 그 대강이 만들어졌는데 그것은 바로 외교안보정책의 대강인 소위 "MB 독트린"과 대북정책의 기조인 "비핵·개방·3000 정책"이다.[13] MB독트린은 대미정책을 포함한 7개항의 미래지향적인 대외정책의 기조를 포함하는 것이고, 비핵·개방·3000 정책은 그중에서도 특히 대북정책의 기본을 밝힌 것이다. 특이한 점은 대통령 자신이 여기에 깊이 천착되어 임기 내에 일관되게 이러한 기저를 따르려고 했다는 점이다.

한미관계는 김영삼 정부 이후 그 어떤 정부보다도 매우 돈독한 관계를 임기 내내 유지하였다. 한미 양국의 수뇌부, 특히 미국 측에서 한미동맹관계가 "이보다 더 좋을 수는 없다"는 얘기가 나올 정도였다. 진보적 성격의 한국의 전임 두 정부와 미국의 보수 정부 사이의 소위 '잘못된 결합(miss match)' 탓도 있고, 특히 당시 일본의 민주당 정부와 미국의 오바마 정부 사이의 삐꺽대는 미일관계에 견주어 미국 내에서 강력한 한미관계를 찬양하는 의미에서 나온 발언이었다. 사실상 미국은 민주당인 오바마 정부가 출범했음에도 불구하고 한국의 보수 정부인 이명박 정부와의 사이가 매우 돈독했다. 이것은 첫째, 대통령들 사이의 돈독한 관계가 가장 중요한 요인이다. 둘째, 한국정부가 10년 진보정권 뒤에 탄생한 보수 정부이고, 그 주요 정책들이 상당히 동맹중시적 성격을 가진데 기인하였다. 그리고 셋째, 미국 측에서 보았을 때 오바마 정부가 민주당 정부였음에도 불구하

---

13) 대한민국정부, 「이명박정부 국정백서: 원칙있는 대북·통일정책과 선진안보」, 2013, 제2편

고 주요 각료 및 고위 관료 구성원이 진보적 이념에 치우치지 않는 현실주의적 성향이었기 때문에 가능한 일이었다.

따라서 이러한 좋은 한미관계의 분위기 속에서 이명박 정부는 오바마 대통령의 강력한 지원 속에서 일부 참여 국가의 마지막까지의 반대에도 불구하고 G-20 정상회담의 멤버가 되었고, 오히려 미국에 이어 제2차 G-20 정상회담의 개최지가 되었다. 뿐만 아니라 당시 한미 간의 주요 현안이 거의 이 시기에 원만히 해결되었다. 첫째, 전시작전통제권의 전환이 2012년에 이루어질 예정이었으나 이것을 3년 유보하는 결정이 이루어졌고, 둘째, 한미미사일협정이 개정되어 한국의 미사일 개발이 속도를 내게 되었다. 셋째, 한미원자력협정의 개정의 토대가 마련되었다.

대북 문제에 있어서는 이전 두 정부에 비해서 상당한 변화가 있었다. 김대중, 노무현 정부에 비해 이명박 정부는 그 전 두 정부의 비핵화 없는 대북지원에 대해서 상당히 비판적인 사고를 가지고 대북정책을 추진하였다. 이러한 이명박 정부의 대북정책에 대해서 국내 진보 진영의 상당한 반발이 있었고, 또한 북한으로부터도 반발이 컸다. 특히 2008년 금강산 관광 시 벌어진 박왕자씨 피격사건은 남북관계를 근본적으로 교착상태로 만드는 계기가 되었다. 또한 북한으로서는 2008년 8월 김정일이 뇌경색에 걸림으로써 일정 기간 지도자 유고 사태와 다름이 없는 일이 벌어짐으로써 남북관계의 방향을 결정짓지 못하는 상황도 동시에 벌어졌다. 김정일의 와병사태는 2009년 봄까지 이어졌고 따라서 남북관계의 경색국면도 따라서 이어지고 있었다.

이러는 사이 미국은 오바마 정부가 출범하였고, 한미 간에 대북정책에 관해 긴밀한 상호 조율이 이루어졌다. 그것은 새로 취임한

국무부 동아태차관보 커트 캠벨(Curt Kampbell)이 주도한 것으로 한
미 간의 조율 이후 미국은 새로운 대북정책으로 "전략적 인내 정책"
(Strategic Patience)을 발표하게 되었다.

남북 간의 유의미한 접촉도 이루어졌는데 김대중 대통령 서거
를 계기로 소위 '조문사절'로 찾아온 김양건 통일전선부장과 현인택
통일부 장관 사이의 면담으로 오랫동안 경색이 지속되어왔던 남북
사이의 대화의 물꼬가 트인 것이다. 이후에 북한은 비공개 비밀접촉
을 통해 정상회담에 대한 의지를 먼저 표명하였고 남북 간에는 몇
차례의 고위급 접촉이 이루어졌다. 그러나 이러한 접촉이 남북 간
정상회담의 합의로 이어지지는 못했다. 북한이 비핵화에 대한 결단
을 내리지 못했기 때문이다.

2010년 초 남북 고위급 대화가 소강상태에 접어든 사이 2010년
3월 26일 북한이 느닷없이 천안함 폭침을 일으킴으로써 남북관계는
완전히 파국을 맞게 되었다. 이러한 배경에는 당시 김정일의 와병으
로 리더십이 흔들리는 사이, 군부에 상당히 권력이 집중되고 있었고,
김정일 또한 승계 문제 등으로 강력하게 군부를 통제하지 못함으로
써 이러한 일들이 벌어진 것으로 보인다. 더욱이 2010년 후반 남북
대화 당국이 어렵게 대화를 통해 11월 15일 적십자회담을 갖기로 합
의를 한 상태에서 그 이틀 전인 11월 23일 북한이 연평도를 피격함
으로써 남북관계는 회복하지 못할 수준으로 떨어지게 되었다. 그리
고 2011년 말 김정일의 사망, 김정은 승계로 북한 권력 자체에 이상
이 생김으로써 남북관계는 더 이상 진척이 되지 못하였다.

(9) 박근혜 정부

박근혜 정부는 북핵 문제 해결에 '한반도 신뢰 프로세스'라는 접

근법을 내걸었다. 박근혜 정부는 이명박 정부에 이은 보수 정부이지만 대북 문제에 있어서는 다소 진보적인 뉘앙스의 정책을 표방하였다. 즉 '한반도 신뢰 프로세스'라는 대북 접근법 자체가 보수적인 어프로치와는 결이 다른 것이다. 박근혜 정부는 기존의 진보 정부의 대북정책과 보수 정부의 대북 정책이 북한을 의미 있는 변화를 이끌어내지 못했기 때문에 새로운 대북정책을 모색할 필요에서 한반도 신뢰 프로세스를 주장하였다. 그러나 남북 간의 '신뢰'를 형성하여 북한 핵문제를 근원적으로 해결하겠다고 한 자체가 매우 비현실적이고 추상적인 접근법이 되어버린 것이다. 1993년 북한 핵 위기가 벌어진 이래 벌써 20여년 이상 남북 간 및 국제사회와 북한 간의 대결 및 갈등 구조가 심화되었고, 북한에 대해 제재를 가하고 있는 상황에서 어떤 방법으로, 얼마만큼 시간을 들여서 어떻게 신뢰를 회복해서 문제를 근원적으로 해결할 수 있는 지가 의문이 된 것이다.

　박근혜 정부의 한반도 신뢰 프로세스 정책은 북한이 2014년 인천 아시안 게임 폐막식에 이례적으로 당시 북한의 실세라고 알려진 황병서 군 총정치국장, 최룡해 당비서, 김양건 통일전선 부장을 파견함으로써 가시화 되는 듯 보였다. 그러나 그 이후 남북 간에 어떤 의미 있는 큰 진전은 없었다. 오히려 2015년 8월 북한의 목함지뢰 매설로 우리군 병사가 부상을 입는 사건이 발생하였고, 이에 대응하여 군은 DMZ에서의 대북확성기 방송을 재개하였다. 이에 대해 북한이 서부전선에서 포격을 함으로써 남북 간에 군사적 긴장이 높아졌다. 이를 계기로 다시 남북 간 고위급 회담을 통해 북한의 목함지뢰 매설에 대한 사과와 우리의 대북확성기 방송의 자제를 합의함으로써 갈등의 불씨를 껐다. 그러나 북한의 2016년 1월 제4차 핵실험에 대해 박근혜 정부는 개성공단 폐쇄 등의 강경한 대응으로 응수함으로써 남북관계는 회복되기 어려운 지경으로 돌아갔다.

박근혜 정부의 대중정책도 문제가 되었다. 박근혜 정부는 중국을 북한 문제 해결의 중요한 고리로 본 듯하다. 그렇기 때문에 동맹인 미국의 반대에도 불구하고 중국의 소위 '70주년 전승일 기념식'에 참석하여 군사 퍼레이드를 관람하기 위해 천안문 망루에 시진핑 주석과 함께 섰다. 미국과의 동맹 지도자로서는 유일했고, 민주주의를 하는 국가의 지도자로서도 박근혜 대통령이 유일했다. 그러한 논란을 의식해서 전승절 기념식에의 참석은 마지막에 결정되었는데 한반도의 안정과 평화를 위한 중국의 역할을 비중 있게 고려한 것이 결정의 원인이라고 박근혜 정부는 밝혔다.

그러나 북한이 2016년 1월 6일 4차 핵실험을 단행했을 때 박근혜 대통령은 주요 우방 및 중국 정상과의 긴밀한 대응을 국제사회에 보여주려 했고, 미국 대통령과는 곧 바로 전화통화를 통해 강력한 대응 의지를 밝힐 수 있었으나 끝끝내 시진핑 주석과는 정상통화가 이루어지지 않았다. 미국과의 갈등을 감수하면서까지 천안문 망루에 오르는 결단까지 했지만 실제로 시진핑 주석으로부터 필요한 순간에는 협조를 받지 못한 결과가 생긴 것이다. 이뿐만 아니고 사드 문제에 있어서도 한중간에는 큰 간극이 생기면서 한중관계는 그 이후 매우 어려운 시기에 접어들게 되었다.

박근혜 정부도 마찬가지로 외교안보정책의 결정에는 지도자의 리더십이 매우 큰 영향을 미쳤다. 앞서 설명한 것처럼 박근혜 대통령은 보수적 리더였음에도 불구하고 전임 이명박 대통령과는 다른 행보를 보여주려 했다. 그것이 북한과 중국에 대한 정책결정에서 나타난다. 그 결과에 대한 평가를 별도로 하고 이것은 대외적 요인과 대내적 요인이 함께 어우러지는 정책결정의 특징이 고스란히 반영되고 있다는 것을 예시해 주는 것이다.

5. 결론

한국외교정책의 결정요인은 대내적 요인과 대외적 요인의 영향 하에서 포괄적 리더십의 전략적 선택의 결과라는 것이 본 연구의 결론이다. 이론적으로 보면 신고전적 현실주의와 전략적 선택이론의 절묘한 배합을 통해서 나오는 절충이론이 한국외교정책을 해석하는 데 가장 적합하다고 보았다. 이러한 관점에서 상기한 바와 같이 지난 70여년의 한국외교정책의 실제 사례들에 대해 서술하였다.

2021년을 기점으로 하는 국제정치의 현실과 미래는 어떻게 전개될 것이고 이것이 한국외교정책에의 함의는 무엇인가? 그것에 대한 해답은 특히 대외적 요인에 있어서 커다란 변화가 진행되고 있다는 것이다. 지난 30년 전에 일어났던 냉전에서 탈냉전으로의 변화가 새로운 국제질서를 만들어내는 큰 변화였다면 지금 진행되고 있는 변화도 그에 못지않은 기본적, 구조적 변화가 진행되고 있다고 말할 수 있다. 냉전에서 탈냉전으로의 변화로 국제질서의 기본적 변화가 일어났음에도 불구하고 미국이 여전히 새로운 국제질서의 헤게모니 국가 또는 규칙 제정자(rule maker)로서의 역할을 했기 때문에 한국은 미국의 동맹으로서 다행히 부정적인 영향은 크게 받지 않았다. 앞으로 전개될 국제질서의 변화는 바로 중국에 의해서 일어나는 변화이기 때문에 향후 불확실성의 요소는 점점 더 커질 것이다. 미중 헤게모니 전쟁으로 한국은 이러한 도전에 직면해서 더 큰 기회와 위험의 교차로에 서게 되었다.[14]

과연 한국의 미래는 한국의 과거가 될 것인가? 아니면 한국은 새로운 미래를 창출할 수 있을 것인가? 이것에 대한 해답은 앞으로 전개될 국제질서는 어떠한 것이고, 이것에 대응하는 한국의 전략적 선택의 여부와 직접적으로 연관이 있다. 지난 70여년은 호혜적 헤게모니인 미국의 안보 우산 속에서 북한으로부터의 위협을 막아내고 기타 비우호적인 국제세력들로부터 압박을 견디어낸 시간이었다. 냉전체제 하에서 그렇고, 탈냉전이 진행된 지난 30년의 시간도 그랬다. 이러한 국제체제가 향후 근본적으로 바뀔 가능성이 커졌다. 미중헤게모니 경쟁의 결과에 의해서 모든 것이 결정되기 때문이다. 이 경쟁은 국제질서의 모습도 바꿀 것이지만 결국 한국에게도 결정적인 영향을 미칠 것이다.

한국은 헤게모니 변방국으로서 이러한 미중헤게모니 경쟁의 영향에서 벗어날 수 없다. 오로지 이 헤게모니 경쟁 속에서 할 수 있는 선택을 하며 헤쳐 나갈 수밖에 없다. 한국이 전략적 선택의 폭을 넓힐 수 있는 것은 국가능력을 키우고 강해져야 하는 것뿐이다. 그런데 그러한 길로 가는 것은 포괄적 리더십의 역량이다. 그들이 어떠한 전략적 선택을 해서 국가를 어떻게 끌고 가느냐에 따라 국가의 미래가 결정된다. 그러나 그 포괄적 리더십을 선택하는 것은 결국 국민의 몫이다. 성숙한 국민이 성숙한 정부를 만들고 성숙한 정부가 현명한 전략을 선택한다. 한국의 미래는 그러한 길로 가는가?

---

14) 현인택, 「헤게모니의 미래」 (고려대출판문화원, 2020)

제2장
미중갈등과 샌프란시스코 체제[1)]

●● 신욱희 교수(서울대학교 정치외교학부)

1. 서론

　　냉전기 한국의 안보는 한미일 삼각안보체제에 의해 유지되어 왔다. 하지만 냉전의 종언은 세계질서의 커다란 전환의 양상을 가져왔으며, 이는 다극체제, 일극체제, 새로운 양극체제의 논의를 거쳐 현재는 다양한 형태의 무질서에 대한 논쟁으로 이어지고 있다. 즉 냉전의 종언 직후의 '과거로의 복귀'(back to the future), 9.11로 이어지는 '일극적 순간'(unipolar moment), 중국의 부상에 따른 'G2'와 '아시아의 세기' 논의를 지나서 '미국의 부활' 가능성, 중국의 '신창타이', 복수의 '지역'의 등장으로 특징 지워지는 모호하고 복잡한 상태로 이어지고 있는 것이다.

　　하지만 한반도와 동아시아의 분석수준을 중심으로 이루어지는 한국 안보에 대한 고찰은 중국의 부상과 그에 따른 미중관계의 구조적 맥락 변화에 여전히 큰 영향을 받고 있다. 이는 독일의 사회학자

----

1) 이 글은 신욱희, "중국의 부상과 샌프란시스코체제의 전환," 전재성 편, 『동아시아 지역질서 이론: 불완전 주권과 지역갈등』, 사회평론아카데미, 2018을 2020년 초에 부분적으로 수정한 것이다. 따라서 2020년 11월 미국 대선에 따른 바이든 행정부 등장 이후의 상황에 대해서는 다루고 있지 않음을 밝힌다.

루만(Niklas Luhmann)의 용어를 빌려 표현하자면, 한미일 관계를 중심으로 하는 한국의 기존 안보'체계'가 부상하는 중국이라는 '환경' 요인에 따라 그 '경계'가 새롭게 구획될 수 있는 시기를 맞고 있다고 이야기 할 수 있을 것이다. 이를 주체-구조의 문제에 연결시키면, 한국이라는 주체가 지역체제의 구조 변화와 어떠한 방식의 상호구성을 이루어나갈 것인가의 주제로 표현된다.

이 글은 이와 같은 전제 아래서 '샌프란시스코 체제'라고 지칭되는 기존의 안보체계가 미중관계의 전환에 따라 어떠한 영향 아래 놓이게 될 것이며, 그러한 양상에서 한국이라는 행위자에게 주어지는 정책적 범주는 어떠할 것인가에 대한 검토를 수행하고자 한다. 먼저 중국의 부상에 대한 다양한 해석과 그 지정학적, 지경학적 결과를 생각해 보고, 샌프란시스코 체제의 형성과정과 그 안보-경제-관념의 연계 방식과 변화의 측면을 분석한 후, 동아시아 안보에서 중국의 부상과 미국의 역할이 상충되는 부분을 고찰해 보고, 이에 관한 한국의 기존 샌프란시스코 체제의 전환적 시도 방식에 대하여 논의 할 것이다.

2. 부상하는 중국의 영향

중국의 부상이 얼마나 객관적인 사실인가에 대해서는 다양한 주장과 논의가 있어 왔다. 하지만 소련의 해체 이후 21세기 초반에 이르기까지 미국과 중국의 국방비 지출과 GDP의 변화를 참고한다면, 냉전 말기 일본의 부상에 대한 논쟁과 비교해 볼 때 그 추세의 면에서 좀 더 분명한 경향을 보여주고 있었다고 할 수 있다. 미국의 국방비는 1989년 5,262억 달러에서 2010년 6,871억 달러로 약 30%

증가한 것에 비해, 중국의 국방비는 1989년 159억 달러에서 2010년 1,143억 달러로 약 700% 증가하였다. GDP의 경우 미국은 1989년 5조 4,396억 달러에서 2009년 14조 1,190억 달러로 약 2.5배 증가한 것에 비해, 중국은 1989년 3,439억 달러에서 2009년 4조 9,854억 달러로 약 14배 증가하였다. 2010년대 중반 이래 이른바 신창타이 시대로 들어서면서 중국의 고속성장은 주춤했지만, 일대일로로 대표되는 중국의 '영향력의 영역'(spheres of influence)의 확대는 지속되고 있다고 할 수 있다.

중국의 부상에 대한 실질적인 척도보다 더욱 논쟁적인 것은 그것이 가져올 결과에 대한 인식의 문제이다. 이에 대해서는 중국위협론, 중국포위론, 그리고 중국기회론의 세 입장이 대립되고 있다. 공격적 현실주의자인 미어샤이머(Mearsheimer)와 방어적 현실주의자인 월트(Walt)의 의견이 수렴되고 있는 중국위협론은 21세기 초반 중국의 상대적으로 적극적인(assertive) 대외정책이 본격화 되면서 미국 국가전략의 관념적 기반으로의 위치를 굳히게 되었다. 물론 중국은 이러한 인식이 자국의 평화로운 굴기를 미국이 기존 동맹국들과 함께 제어(constrain) 하려는 것이라고 주장하는데, 이와 같은 중국포위론은 한국전쟁에서의 교전을 통해 만들어진 이른바 미국위협론의 연장이라고 할 것이다. 마지막의 중국기회론은 아래에서 서술되는 지경학, 또는 신지정학적인 입장에서 중국의 부상을 비교적 중립적 입장에서 해석하고 그것이 수반할 수 있는 이익, 혹은 협력의 측면을 강조하려는 것이라고 할 수 있다.

다위샤가 민족주의의 분석을 위해 사용했던 유형론을 위협인식에 적용한다면,[2] 중국의 위협 또한 본질적, 구성적, 그리고 도구적 측면으로 구분할 수 있다. 본질적인 것은 상상된 것이 아닌 '실재하는' 위협을, 구성적인 것은 고정되거나 이미 정해진 것이 아닌 '형성 되는' 위협을, 그리고 도구적인 것은 정치적 혹은 물질적인 이익을 위해서 '사용되는' 위협을 지칭하는데, 중국의 위협도 이 세 요인을 함께 갖고 있다고 보는 것이 적절할 것이며, 이를 어떻게 구분하거 나 수용할 것인가에 따라 위협, 포위, 기회 입장의 상대적 평가가 정 해질 것으로 보인다.

중국의 부상이 가져오는 지정학적인 영향을 주로 살펴볼 경우, 본질적 위협을 수반하는 중국위협론의 주장이 조금 더 설득력을 가 지며,[3] 이는 '지정학의 귀환'이나 '강대국 정치의 비극' 논의와 연결 되어 세계정치의 가장 핵심적인 주제가 되고 있다.[4] 부상하는 중국 을 동아시아의 지역적, 한반도의 국지적 수준에서 생각해 본다면 중 국은 이미 일본과의 지역적 패권 경쟁에서 우위를 차지하고 있고, 부분적인 갈등에도 불구하고 북한에 대해 가장 강력한 영향력을 행 사하는 행위자로 간주된다. 이러한 전환의 양상은 동북아시아 지역 협력과 북핵/북한문제의 해결에 상대적인 장애요인으로 작용할 가능 성이 있다고 할 수 있다.

지정학적 차원에 비해 중국의 부상이 가져오는 지경학적 영향

2) A. Dawisha, "Nation and Nationalism: Historical Antecedents to Contemporary Debates," *International Studies Review*, 4, 1, 2002를 볼 것
3) 한국의 사례에 대한 연구로는 이상택, 윤성석, "한국에 대한 중국위협론의 성립 조건과 군사적 함의,"『동북아연구』, 31, 1, 2016을 볼 것.
4) 미중 간 지정학적 갈등의 미래에 대한 최근 논쟁의 전형은 이른바 투키디데스 함정에 대한 앨리슨(Allison)의 견해이다. 그는 미중 간 경쟁이 궁극적으로 가 져올 끔직한 결과에 대해 경고하면서, 지금까지의 미 전략에 대한 역사적 고찰 을 통해 파국을 피할 전략의 수립을 제안하고 있다. G. Allison, *Destined for War: Can America and China Escape Thucydides' Trap?*, Houghton Mifflin Harcourt, 2017, ch. 10을 볼 것.

에 대한 분석은 좀 더 복합적인 사고를 요구한다. 시웅(Hsiung)은 지경학적 시대의 특성을 "권력과 세력균형 게임의 규칙이 재정의 되며, 한 국가의 경제안보가 그 국가의 군사안보(혹은 전통적인 국가방위)에 영향을 주게 되는 것"으로 설명하고 있다.[5] 트럼프 행정부 시기 동안 진행되었던 미중 간 통상/환율전쟁과 기술패권 경쟁은 이러한 지경학적 측면의 중요성을 잘 나타내 주고 있다. 우리도 사드 배치 이후 중국 조치의 영향을 통해 한중 간 경제적 상호의존의 상황과 안보적 갈등이 가져오는 경제적 비용의 문제를 실감한 바 있었다. 하지만 부상하는 중국이 수반하는 지경학적인 역동성은 장기적으로 볼 때 한국에게 기회의 요인을 아울러 제공할 수도 있는 것으로 보인다. 이는 접경이나 반도와 같은 공간적 특성을 협력의 요인으로 활용하는 이른바 '신지정학'적 고려와 관련된다.

중경과 뒤스부르크를 연결하는 중국의 일대일로 구상은 동북아시아와도 밀접하게 연결된다고 지적되고 있다. 쟝루이핑은 "동북아는 일대일로 건설에 있어 중요한 전략적 위치를 차지하며, 한중일 삼국이 함께 일대일로 건설에 주도적 역할을 해야 하며, 이는 삼국의 정치적 관계의 회복과 협력 강화에 유리한 조건을 제공 한다"고 주장한다.[6] 이 제안에서는 중국의 러시아, 몽고 회랑 구상과 연결되는 동북지방이 중요한 위치를 차지하며, 북핵/북한문제가 단계적 해결의 과정을 거치게 된다면 중국과 북한의 접경지역은 핵심적인 경

---

5) J. Hsiung, "The Age of Geoeconomics, China's Global Role, and Prospects of Cross-Strait Integration," *Journal of Chinese Political Science*, 14, 2009, p. 113.
6) 쟝루이핑, "'일대일로,' 동북아 성장과 협력을 촉진하는 필수 전략," 제22차 한중미래포럼, 2017. 12. 13, 제주.

제협력의 장으로 활용될 수 있다. 이 경우 동북지방이 남북한과 중국, 그리고 러시아, 일본 사이의 공생적 장소로 전환되어 동아시아 평화와 번영의 미래공간으로 활용될 수 있는 신지정학적 가능성이 모색될 수도 있다는 것이다.

중국의 부상에 따른 또 하나의 지경학적 구도의 변화는 지역적 차원의 다자주의의 경쟁적 등장이라고 할 것이다. 중국의 자기중심적인 다자적 권역의 확대는 SCO, AIIB, 그리고 RCEP 등의 다양한 형태로 이루어져 왔다. 이는 일대일로와는 달리 세계적 패권보다는 지역적 영향력의 확대를 지향하는 것으로 여겨지는데, 이러한 중국의 시도에 대해 아시아/태평양 지역을 다자주의의 권역으로 삼고 있는 미국과 일본은 기존의 APEC, 그리고 오바마 행정부 시기까지는 TPP를 중심으로 해서 아시아 지역의 규칙 제정 경쟁(rule-making competition)의 양상을 유지하려 했다.7) 이와 같은 소위 경쟁적 다자주의(contested multilateralism)의 등장은 한국과 같은 국가에 있어서는 선택의 딜레마를 가져올 수도 있으나, 오히려 양자에 모두 가입할 수 있는 기회를 제공하는 것으로 인식될 수도 있다.

3. 샌프란시스코 체제

루만은 자신의 사회이론에서 가장 큰 수준의 사회로서 세계사회를 상정하고, 세계사회가 분화되는 네 가지 형태로 주체 내지는

---

7) 트럼프 행정부는 이와 같은 제도 구축의 문제에 대해서는 큰 관심을 갖고 있지 않았던 것이 사실이다.

부분체계들이 서로 평등한 분절적 분화, 불평등이 존재하는 중심과 주변에 따른 분화와 계층적 분화, 그리고 평등과 불평등이 모두 성립하는 기능적 분화를 들고 있다.[8] 주권과 무정부성으로 묘사되는 근대 국가와 국제체제의 특성이 전형적인 분절적 분화의 형태인 것으로 설명되지만, 많은 국가들 사이의 관계는 실질적으로 계층적 분화의 특징을 보여주는 경우가 많다. 냉전 시기 양 진영 내부의 국가들 관계 역시 후견주의적 관계로 표현되면서 행위자들 사이의 안보협력에서 위계적인 분업구조가 관찰되기도 하는 것이다.

　한미일 관계를 중심으로 하는 샌프란시스코 체제 또한 냉전기에 형성된 계층적 분화의 한 형태로서 이해될 수 있다. 태평양 전쟁 이후 미국의 일본에 대한 역코스 정책(reverse-course policy), 한국전쟁 발발, 샌프란시스코 평화회의 개최를 거치면서 형성된 이 체제는 미국에 의한 아시아/태평양의 관리와 일본의 재무장으로 특징 지워졌다. 하지만 전후처리 체제로서의 샌프란시스코 체제는 영토나 역사문제와 같은 지역 내의 갈등을 재생산 했다는 비판을 함께 받았다. 일본사 연구자인 다우어(Dower)에 따르면,

　샌프란시스코 강화조약은 일본에는 관대하여 평화국가로서 민주주의와 경제적 번영을 가져다준 반면, 일본의 군국주의와 식민 지배 피해자인 주변국을 배제하여 근린국으로서 화해를 통해 새로운 지역적 관계 질서를 조성하기보다 제국주의와 침략, 그리고 착취로 인한 상처와 그 유산이 곪는 '유해한 결과'를 안겨주었다"[9]

8) 니클라스 루만 (장춘익 역), 『사회의 사회 1, 2』, 새물결, 2012, 4장을 볼 것.

한미일 관계의 빠진 고리(missing link)였던 한일관계는 1965년의 국교정상화로 채워졌고, 이어 베트남 전쟁에서 이루어진 삼국 간 협력은 샌프란시스코 체제 하 안보적 분업의 전형적인 형태를 보여주게 되었다. 닉슨 독트린 이후 한일 양국은 방기의 우려에 따라 '의사동맹'(pseudo-alignment)으로서 상호협력을 강화하면서 데탕트의 차별적인 모습을 보여주게 되나, 한편으로는 일본의 오키나와 환수에 따라 미일 간 이른바 '한국조항'이 명문화됨으로써 한미일 삼각안보체제가 '냉전적 원형'을 갖추게 되었다고 평가되기도 한다. 그러나 한국조항은 미국의 대 아시아 정책과 일본 국내정치의 변화에 따라 그 내용을 달리하게 되었고, 미일관계의 중심성과 미국의 상대적인 일본 위주의 정책 수행이 한미일 안보협력체제의 연속성의 요소가 되었다.

위계성과 더불어 샌프란시스코 체제가 갖는 두 번째의 특성은 그것이 보여주는 안보-경제-관념 연계의 부분이다. 이러한 특성에 대한 이해는 세 측면을 함께 고찰하면서 서로의 인과관계와 각각의 중요성을 검토하는 통합적/상호적 접근을 필요로 하는데, 루만이 이야기하는 복수의 부분체계의 존재와 상대적 비중에 대한 관찰이 이에 해당한다고 볼 수 있다.[10] 켈더(Calder)는 '번영을 통한 안보의 추구'라는 샌프란시스코 체제의 군사와 경제의 연결 전략이 전후 동아시아 안보와 경제성장의 토대가 되었다고 지적하면서 아래와 같이 지적한다.

....
9) 현무암, "샌프란시스코 체제의 전환과 한미일 의사 동맹 관계,"『황해문화』, 83, 2014, pp. 35-36에서 재인용.
10) 루만, 2012, pp. 645-659.

샌프란시스코 체제라고 (여기에) 알려진, 1951년 9월 일본과의
조약 이래 태평양에 존재해 온 정치-경제 관계의 통합된 체제
는 세계 어느 곳의 하부지역체제와의 비교에서도 독특한 면이
있다… 중국의 역동적인 역할 확대가 (샌프란시스코 체제) 변화의
중심 요인인 반면, 태평양 양측의 보완적인 국내적 정치적-경
제적 이해가 원래 덜레스의 탁월한 일본 중심 구상을 강화시키
면서 그 존재를 지속시켜 왔다.11)

하지만 중요한 점은 이와 같은 호혜적인 성격이 냉전체제의 전
환에 따라 변화를 보여 왔다는 것이다. 그 한 예가 1990년대 초반에
등장한 이른바 '일본과의 다가오는 전쟁'(coming war with Japan) 논쟁
이라고 할 수 있다. 프리드만(Friedman)과 르바드(Lebard)는 1990년대
초반의 국제정세가 미국이 초강대국으로 존재하지만 경제부문에서
의 갈등과 지역국가의 부상이 심화되는 방식으로 전개될 것이라고
전망하면서, 특히 미일 대립구도의 형성 가능성을 강조한 바 있었
다.12) 즉 현재의 중국위협론과 유사한 형태로 일본위협론이 거론되
었다는 것을 알 수 있는 것이다.

1990년대 후반의 아시아 외환위기는 또 다른 측면에서 샌프란
시스코 체제의 경제적 효용성에 대한 의문을 제기하였다. 일본으로
부터의 재정 지원을 기대했던 한국 정부의 희망은 좌절되었고, 샌프
란시스코 체제의 제도적 형태인 APEC의 역할 부재는 많은 아시아

---

11) K. Calder, "Securing Security through Prosperity: The San Francisco System in Comparative Perspective," *The Pacific Review*, 17, 1, p. 135.
12) G. Friedman and M. Lebard, *The Coming War with Japan*, St. Martin's Press, 1991을 볼 것.

국가들이 동아시아 중심의 지역주의를 강조하도록 만드는 결과를 가져왔다. 레이븐힐은 이에 대해 아래와 같이 지적하였다.

(동아시아 국가들이 가졌던) 1990년대의 주요한 생각은 국제체제의 다른 지역에서의 (제도적) 발전에 대한 우려, 그리고 1997-98년에 동아시아 경제가 직면했던 문제에 대한 미국의 무관심과 동아시아에 국한된 제도 형성에 대한 좀 더 일반적인 서구의 반대, 양자를 향한 분노였다고 할 것이다.[13]

이근은 자신의 논문에서 1998년 미국이 급격하게 절하되는 일본의 엔화를 방어해 주면서 그 반대급부로 일본의 경기부양과 시장 개방에 관한 미국의 요구를 관철시키는 과정과 당시 미국 행정부가 중간 선거를 앞에 두고 달러를 고평가시켜 미국의 다양한 국내정치경제 세력의 이해를 충족시키는 과정을 분석하고 있는데,[14] 이는 캘더가 샌프란시스코 체제의 기본이 되었다고 이야기하는 미국과 일본의 국내 정치적-경제적 이해관계의 수렴과는 거리가 있는 것이라 하겠다.

2008년의 글로벌 금융위기는 좀 더 포괄적인 면에서 샌프란시스코 체제의 관념적 토대인 워싱턴 컨센서스에 대한 비판을 야기하였다. 중국의 부상과 더불어 이를 대체할 베이징 컨센서스가 명확하게 등장했던 것은 아니나, 홀퍼(Halper)와 같은 일부 학자들은 아래

13) J. Ravenhill, "East Asian Regionalism: Much Ado about Nothing?" *Review of International Studies*, 35, 2009, p. 235.
14) 이근, "환율정책과 국가권력: 아시아 금융위기, 국제통화력, 그리고 미국 행정부의 독자적 영역," 『국제·지역연구』, 9, 4, 2000을 볼 것.

와 같이 중국적 관념의 확산 가능성을 언급한 바 있었다.

베이징의 전지구적 부상은 평화롭게 이루어질 수도 있으며, 이는 중국의 통상관계의 세계적인 확산과 함께 진행된다. 따라서 워싱턴과 브뤼셀은 그들이 상대적인 빈국과 맺은 조건적 관여를 통해 전통적으로 향유해 온 레버리지와 1989년 이후 '세계화'될 것으로 기대했던 시장 – 민주 모델의 두 핵심적 영역에서 그 토대를 상실하고 있다. 이와 같은 전개는 함께 연계되어서 내가 마땅한 용어가 없어 중국효과(China effect)라고 부르는 현상을 만들어 내게 된다. 이는 워싱턴 컨센서스가 개발도상국에서 성공을 거두지 못함에 따라 베이징이 단순히 비즈니스를 통해서 워싱턴과 서구의 레버리지와 자유주의적 의제를 잠식하게 되는 전지구적 경제관계의 네트워크를 구축한다는 것을 의미한다.[15)

켈더가 지적한 바와 같이 중국의 부상은 기존의 샌프란시스코 체제에 대한 가장 큰 변화 요인으로 작용하고 있으며, 이와 같은 전환의 양상은 냉전 시기에 형성되었던 '동맹의 정치경제'(political economy of alliance) 역학의 변화를 뜻하기도 한다.[16) 문정인과 류상영은 이에 대해 아래와 같이 이야기 하고 있다.

한국은 미국이 건설한 자유주의 경제질서의 주요 수혜국 중

---

15) S. Halper, *The Beijing Consensus: How China's Authoritarian Model Will Dominate the Twenty−first Century,* Basic Books, 2010, pp. 38 – 39.
16) 냉전기 사례의 이해를 위해서는 W. Shin, "The Political Economy of Security: South Korea in the Cold War system," *Korea Journal,* 38, 4, 1998을 볼 것.

하나였다. 하지만 주요한 외부적인 경제위기 혹은 이어지는 결
정적인 국면들은 한국으로 하여금 미국이 주도하는 경제적, 재
정적 구조에서 벗어나 대안적인 기제를 모색하게끔 하였다....
그럼에도 불구하고 그러한 움직임은 세계적인 경제, 재정적 제
도의 안정성에 대한 지속적인 선호와 북한의 핵위협에 따른 동
맹에 대한 재강조에 의해서 근본적으로 억제되고 있다.[17)

결국 민주주의, 경제적 상호의존, 그리고 국제기구로 대표되는
신칸트주의적 평화론의 장기적, 규범적 의미는 여전히 유효하다고
할 수 있으며,[18) 현재 진행 중인 북핵문제의 존재는 샌프란시스코
체제가 담당해 온 안보적 역할의 기본 성격을 유지시키고 있는 것으
로 생각되는 것이다. 전재성은 글로벌 금융위기 이후 미국이 단기적
으로 위기 극복을 위해 중국과의 양자, 혹은 다자적 협력을 유지할
것으로 예측하면서, 한국의 전략 목표를 세력전이에서 협력적 지역
질서의 변환으로 가는 전기를 마련해 가는 것이라고 보았다.[19) 하지
만 문제는 2010년대에 들어서서 미중관계에서 점차 대립 양상이 부
각되면서 한국이 전략적 선택을 해야 하는 상황이 등장하고 있다는
점이며, 사드 배치를 둘러 싼 갈등이 그 대표적인 사례였다고 할 수
있을 것이다.

....

17) C. Moon and S. Rhyu, "Rethinking Alliance and the Economy: American
   Hegemony, Path Dependence, and the South Korean Political Economy,"
   International Relations of the Asia−Pacific, 10, 2010, p. 441.
18) 하스(Haass)는 현재의 '혼돈의 세계'에서도 미국이 지역 및 글로벌 차원의 질서
   를 창조하고 유지하는 부담의 가장 큰 부분을 담당해야 된다고 지적한다. 리차
   드 하스 (김성훈 역), 『혼돈의 세계』, 매일경제신문사, 2017, p. 301.
19) 전재성, "2008년 경제위기와 미중관계의 변화, 한국의 전략,"『한국과 국제정치』,
   28, 1, 2012, p. 123.

4. 미국 vs 중국의 구도

민주화 과정을 거치면서 한국사회에서는 냉전기와는 다른 대미 관계 설정에 대한 주장이 제기되었고, 북핵문제의 대응에 관해 한미 간 이견이 표출되기도 하였다. 일부 학자들은 이와 같은 상황이 월트(Walt)가 지적한 동맹쇠퇴의 요인인 위협인식, 신뢰도, 국내정치의 변화에 따른 한미동맹의 쇠퇴를 의미한다고 지적하였다.[20] 하지만 이명박, 박근혜의 보수 정부를 거쳐 현재의 문재인 정부에 이르기까지 안보협력에 있어서 한미관계는 상대적으로 안정적인 모습을 보이고 있는데, 이는 현존하는 북핵문제에 대한 인식의 공유에 있다고 할 것이다.

냉전의 종언 직후의 북핵 1차위기와 9.11 이후의 북핵 2차위기를 거쳐 중국의 부상과 겹쳐지는 현재의 '북핵 3차위기'의 상황은 한국, 북한, 미국, 중국 사이의 복잡한 전략적 상황을 만들어내고 있다.[21] 한국 내에서는 잠정적인 핵보유국으로 북한을 의식해서 미국의 전술핵 재배치 내지는 한국의 핵개발 주장이 제기되기도 하였다. 하지만 전술핵 재배치는 한반도 비핵화라는 원칙에의 상충과 '과거로의 복귀'라는 측면이, 그리고 핵개발은 지역적 핵확산의 문제, 그리고 한국이 갖는 취약성과 과거 개발 사례에서 나타났던 미국의 민감성을 생각할 때 적절한 선택이 아니라고 할 것이다. 만약 한반도에서 비핵화의 최종적 상태(end state)의 목표를 한국과 북한, 그리고

---

20) S. Walt, "Why Alliances Endure or Collapse," *Survival*, 39, 1, 1997을 볼 것.
21) 북핵 1차위기가 WMD 확산을 둘러 싼 국제안보의 문제였고 2차위기는 대 테러전에 관련된 지구안보의 문제에 해당했다면, 현재의 위기는 중국의 부상과 미국의 국방에 관련된 국가안보의 문제에 가깝다고 할 수 있다.

미국과 중국이 공유한다고 해도 이는 단계적 접근을 필요로 하며, 중단기적으로는 미국이 한국에 제공하는 확장억제가 불가피하다는 결론에 도달할 수 있다.

혹자는 셰일혁명이나 4차 산업혁명을 언급하면서 '미국의 부활'을 이야기하기도 하지만, 시차를 두고 제기된 자카리아의 '미국 이후의 세계'(post-American world)나 쿱찬의 '무주공산의 세계'(no one's world), 그리고 하스의 '혼돈의 세계'(world in disarray)의 주장도 각각 설득력이 있는 것이 사실이다.[22] 그러나 만약 북핵 협상의 타결이 북한문제의 해결로 이어져 한반도 수준의 현재적 위협이 감소된다고 해도, 동아시아에서의 지역적 수준의 잠재적 위협은 여전히 존재한다고 할 수 있다. 따라서 이러한 '이중적 무정부성'(dual anarchy)을 고려할 때 역외 균형자로서의 미국과 주한미군의 역할은 여전히 동아시아 안보의 핵심적 요건이 된다고 할 수 있는 것이다.

문제는 이렇게 지속되는 샌프란시스코 체제 내에서의 미국의 범위(scope)와 부상하는 중국이 설정하는 새로운 범위가 상충되고 있다는 점인데, 사드 배치 이후 문제가 된 이른바 '3불(不) 정책'의 사례가 그에 해당한다. 이는 중국이 사드 배치 이후 한국과의 회담에서 미국의 MD체제 참여, 사드 추가배치, 한미일 군사동맹 불가의 입장을 표명한 것을 의미하는데, 강경화 외무부 장관이 국회에서의 발언을 통해 세 가지 사안에 대한 계획이 없다고 발언한 것이 발단이 되어 '안보주권' 논쟁으로 이어진 바 있다. 이러한 논쟁의 존재는 향후 한반도와 동아시아 안보의 의제에 있어 미중 양국의 입장 차이가

....

22) F. Zakaria, *The Post-American World*, W. W. Norton & Company, 2008; C. Kupchan, *No One's World: The West, The Rising Rest, and the Coming Global Turn*, Oxford University Press, 2012; 하스, 2017을 볼 것.

한국의 전략적 선택의 문제로 연결될 개연성을 보여주는 것이라 할 수 있다.[23] 하지만 노무현 행정부 시기의 동북아균형자론과 현 정부가 언급하는 '균형외교'가 최소한 중단기적으로는 한계가 있다는 점을 생각해 볼 때, 한국에게 있어 안보적인 측면에서 한미일 관계가 갖는 상대적 비중은 부인하기 어렵다고 할 것이다.[24]

그러나 지경학적인 영역에서의 미중갈등은 좀 더 복잡한 양상을 띠고 있다. 앞서 언급된 것처럼 지경학이 경제안보의 고려에 따른 국가안보의 추구를 의미한다면, 이는 지리적 구조의 영향력을 중시하는 지정학과는 달리 개별 국가가 갖는 주체성을 중시한다는 것을 뜻한다. 중국의 부상이 21세기 세계정치의 가장 중요한 구조적 전환이라면, 이에 대한 미국의 전략은 가장 중요한 주체적 대응이라고 할 수 있다. 미중 간의 지경학적 경쟁의 궁극적인 승자가 누가 될 것인가의 문제에 대해서는 아직 명확한 답이 없다고 하는 것이 맞을 것이다. 분명한 것은 현재 진행 중인 미중 통상 갈등은 기술과 '글로벌 가치 사슬'(global value chain)의 문제와 함께 검토되어야 한다는 점이다. 현재 진행 중인 미중 간 대립이 반드시 파국으로 간다는 예상 또한 지배적인 것은 아니다. 독특한 개인적 요인을 가졌던 트럼프 행정부는 중국에 대해 남중국해 문제와 같은 지정학적 측면보다는 지경학적 측면의 공세에 치중하였고, 2020년 초에 양국 간 갈등이 완화되었었다는

---

23) 이와 같은 문제는 전시작전권 이양 이후의 UN사 재편이나 INF 배치 문제로 말미암아 재발할 가능성이 있다.

24) 이러한 측면에서 볼 때 장기적으로 기존의 안보협력체제와 새로운 동북아시아의 지역협력체제를 복합화하는 구상을 생각해 볼 수 있다. 이 경우 한미일 관계와 더불어 한중일 삼각관계와 그 안에서의 한국의 위치가 중요해 진다. 이 주제에 대한 이론적, 역사적 고찰을 위해서는 신욱희, 『삼각관계의 국제정치: 중국, 일본과 한반도』, 서울대학교출판문화원, 2017을 볼 것.

점에서 볼 때,25) 미국이 중국에 대해 '봉쇄'(containment)보다는 '자제'(restraint)의 옵션을 선택할 가능성도 있었던 것으로 보인다.26)

5. 한국의 샌프란시스코 체제 전환 모색

미 오바마 행정부의 아시아 재균형 정책은 21세기 초반 중국의 부상에 따른 미국의 변화된 위협인식의 반영이었다고 할 수 있다. 이는 안보적인 측면에서는 대일협력의 강화와 일본에 대한 지역적 책임 전가(buck-passing) 내지 부담의 공유(burden sharing), 경제적인 측면에서는 TPP를 통한 중국 견제, 그리고 관념적인 측면에서는 민주주의와 인권 요인에 대한 강화 등으로 나타났다.27) 아베 내각은 이와 같은 미국의 전략을 적극적으로 수용하면서, 이를 바탕으로 헌법 개정을 포함한 전후체제의 탈각을 모색하였다. 이와 같은 미국의 아시아 중시 정책과 그에 따른 미일관계의 강화는 기본적으로 샌프란시스코 체제의 유지 내지는 강화를 의미하는 것이었다.28)

스튜어트는 미국의 아시아 피봇 전략의 군사적 측면을 '샌프란시스코 2.0'이라고 지칭하면서 아래와 같이 이야기 하였다.

....

25) 그러한 점에서 향후의 미중관계 혹은 동아시아의 지역적 안정은 홍콩이나 코로나19 사태의 영향을 좀 더 받게 될 수도 있을 것이다.

26) 미중 양자관계의 협력적 전환은 동아시아나 한반도 평화체제에 관한 규범적 논의에 현실적 토대를 제공할 개연성을 갖는다.

27) 유상범, "미국 아시아태평양 중시정책의 내용과 함의: 미중 대결 가능성과 일본의 책임전가 역할을 중심으로,"『한일군사문화연구』, 18, 2014를 볼 것.

28) 트럼프 행정부에 있어서도 이러한 기본적 방향은 큰 변화가 없었다고 보는 것이 적절할 것으로 생각된다.

아시아/태평양을 위한 새로운 미국의 전략은 미국의 상대적
인 경제적 쇠퇴에 의해 미 외교정책에 부과되는 엄격한 제한을
염두에 두어야만 할 것이다… 소위 샌프란시스코 체제라고 불
리는 미 주도의 동맹은 미국의 이 지역의 우방과 동맹이 직면한
문제들에 좀 더 잘 반응하기 위해 전환되어야 한다… 중국의 군
사 현대화에 대한 대응으로, 그리고 지역의 우방과 동맹을 위한
보증의 원천으로서 국방부가 제안한 공해전(AirSea battle) 개념
이 고려될 것이다.[29]

문제는 이러한 미국의 전략과 미일협력이 미중 간 군사적 충돌의
가능성, 한반도 유사시 일본 자위대의 역할, 그리고 위에서 언급된 중
국의 부상에 따른 지정학과 지경학의 복합적인 연계의 문제로 인해
한국 정부의 정책적 딜레마 혹은 국내사회적 반발을 야기할 수 있다
는 점이다. 따라서 일본과는 달리 한국은 자신의 안보를 위해 샌프란
시스코 체제를 대체할 수 있는 다자적 기제를 모색해야 한다는 주장
이 제기되기도 했던 것이다. 김명섭은 아래와 같이 지적한 바 있다.

샌프란시스코 평화체제의 변동이 다음과 같은 새로운 흐름에
의해 추동되어 왔다… 냉전 종식 이후 미국의 세계전략 변화,
냉전 종식 이후 미일동맹 강화, 일본 내 헌법 9조 개정 움직임,
SCO와 같은 대륙중심적 국제체제 형성, 타이완의 정체성 추구,
샌프란시스코 평화조약에 대한 해석상의 차이로 인해 지속되고

---

29) D. Stuart, "San Francisco 2.0: Military Aspects of the U.S. Pivot toward
Asia," *Asian Affairs: An American Review*, 39, 2012, p. 202.

있는 동아시아 영토 분쟁··· 북한의 핵실험이 샌프란시스코 평화체제의 변동을 가속화시키는 한편, 북한핵 문제 해결을 위해 만들어진 6자 회담체제가 샌프란시스코 평화체제의 임시적 안정성을 뛰어넘어 동아시아의 새로운 국제체제로까지 발전할 수도 있다.[30]

6자회담이 남북한, 중국, 러시아를 포괄하고 있다는 점에서 샌프란시스코 체제보다 더 포괄적이고, 궁극적으로 태평양전쟁의 전후처리체제로서 공식적인 적합성을 가질 수 있다는 것이 사실이라고 해도 북핵 2차위기 이후 6자회담은 일단 휴면상태에 들어가 있으며, 현재의 해결 모색도 남북한, 북미, 북중 간 양자 대화의 중첩의 형태로 이루어지고 있다는 점에서 볼 때 중단기적인 대체 가능성은 없다고 보는 것이 적절할 것이다. 또 다른 고려로서는 한미일 관계를 디트머(Dittmer)가 이야기 하는 '전략적 삼각관계'(strategic triangle)로 변환하는 것을 생각해 볼 수 있다. 그러나 이는 각 행위자 사이의 전략적 의미와 더불어 정당한 자율성 인식의 존재를 전제로 한다는 점에서 역시 중단기적인 실현 가능성은 희박하다고 할 것이다.[31]

따라서 한국이 샌프란시스코 체제의 현상유지를 넘어서 고려할 수 있는 정책적 입장은 내부적 전환의 모색이라고 할 수 있는데, 이는 여러 측면의 노력을 포함하는 것이다. 그 첫 번째는 한국의 전략적 능력의 확대를 통한 체제의 '내부적 균형'(internal balancing) 추구

가 될 것이다. 미중 간 세력전이의 상황에서 한국, 주한미군, 그리고 평택 기지가 갖는 전략적 가치는 증대되고 있는 것으로 보이는데, 한국 정부는 미국과의 연합방위태세 유지와 함께 국방개혁을 통해 적정 군사력을 확보하고 미국과의 지속적인 원자력/미사일 협상을 통해서 한국의 포괄적 역량 강화에 주력할 필요가 있다. 이러한 노력은 현재적 위협과 잠재적 위협 양자 모두에 대비하는 장기적인 노력에 해당하는 것이다.

두 번째는 한미동맹의 유지와 병행되는 한국의 상대적 자율성 증대 모색의 측면이다. 김준형은 한국대외정책의 지속적인 대미의존성의 문제를 지적하면서, 북한을 행위주체로 인정하면서, 동북아시아에서 미국의 패권적 영향력을 다자화하고, 한미동맹의 제도적 관성과 이에 연관된 사회 정체성을 재검토할 필요성을 강조하였다.[32] 이러한 맥락에서 가장 중요한 것은 전시작전권 환수에 대한 논의라고 할 수 있는데, 이명박, 박근혜 정부가 이에 유보적인 입장이었던 것에 반해 문재인 정부는 조기 전환의 입장을 취하는 차이를 보이고 있다. 이러한 노력은 확장억제의 실효성 제고와 한국이 갖는 취약성 보완과 함께 행해져야 하며, 환수에 따른 한미연합사 재편 문제가 그 핵심적인 고려 대상이라고 할 수 있을 것이다.

샌프란시스코 체제 내부 자율성의 신중한 모색을 위해서 한국은 2010년대 초반 일본 민주당 정부의 사례를 참조하는 것이 필요하다. 하토야마는 취임 초기 '대등한 미일관계론'과 미국이 배제된 '동아시아 공동체론'을 추진하고자 했다. 이에 대해 아미티지(Armitage)

---

32) 김준형, "한국대외정책의 대미의존성의 고착화과정과 원인에 대한 분석," 『21세기정치학회보』, 19, 2, 2009, pp. 404-405.

와 나이는 대등한 미일관계를 만들기 위해서는 "일본은 현재처럼 GDP 1%가 아닌 4%를 방위비에 충당하지 않으면 안 될 것이다. 그리고 핵무기를 독자적으로 개발하고, 독자적인 외교를 실현하겠다는 결단을 내리지 않으면 안 된다"라고 지적하고, 동아시아에서 "만약 미국이 '배제되고 있다'고 느끼게 된다면, 아마도 보복에 나설 것이다. 그것은 (일본에게) 큰 대가를 치르게 할 것이다"라고 경고하였다.[33] 이후 노다 내각은 미일동맹 강화의 입장으로 선회하였고, 2012년 11월 미일 양국은 중국 견제를 목표로 하는 신가이드라인 개정에 합의하게 되었다.

한국의 정책적 모색의 세 번째 부분은 한일협력의 유지에 관한 것이다. 한일관계는 샌프란시스코 체제의 내부적 균형과 더불어, 체제의 환경 요인인 한중일 관계 혹은 동북아 지역체제 구축을 위해서도 필요하다고 볼 수 있다. 서승원은 "한일협력은 중국의 미래의 힘을 중화시키는 방향으로 나아가야 한다. 군사·안보 게임을 동아시아 공동체 구축 게임으로 전환시킬 필요가 있다… 한일 간 상호불신 해소의 경우도 중일 간 상호불신 완화에 참고가 될 것이다"라고 주장한다.[34] 한국과 일본의 정부 간 관계 개선을 위해서는 인식과 국내정치의 변수에 기인하는 소위 '양면 안보딜레마'를 극복하려는 노력이 요구되며,[35] 이와 더불어 정치/안보와 다른 분야를 구분하는 투 트랙(two track), 그리고 다양한 채널을 활용하는 트랙 투(track II)

....

33) 이명찬, "센카쿠제도를 둘러싼 중·일 간 갈등과 동북아," 『국제정치논총』, 53, 1, 2013, p. 283; p. 279에서 재인용.
34) 서승원, "중국의 부상에 대응하는 한·일의 전략: 협력과 갈등," 현대일본학회 공개발표회, "한국과 일본의 지역전략과 한일협력에 대한 함의," 2017. 12. 8, p. 10.
35) 양면 안보딜레마 개념을 위해서는 신욱희, 2017, 제3장을 볼 것.

외교가 강화되어야 한다.[36]

한국의 전환적 시도의 마지막 측면은 대북관계의 관리에 대한 것이다. 제제 국면을 넘어서 북한과의 다양한 양자적 접촉이 진행되는 방향으로의 상황 변화는 한국 정부에게 북한의 병진 노선에 대해 분리 대응을 할 수 있는 기회를 제공할 수도 있다. 즉 북한의 비핵화에 대해서는 일관된 입장을 견지하면서, 경제 및 다른 교류의 확대에 대해서는 유연한 자세를 보이는 것이다. 물론 이는 제재와 협력의 경계를 어디에 둘 것인가의 문제를 유발할 수 있으나, 관련 당사국 들 사이의 양자적 정치 관계의 전환에 따라 장기적인 정책 추진과 그 결과에 대한 기대가 가능해질 수도 있을 것이다.

6. 결론

탈냉전기 중국의 부상은 냉전기에 형성된 샌프란시스코 체제에 불가피한 전환 요인을 제공하고 있다. 이는 중일 사이의 지역적 패권 경쟁을 넘어서 미중 간의 세력전이, 패권전이, 그리고 질서전이의 양상에 관련되어 있으며, 이 변화에 대응하는 미국, 일본, 한국의 입장은 상대적일 수밖에 없다. 즉 미국과 일본이 유지 내지는 강화를 선호한다면 한국은 유지 내지는 전환을 모색하게 될 수 있는 것이다. 전환의 방향은 해체나 대체보다는 내부적 조정의 방식을 취하는 것이 보다 적절한 것으로 생각된다.

....

36) 과거에 거론된 바 있었던 한일해저터널 건설에 대한 논의도 기능적 협력 모색의 하나로 재론될 수도 있을 것이다.

　서론에서 서술된 바와 같이, 개념적으로 볼 때 한미일 삼각관계가 그 핵심을 형성하는 샌프란시스코 '체제'는 부상하는 중국이라는 '환경'의 변화에 따라 그 '경계'가 재설정되는 상황에 놓여 있다고 할 수 있으며, 본문에서 논의된 지정학적 변수와 신지정학적 내지 지경학적 변수의 동시적인 고찰은 한국의 선택이 샌프란시스코 체제의 단순한 '재생산'이 아닌 '재구성'이 되어야 한다는 점을 시사해 준다고 하겠다.

　이와 같은 구조적 맥락의 변화에 따른 주체의 적응 문제는 '적응적 주체'가 가진 '구성적 권력'의 범주와 내용에 대한 구체적인 분석을 요구하는 것이다. 이를 위해서는 홉슨(Hobson)이 고찰한 바와 같이 개별 주체의 대외관계와 더불어 국내정치적 상황을 함께 검토해야 하는데,[37] 이는 니버(Niebuhr)가 강조하는 '신중성'을 필요로 하게 된다. 즉 한국의 전략적 모색을 위해서는 바꿀 수 없는 것을 받아들일 수 있는 마음의 평화와, 바꿀 수 있는 것을 적극적으로 바꾸어 나가는 용기와, 양자를 구별할 수 있는 지혜가 있어야 하는 것이다. 따라서 한국에 의한 샌프란시스코 체제의 내부적 전환의 실질적인 방법 역시 그것이 실현될 수 있는 대내외적 조건의 고찰이 선행되어야 한다고 볼 수 있다.

....

37) 그는 국가의 '국제적 주체 능력'(international agential power)을 '국제 – 구조적인 요구와 국제적인 비국가 행위자의 이해에서 자유롭게 외교정책을 수립하고 국제적 영역을 형성하는 국가의 능력'이라고 정의하였다. 그리고 홉슨은 이 능력에 따라 국가의 형태를 '국제적 주체성이 없는 수동적 – 적응적 국가,' '어느 정도의 국제적 주체 능력이 있으면서 국내적으로는 수동적인 국가,' '큰 국제적 주체 능력이 있으면서 국내적으로는 수동적인 국가,' '높은 국내적, 국제적 주체 능력을 가진 선도적인 국가,' '탄력적인 국내적, 국제적 주체 능력을 가진 구성적인 국가'의 다섯으로 분류하면서, 주체성과 양면적 행위자로서의 국가의 위상 문제를 연결시키고 있다. J. Hobson, *The State and International Relations*, Cambridge University Press, 2000을 볼 것.

제3장
김대중 · 노무현 정부의 외교정책
: 남북화해와 동맹변환

● ● 신성호 교수(서울대학교 국제대학원)*

1. 서론

    1998년에 시작된 김대중 정부에 이어 2003년도에 노무현 정부가 뒤를 이으면서 10년간의 진보 정권이 유지되었다. '김대중 · 노무현 정부의 외교정책이 가지는 시대적 의미는 무엇인가?'라는 근본적인 질문을 제기해 볼 수 있다. 이를 위해 먼저 '외교정책의 목표는 무엇인가?', '외교가 왜 중요한가?'라는 점을 알아볼 필요가 있다. 이에 대한 가장 쉬운 답은 국제관계의 국익을 위해서라고 할 수 있다. 그렇다면 국익은 과연 무엇인가의 문제가 또 제기된다. 이에 대한 쉬운 답은 영토를 지키기 위해서, 경제적 이득을 최대화하기 위해서, Soft Power를 위해서 등등 여러 대답이 있을 수 있다. 문제는 외교는 여러국가와의 상대적인 상호작용에서 이루어지고 이들 모든 나라가 각자의 국익을 추구한다는 사실이다. 그리고 이들과의 관계가 항상 상호 협력적 · 호혜적으로 이루어지지 않고 갈등적 요소가 작용한다는 것이다. 최악의 경우 국가 간 이익 충돌은 전쟁으로 이어지고, 많은 사상자가 발생하기도 한다. 특히 한반도는 강대국으로부터 둘러싸여있는 것이 현실이다. 즉 우리는 주변 강대국의 영향을 숙명적으로 받을 수 밖에 없으며 따라서 외교정책이 역사적으로 매우 중요하다. 그렇다면 김대중·노무현 정부의 외교에 대한 평가도 진보, 보수냐의 정권적 특성 이전에 과연 이러한 상황 속에서 얼마나 우리의 국익을 위해 기여를 했나의 문제로 귀결된다. 즉 이념에 따른 정책 판단 이전에 어떤 정부든 간에 국익추구라는 목표를 위해 어떤 노력을 했는가를 살펴보자는 것이 김대중·노무현 정부의 외교정책을 바라보는 입장이다.

2. 한반도의 지정학과 전쟁 외교사

현상을 분석하고 평가함에 있어서, 지금 당장 벌어지는 일들은 너무 가까이서 보게 되면 잘 보이지 않을 수 있다. 나무보다 숲을 보아야 객관적 시각으로 볼 수 있다는 것이다. 그러한 점에서 한반도 지정학은 당장 근세의 한미관계나 남북관계를 넘어서 중국까지 그 시각을 확장해서 보는 것이 유용하다. 한반도의 역사는 강대국 사이에 둘러싸여서 2000-3000년의 역사 속에서 강대국에게 당한 침략의 역사라고 흔히들 알려져 있다. 가장 최근 사건으로 일본의 식민지 강점이 있었고 그 이전에는 900회가 넘은 외세의 침략이 있었다고 회자되기도 한다. 그러나 정작 실제 역사적 침략의 사례는 그렇지 않다. 한반도의 역사 이래 모든 존재하는 기록을 엄밀히 따져보면 총 80여 회 정도의 침략이 있었다는 것이다.[1] 임진왜란, 병자호란, 을지문덕의 살수대첩, 양만춘의 안시성 싸움, 강감찬의 귀주대첩

1) 왕선택, "993차례의 외침, 사실일까?," YTN 기자칼럼 2005년 12월 15일.
https://www.ytn.co.kr/news/clmn_view.php?idx=292&s_mcd=0612&s_hcd=01

등을 보면 외세의 침략이 있을 때마다 훌륭한 장군들이 나라를 구한 사례가 있다. 한편 외교적으로 해결한 사례도 있다. 서희의 외교담판이 그것이다. 그런데 이러한 침략의 역사를 중국 역사의 관점으로 보면 우리는 외생적인 변수로 이해된다. 우리의 시각에서는 금수강산인 한반도를 항상 중국을 비롯한 강대국이 침략코자 한 것으로 이해된다. 그러나 중국의 입장에서는 중원과 그 외부세력이 서로 중국을 차지하려고 하면서 발생하는 대륙의 패권 갈등에서 한반도는 하나의 외생변수로 작용했다는 것이다. 즉 한반도의 침략의 역사는 강대국 패권전쟁의 소용돌이에 휘말리는 희생양으로 나타난 것이지 한반도 자체에 대한 관심은 많지 않았다는 것이다.

우리나라의 삼국시대를 보면 오히려 고구려가 중국을 위협하는 시기가 나타난다. 그 과정에서 신라가 고구려를 주 위협으로 보던 중국의 당 태종과 손을 잡고 통일을 하게 된다. 통일신라 이후, 고려와 거란과의 30년 전쟁이 발생한다. 한반도 북쪽의 거란이 중국의 중원을 노려 송나라를 치려고 하는 과정에서 송나라와 동맹관계인 후방의 고려에게 고려의 불가침을 보장받으려고 한 전략적 사건이었던 것이다. 그 과정에서 이를 외교적으로 해결한 것이 서희의 외교담판이었다. 그 이후 또 다시 쳐들어 온 것이 1019년 강감찬의 귀주대첩이었다. 마침 2019년은 귀주대첩 1000주년이라 낙성대에서는 강감찬 축제를 열게 되니 한반도의 유구한 역사가 현대에도 생생하게 기억되고 있는 것이다. 서희가 외교적으로 담판을 한 강동 6주 중에 하나인 귀주에서 거란의 말갈족을 물리친 것이 귀주대첩이었다. 그러나 한반도와 강대국 패권전쟁의 고리는 또 반복되어 몽고가 대륙으로 진출하는 과정에서 여몽전쟁이 발생한다. 1232-1270년 사이에 벌어진 일이다. 또다시 한반도는 중국의 중원을 지키려는 한족과 주변 신흥세력과의 패권전쟁에 휘말리게 되고 삼별초는 이에 대항해 70년 동안 항쟁을 하게 된다. 실제 몽고는 우리를 직접 지배한 얼마 안 되는 외세중의 하나였다. 이후 대륙을 차지했던 몽고의 원나라가 멸망하고, 명이 일어나서 명과 조선이 동맹을 맺게 된다. 여기에 다시 16세기 일본이 쳐들어오는 임진왜란이 발생한다. 그런데 히데요시 역시 원래 한반도를 노린 것이 아니라 중국을 치기 위한 과정에서 임진왜란이 일어난 것은 이미 널리 알려진 역사적 사실이다. 임진왜란 일어난 지 30여년 만에 또다시 병자호란이 일어나게 됩니다. 중국 역사에서 다시 한 번 명나라 북방의 여진이라는 신흥세력이 명나라를 치는 과정에서 명과 동맹관계를 유지한 조선을 부득이하게 먼저 침략한 것이다.

위의 사건들을 종합하면 우리가 기억하는 주요 외세의 침략이 처음부터 한반도 자체를 노리고 시작된 것이 아니라는 점이다. 모두가 중국 대륙의 패권다툼, 다른 말로 중원과 외곽의 세력전이가 일어나는 과정에서 생긴 침략전쟁이었다. 세력전이가 일어나면 큰 전쟁이 일어날 가능성이 크다는 것이 현대 국제정치 주요이론인 현실주의에서 주장하는 것이다. 이를 대입하면 한반도 외세침략의 역사가 불행히도 현실주의 세력전이가 일어날 때, 우리가 그때 일어난 전쟁의 피해자가 되었던 것이다. 그나마 다행인 것은 임진왜란이나 한일합방과정에서 일어난 일본이 중국과 러시아를 무너트린 중일전쟁과 러일전쟁에서 보듯이 이런 큰 전쟁이 자주 일어나지는 않는다는 점이다. 국제정치에서 최고의 패권국을 신흥세력이 역전하기란 쉽지 않기 때문이다. 그래서 흔히 알려진 것처럼 한반도 주변에서 패권전쟁이나 한반도가 이러한 전쟁에 휩쓸린 역사적 사건이 그렇게 자주 일어난 것은 아니다.[2]

현재 명실상부한 아시아의 패권국은 중국이다. 그런데 얼마 전까지도 일본이 중국을 청일 전쟁에서 이긴 뒤 한 100년 정도 일본이 아시아의 패권국으로 위치한 것은 많은 이가 잊어버린 사실이다. 2010년까지는 경제적으로 일본이 항상 아시아의 1등 규모였으나 그 이후 중국이 1위로 추격한 것이다. 이는 2010년을 기점으로 아시아의 세력전이가 일어난 것으로 해석된다. 즉 100년 만에 아시아의 패권교체가 21세기 초반에 나타나는 상황은 한반도가 다시 한 번 패권 경쟁의 소용돌이에 휘말려 들어갈 수 있는 조건이 형성되고 있다는 것으로 이해된다. 그렇다면 과연 이 중요한 시기에 우리 외교정책이 어떻게 대응하고 있었는가를 더욱 주의 깊게 살펴보아야 한다는 것이다.

3. 탈냉전 한국외교: 북한과 동맹에서 남북, 한반도, 미중일러

다음으로 21세기 한국 외교의 평가를 위해 중요한 역사적 관점은 근대 냉전의 역사이다. 2천년이 넘은 근대 이전의 동북아의 역사와 근대 이후 한반도의 패권 경쟁의 중요한 차이는 미국이라는 나라가 중요한 변수로 개입하고 있다는 점이다. 그리고 냉전의 시각에서 한국외교정책에서 가장 중요한 위협과 적은 북한이었다. 그런데 냉전이 90년대에 붕괴되면서 한반도는 유일한 냉전 체제가 유지되는

---

2) David Kang, "Hierarchy and Stability in Asian International Relations," in G. John Ikenberry and Michael Mastanduno ed. International Relations Theory and the Asia-Pacific (New York: Columbia University Press, 2003), pp. 163-189.

지역으로 남게 되었다. 그 결과 냉전 상태의 한반도와 탈냉전의 국제 정세 속에서 한국외교가 '여기에 어떻게 적응할지?', '국제정세와 동떨어져서 살아가야 할지?'의 근본적인 질문이 제기된 것이다. 노태우, 김영삼 정부 때부터 이미 냉전은 해체가 되었는데 그 영향이 본격적으로 다가 온 것이 김대중 정부 시기이다. 냉전 중에는 한국은 정치적으로 민주주의가 아니었다. 당시 한국은 국내적으로 경제발전이 중요한 과제로 일반 국민은 외교정책까지 크게 관심을 가지지 못하였다. 90년대 이후 민주화가 되면서 비로소 외교정책에서 국내 여론이 중요해지기 시작하였다. 즉 권위주의 정부에서는 외교는 일방적인 국가 지도부와 담당 행정부의 영역이었다면 이제는 외교를 포함한 모든 문제에 국민의 여론이 중요한 요소로 작동하기 시작한 것이다. 즉 국내정치가 한미동맹과 같은 양자간 국가관계나 다자의 국제정치에서 제3의 변수로 등장하게 된 것이다. 현재도 냉철한 국가이익에 따라서는 일본과 한국이 협력을 해야 하는 게 합리적이라고도 볼 수 있다. 그러나 현재의 한일관계 문제는 양국 모두 국내정치, 특히 한국의 경우 이전에는 영향이 없던 국내여론이 매우 중요한 변수로 작용하고 있는 것은 주지의 사실이다. 이러한 점에서 현재 문재인 정부는 김대중·노무현 정부의 2.0 버전이라고 할 수 있다. 모든 정책이 그때의 정책을 기본적으로 계승하는 모습을 보인다. 그럼 '대체 김대중·노무현 정부에서는 무엇을 했고 무엇을 계승하고 있을까?'하는 질문이 제기된다. 그러한 의미에서 김대중·노무현 정부의 정책은 현재 한국 정부의 외교정책과 한반도 상황을 이해하는 데에도 중요한 함의를 가진다.

4. 김대중 · 노무현 정부(1998-2007)

김대중·노무현 정부는 1998년부터 2007년까지 10년간 이어졌다. 노무현 대통령이 처음 정치에 입문한 것은 김영삼 정부 때이다. 노무현 대통령은 88년에 3당 합당에 반대하면서 낙선(落選)하게 되자, 결국 김대중 대통령과 정치적 연대를 하면서 해양수산부 장관을 하게 된다. 그리고 노무현 정부 시절 당시 민정수석과 비서실장은 문재인 대통령이었다. 두 사람은 부산의 노동 법률사무소에서부터 함께 일을 한 동업자이자 친구이다. 그렇기 때문에 문재인 정부의 정책을 이해하기 위해서는 김대중·노무현 정부가 중요한 기초가 된다.

(1) 대북정책

먼저 대북정책의 경우 냉전시기에도 보수정부에서도 남북화해에 대한 노력이 있었다. 첫 번째는 '7·4 남북공동성명'이었다. 당시 김일성과 이후락 중앙정보부장이 비밀리에 만나면서 시작된 합의였다. 이것은 그 당시 닉슨(Richard Nixon) 대통령이 중국을 방문하면서 미중 데탕트(détente)가 시작되자, 남북의 각자 동맹이자 큰 형님격인 미국과 중국이 악수를 하고 손을 잡는 것을 본 박정희와 김일성 두 지도자가 받은 큰 충격과 위기의식 속에 급하게 이루어진 것이다. 두 번째는 노태우 정부 때 '북방정책' 외교로 소련, 중국과 관계 정상화를 이루던 시기였다. 탈냉전의 물결을 탄 노태우 정부가 적극적인 남북화해를 추구하면서 남북이 유엔에 동시 가입하게 된다. 그 결과 남북화해, 불가침, 교류에 관한 '남북기본합의서'가 맺어졌다. 여기에 25개 항의 매우 포괄적인 내용이 합의되었다. 상호 체제를 인정하고 존중한다, 내부문제에 개입을 하지 않는다, 자원을 공동으로 개발한다 등의 내용이 담겨있다. 문제는 정상회담이 이루어지지 않았다. 연이은 김영삼 정부에서 김일성과의 정상회담을 추진했는데, 추진 중에 김일성이 사망하게 된다. 그리고 북핵(北核)사태가 일어나게 된다. 91년 노태우 정부 때 '한반도 비핵화 선언'을 했는데, 북한의 비밀 핵 프로그램이 IAEA(국제원자력기구, International Atomic Energy Agency) 검사단 사찰에 발각된 것이다. 그때부터, 즉 93년부터 한반도의 북핵 위기가 본격적으로 전개되었다.

한국 경제를 강타한 97년 아시아 경제 위기 속에 들어선 김대중 정부는 남북 관계를 전면적으로 재설정하자는 어젠다(Agenda)를 갖고 있었다. 취임사를 보면, 91년도에 맺어진 '남북기본합의서'의 정신을 지키면 된다는 기조가 나타난다. 김대중 정부는 진보좌파로 빨갱이라는 낙인에 부담을 느낀 김대중 대통령이 보수정권이자 군사정권의 후신이었던 노태우 정부에서 만들어 놓은 대북 정책에 따라 남북관계를 개선하겠다는 논리를 내세운 것이다.[3] 이것이 '햇볕정책'의 원조가 된 것이다. 압박보다는 보상을 통한 유인, 경제협력을 통한 정치적 화해, 이를 위해 남한이 인내하며 일관된 우호적인 신호를 보낸다, 북한의 점진적 개혁과 개방을 유도하겠다는 내용이었다. 물론 여기에 대해 국내적으로 엄청난 논란이 발생한다. 그럼에도 2000년에는 '6·15 남북정상회담'이 남북역사상 최초로 이루어진다. 단 여기서는 5개의 남북화해에 대한 원론적이고 기초적인 내용만 나누고, 가장 핵심사안의 하나인 비핵화 논의는 미국과만 논의한다는 북한의 주장에 의해 남북 간에는 논의를 나누지도 못하였다.[4]

....

3) 김대중 대통령 취임사 전문, 대한민국 정책브리핑(www.korea.kr)
   https://www.korea.kr/news/policyNewsView.do?newsId=148741323
4) 남북공동선언(전문), 대한민국 정책브리핑(www.korea.kr)

노무현 정부는 위의 김대중 정부의 대북 정책 기조를 그대로 이어간다. 노무현 정부의 다른 점 하나는 '동북아 평화번영정책'이었다. 외교의 목표는 전쟁을 방지하고, 경제적 이익을 추구한다는 것이기 때문에, 그것을 한마디로 함축시켜서 평화번영이라는 워딩(wording)을 사용한 것이다. 그래서 노무현 정부는 '남북문제는 상호신뢰, 호혜주의, 당사자원칙에 근거하여 대화로 해결한다. 그러나 북핵은 불용하고 평화적 해결방식을 사용하고 미국을 비롯한 국제공조를 필요로 한다'라고 밝히고 있다.[5] 한미동맹에 관하여는 호혜평등, 즉 대등한 입장에서 한미동맹을 추구하겠다는 입장을 표명했다. 그러나 남북 관계는 여러 사건과 우여곡절을 겪고 나서 노무현 정부 말기인 2007년에 10월에 노무현 대통령과 김정일 위원장 사이에 2차 정상회담이 열리게 된다. 양자 간 합의사항은 6·15 선언보다는 조금 더 나아갔지만, 크게 진전된 부분은 없었다.[6] 그 이후 2018년 문재인 대통령은 김정은 위원장과 '판문점 선언'을 이끌어 내었다.

두 차례의 정상회담 결과 남북경협이 이루어지게 된다. 금강산 관광이 가능해지고, 철도가 연결되고 이산가족 상봉 및 개성공단이 설립되었다. 그러나 한편에서는 연평해전과 같은 북한의 군사도발이 발생했기 때문에 군사대립 완화에 실질효과는 없었다는 것, 북핵개

https://www.korea.kr/archive/expDocView.do?docId=22080

5) 평화번영정책 상세 해설: 평화통일기반 조성과 동북아 중심국가 발전토대 마련, 대한민국 정책브리핑(www.korea.kr)
https://www.korea.kr/news/policyNewsView.do?newsId=471

6) 남북관계 발전과 평화번영을 위한 선언(10·4 선언)('07.10.04), 대한민국 외교부
https://www.mofa.go.kr/www/brd/m_3984/view.do?seq=364829&srchFr=&srchTo=&srchWord=&srchTp=&multi_itm_seq=0&itm_seq_1=0&itm_seq_2=0&company_cd=&company_nm=&page=1

발이 지속되었다는 점, 북한의 인권문제에 대한 비판 결여, 반공의식
퇴조와 한미동맹에 갈등이 발생했다는 국내외적 비판이 제기되기도
하였다. 특히 노무현 정부시기인 2006년 북한이 1차 핵실험을 하면
서, 그동안의 남북화해정책 및 북한 지원에 대한 비판이 거세게 일
기도 하였다. 이러한 일들이 벌어지면서 그 이전까지의 남북관계에
있어서 새로운 근본적인 방향전환에 대해 많은 논란이 발생하였다.
그 과정에서 한미동맹도 한국이 북한을 적으로만 보는 시각이 바뀌
면서 미국과의 입장 차이가 발생하기 시작하게 된다. 따라서 한미동
맹도 여러 논란과 함께 어려운 시기를 겪게 된다.

(2) 한미동맹

대북협상 등에서 서로 좋은 이해와 협력을 유지하던 김대중 정
부와 클린턴(Bill Clinton) 정부에 비해 부시(George H. W. Bush) 정부가
들어서면서 북한을 좋게 보지 않았던 부시대통령과의 대북정책 조율
에 문제가 벌어진다. 대북 관여를 주장하던 김대중 대통령과 9.11 테
러 이후 북한을 악의 축으로 규정한 부시 대통령 사이에 마찰이 드러
나기 시작한 것이다. 특히 결정적으로 미국의 '9·11 사태'는 미국의
대외정책을 매우 공격적이고 보수적으로 바꾸어 버린다. 부시 대통령
이 이란, 이라크, 북한을 3대 악의 축(Axis of Evil)으로 지정한 배경이
다. 그 결과 북한에 대한 한미 간에 근본적 시각차이가 발생하기 시
작한 것이다. 이러한 상황에서 2002년에 미군 장갑차에 여중생이 사
고를 당하는 '효순·미선 사건'이 발생하여 2002년 노무현 대통령이
여당 후보로 출마한 대선에서 반미(反美)가 핵심 쟁점으로 부상하였
다. 대선 막판에 벌어진 이 사건이 국내정치적으로 증폭이 된 것이
다. SOFA 협정(한미주둔군 지위 협정, Status of Forces Agreement)에 의해

서 사고가해자인 미군을 미국 군사법정에서 재판했는데, 고의적인 사
건이 아니기 때문에 무죄 처분이 내려진 것이다. 선거 직전 길거리에
서 대규모 반미 집회가 열리고 이 와중에 노무현 대통령이 당선된다.
선거 중 대통령이 되면 왜 미국부터 먼저가야 되느냐며 자주적 모습
을 보인 노무현 대통령의 당선은 그 시작부터 한미 관계가 어려운 운
명을 예고하였다.

노무현 정부는, 부시 정부가 북한을 달가워하지 않는 가운데,
남북 화해노력을 고려하여 (악의 축에서) 북한을 빼자고 주장하였다.
나아가 노무현 정부는 한국이 더 이상 미국의 주니어 파트너가 아니
라 강대국 사이의 균형자 역할을 추구한다는 '동북아 균형자론'을 내
세우게 된다. 미국과 북한 사이의 중간자 역학을 포함한 균형자론에
대해 중국 역시 회의적인 반응을 보이기도 하였다. 동시에 '협력적
자주국방'을 추구하면서 한미동맹에서 협력보다 자주를 추구한다는
의구심이 제기되었다. 결과적으로 용산 기지가 이전과 전시작전권
환수 등을 포함하는 동맹 재조정 안이 한미당국에 의해 발표되면서
국내 보수 진영에서 엄청난 동요와 비판이 거세게 일어난다. 이러한
정책의 의도가 근본적으로 한미동맹을 깨고자 하는 것이 아니냐는
의문을 제기한 것이다.

그러나 이것은 노무현 정부가 한미동맹을 파기하려는 의도보다
는 당시 미국의 외교정책을 포함한 한반도와 세계정세의 상황적, 구
조적인 변화를 반영한 것으로 보는 것이 타당하다. 한국은 지난 50년
동안 북한을 최고의 악의 축으로 생각하다가 관계개선을 하려 하고,
미국은 역사상 처음으로 자신들의 본토가 테러리스트 공격을 받는
역설적 상황이 전개되면서 냉전에 기초한 한미동맹 관계에 여러 문
제가 제기될 수밖에 없었던 것이다. 당시 미국은 이라크 전쟁을 수행

하는 과정에서 절대적으로 부족한 군사력을 확보하기 위해 3만 6천 명의 주한미군을 빼서 중동에 보내 앞선 전투들에 활용해야 하는 것이 아니냐는 논의가 미국 내적으로 시작되었다. 그리고 실제로 미국이 비무장지대 최전선(最前線)에 주둔되었던 소위 인계철선역할의 주한미군 일부를 철수시킨다. 이에 대해 우리 안보의 근간이 흔들리는 것이 아니냐는 말이 나오게 된 것이다. 결국 노무현 정부는 자신의 지지 세력이었던 진보 세력으로부터 엄청난 저항에도 불구하고 2003년에 이라크 파병을 하게 되고, 2007년에 한미 FTA를 맺는다. 그리고 초기 동맹파괴의 상징이었던 용산 기지 이전과 전작권 환수는 미국이 오히려 한국의 증가된 한반도 방위책임을 요구하면서 자연스러운 정책으로 자리잡게 된다.

(3) 대중정책

대중 정책에 있어서 양 정부 모두 중국과 전반적으로 좋은 관계를 유지하였다. 김대중 정부에서 '협력적 동반관계'를 수립한 이후 노무현 정부 때는 '전면적 협력동반관계'로 격상하였다. 그 이후에는 '전략적 협력동반자관계'로 발전되기도 하였다. 그 근본적인 이유는 한국과 중국의 교역이 미국을 넘어서서 그 액수의 크기가 각자 2, 3위인 미국과 일본을 합친 것보다도 커진 현실이 있다. 즉 한중이 경제적으로 너무나 가까워지고 특히 그 과정에서 한국이 엄청난 흑자를 보게 된 것이다. 실제로 중국이 우리나라 수출에 25%를 차지하고, 흑자는 75%를 차지하는 현실이다. 한중간 갈등을 겪은 사드(THAAD) 사태와 중국의 경제 보복에도 불구하고 안보는 미국과 동맹이지만, 경제는 중국에게 의존할 수 밖에 없는 상황을 반영한 것으로 이는 향후 미중경쟁에서 한국에게 많은 외교적 딜레마를 안길 것으로 예상된다.

(4) 대일정책

일본은 초기 김대중·노무현 정부의 전향적인 정책이 한일관개개선의 중요한 계기로 작용했다. 김대중 정부에서 한일관계는 매우 좋았다. 김대중·오부치 정상회담에서 일본정부가 깊은 사죄의 뜻을 표하였고 김대중 정부는 미래 지향의 한일 문화교류 확대로 화답하였다. 그동안 한일관계는 일부 정치인을 중심으로 망언을 하거나 사죄를 부정하는 언급에 의해 어려움을 겪었다. 천황도 사죄를 하는데 각료나 장관들이 망언을 하는 등 이중적인 모습을 보이니 진정으로 사죄를 했느냐하는 한국의 의구심이 제기된 것이다. 김대중 대통령은 21세기인데 20세기의 불행한 것들은 뒤로 두고 미래를 향해 서로 협력하자고 제안하며 공식적인 사과 요구를 하지 않았다. 이에 대해 오히려 오구치(오구치 아키히코, 大口昭彦) 총리대신은 '통절한 반성'과 '마음으로부터의 사죄'를 하면서 양국 관계가 돈독해 진 것이었다.[7]

노무현 정부도 비슷하였다. 노무현 정부는 반미(反美)적인 발언을 많이 하였으나, 일본에 대해서는 거의 친일파 소리를 들을 정도였다. 실제로 노무현 대통령과 고이즈미(고이즈미 준이치로, 小泉純一郎) 총리와 실무형식의 셔틀외교를 하면서 제주도에서 만나기도 하였다. 또한 처음으로 한국 대통령이 일본방송에 출연하여 일본 국민과의 대화를 하기도 하였다. 그러나 고이즈미 총리가 일본을 위해 헌신한 사람을 존중해야 한다고 하며 야스쿠니 신사참배를 강행하면

7) 21세기 새로운 한·일 파트너십 공동선언(전문), 대한민국 정책브리핑(www.korea.kr)
https://www.korea.kr/news/policyNewsView.do?newsId=148746505

서 양국관계에 문제가 생기기 시작하였다. 2006년에 아베(아베 신조, 安倍晋三) 총리가 등장하며 소원해진 양국 관계 개선을 제안하지만 여전히 신사 참배가 문제가 되면서 후반부 관계가 소원한 채로 유지된다.

5. 결론

김대중·노무현 정부는 대한민국 최초의 진보정권이다. 김대중 대통령의 취임사에 나타나듯이 한국이 수평적 평화적인 정권교체를 통해 진정한 민주주의가 되었다는 것이 중요한 하나의 이정표이다. 민주주의의 기준이 여러 가지가 있지만 성숙된 민주주의는 서로 다른 정파 간에 건전한 균형을 이루면서 정권이 평화적으로 선거에 의해 교체되어야 하는 과정이 나타난다는 것이다. 그 점에서 근대 한국 정치사에서 이승만 정부 수립 이후 보수위주의 정권에서 최초의 본격적인 진보정권이 선거를 통해 집권한 것이 김대중·노무현 정부라는 점이다. 이 시기에 북한에 대해 평화공존이라는 새로운 접근을 시도했고, 여전히 한미동맹을 간과하지는 않았고, 점증하는 한중관계가 자라나고 있었다. 한일관계는 실용적인 한일관계를 추구했는데, 한일관계에서 국내정치의 영향이 커지는 경향이 나타나기 시작하였다. 그러나 여전히 비핵화와 남북관계는 미완의 과제로 남게 되었고 일본과의 역사 문제 또한 해결되지 않은 과제로 남아 오늘에 이르고 있다.

[Q&A]

Q1. 김대중·노무현 정부가 미국 공화당정부와 만나면서 갈등을 빚고 있는
데, 지금의 한미동맹과 비교했을 때 갈등수준이 어떤지, 지금의 한미동
맹은 잘 이루어지고 있는지 궁금합니다.

A1. 문재인 정부와 트럼프 정부를 얘기하기 이전에, '우리나라에서 보수
정권이 나오고 미국에서도 보수 정권이 나오면 관계가 좋고 서로 달
라지면 한미관계가 안 좋지 않을까?'라는 얘기가 있었습니다. 그렇게
따지면 보수인 이명박 대통령과 진보인 오바마 대통령 사이의 관계는
굉장히 좋았다는 것이 의문점이 됩니다. 박근혜 대통령과 오바마 대
통령 역시 사이가 좋았습니다. 미국과 한국은 둘 다 민주주의라는 기
본가치를 공유하고 있고, 미국에서는 진보·보수를 떠나 내부적으로
외교에 있어서는 일관된 입장을 보여 왔습니다. 우리 입장이 그것에
맞냐 아니냐에 따라 문제가 발생했던 것입니다. 그런데 지금은 어떠
냐고 물으면, 좀 애매하다고 답하겠습니다. 트럼프 대통령이 공화당
정부니까 문재인 대통령과 문제가 발생하는 것이냐고 물으면, 오히려
문재인 대통령과 트럼프 대통령 사이의 관계는 좋다고 답할 수 있습
니다. 트럼프 대통령은 어떻게 보면 전혀 믿을 수 없는 사람입니다.
그런데 어떻게 관계가 좋은 걸까요? 이게 굉장히 혼란스럽게 만드는
요인입니다. 미국에 있는 많은 외교정책 전문가들은 트럼프에 대해
굉장히 비판적입니다. 현 정부는 그런 트럼프와 어떻게든 손을 잡아
서 비핵화를 시켜보려고 하니까 복잡 미묘한 상황에 처해있는 것이
현실입니다. 이념에 따라서 한국과 미국의 관계가 좋고 나쁘고는 없
었던 것 같습니다. 나름대로 서로 이해관계를 갖고 이용하고 있는 것

입니다. 그것이 과연 한국의 안보나 경제적 이익에 도움이 되는가는
두고 볼 문제입니다. 그러나 어쨌든 트럼프 대통령 때문에 전쟁이 일
어나지는 않았으면 좋겠습니다. 북한과 어느 선까지 관계 정상화를
할 것이냐에는 논란이 있을 수 있습니다.

**Q2. 진보정권이 보수정권보다 한중관계나 한일관계에서 갖는 특별한 특징
이 있습니까?**

A2. 진보정권이 그 이전에 비해서는 좀 더 국내정치 여론을 많이 보는데,
한일관계에 있어서 특히 역사문제에 있어서 엄격하게 나올 수도 있습
니다. 그런데 김대중 정부 때는 이 문제를 덮어놓고 갔습니다. 사실,
나빠진 것의 반(半)은 일본이 그 전과는 달리 과도하게 우경화되고
있는 문제가 있는 것입니다. 보수 정권 때도 아베 총리하고 3년 동안
말도 안 했습니다. 이것 역시 그때그때 사안에 따라 국내정치 변수가
개입되는 것이라고 볼 수 있습니다. 중국은 한국이 관리하기가 편했
는데, 이제 중국이 점점 다른 얘기를 하기 시작합니다. 즉, 복잡한 얘
기를 하기 시작하고 있다는 것입니다. 즉, 외교·안보는 미국과 한다
는 한국의 기본입장을 주장하기 어려워지는 것입니다. 이는 중국의
영향력이 매우 커지고 있기 때문입니다. 미중갈등에서 어느 하나를
쉽게 선택하기가 매우 어렵습니다. 그렇다고 미국을 버리고 중국을
택한다? 국내적으로 큰 혼란이 있을 것입니다. 우리는 자꾸 한미동맹
을 테스트 받는 입장에 자주 처하고 있습니다. 우리는 미중경쟁에서
빠지고 싶은데 양쪽에서 누구 편이냐고 묻는 상황이 벌어집니다. 일
본은 중국이 확실한 적이라고 생각하기 때문에 미국에게 붙을 겁니
다. 우리나라는 좀 애매합니다. 앞으로 한국에 대한 미중경쟁의 선택

에 대한 압박이 점점 더 심화될 것 같은 것이 저의 예측입니다.

Q3. 10년의 보수정권 이후, 현 정부는 북핵문제를 어떻게 관리해야 한다고 생각하시는지 궁금합니다.

A3. 이명박, 박근혜 보수정권도 지속적으로 북한과 대화를 하려고 했습니다. 그런데 당시 북한 내부가 너무 흔들렸습니다. 우리가 대화를 시도하기가 너무 어려웠던 겁니다. 제 생각에는 북한문제는 관리하는 수밖에 없다고 생각합니다. 통일을 당장 추구하지 않는 한, 북한의 비핵화를 완전 믿을 수 있을까요? 안보위협을 최소화하면서 북을 최대한 달래는 수밖에 없다는 것으로 답변을 갈음하겠습니다.

참고문헌

김대중 대통령 취임사 전문, 대한민국 정책브리핑(www.korea.kr)
출처: https://www.korea.kr/news/policyNewsView.do?newsId=148741323
남북공동선언(전문), 대한민국 정책브리핑(www.korea.kr)
출처: https://www.korea.kr/archive/expDocView.do?docId=22080
남북관계 발전과 평화번영을 위한 선언(10·4 선언) ('07.10.04), 대한민국 외교부
출처: https://www.mofa.go.kr/www/brd/m_3984/view.do?seq=364829&srchFr=&srchTo=&srchWord=&srchTp=&multi_itm_seq=0&itm_seq_1=0&itm_seq_2=0&company_cd=&company_nm=&page=1
왕선택, "993차례의 외침, 사실일까?," YTN 기자칼럼('05.12.15)
출처: https://www.ytn.co.kr/news/clmn_view.php?idx=292&s_mcd=0612&s_hcd=01
평화번영정책 상세 해설: 평화통일기반 조성과 동북아 중심국가 발전 토대 마련, 대한민국 정책브리핑(www.korea.kr)
출처: https://www.korea.kr/news/policyNewsView.do?newsId=471
21세기 새로운 한·일 파트너십 공동선언(전문), 대한민국 정책브리핑(www.korea.kr) 출처: https://www.korea.kr/news/policyNewsView.do?newsId=148746505

David Kang, "Hierarchy and Stability in Asian International Relations," in G. John Ikenberry and Michael Mastanduno ed. International Relations Theory and the Asia−Pacific(New York: Columbia University Press, 2003), pp. 163−189.
Koo, B., & Nam, C. (2001). South Korea's Sunshine Policy and the

Inter－Korean Security Relations. The Korean Journal of Defense Analysis, 13(1), 79－101.

Chae－Jin Lee, A Troubled Peace: US Policy and the Two Koreas (Baltimore: The Johns Hopkins University Press, 2006), pp. 210－274.

Don Oberdorfer, The Two Korea's: A Contemporary History(Basic Books, 1997), pp. 407－445.

Sunhyuk Kim and Wonhyuk Lim, "How to Deal with South Korea," The Washington Quarterly Vol. 30, No. 2(Spring 2007), pp. 71－82.

Jae Ho Chung, Between Ally and Partner: Korea－China Relations and the United States(New York: Columbia Univ. Press, 2007), pp. 1－18, 75－121

Hahm Chaibong, "The Two South Koreas: A House Divided," The Washington Quarterly, 28: 3, Summer 2005, pp. 57－72

Kim, Ilpyong J. "Key Milestones in the ROK Political Development and Historical Significance of the 2002 Presidential Election." ROK turning point.

Bae, J. Y. (2010). South Korean strategic thinking toward North Korea: The evolution of the engagement policy and its impact upon US－ROK relations. Asian Survey, 50(2), 335－355.

James M. Lister, Ambassadors' Memoir: U.S.－Korea Relations Through the Eyes of the Ambassadors(Korea Economic Institute of America, 2009). pp. 107－216.

제4장
이명박 · 박근혜 정부 외교안보정책의 회고와 평가

● ● 김태효 교수(성균관대학교 정치외교학과)

1. 서론

이 글은 여섯 개의 후속 목차로 구성된다. 첫째, 어떤 정권의 대외정책을 평가할 때 그 평가 기준이 무엇이어야 하는지에 관해 이야기하고자 한다. 둘째, 김대중·노무현·문재인 정부 시기의 대외정책 기조를 살펴본다. 이들 세 정권은 대북정책과 대미정책에 있어서 상당한 유사성을 지니며, 이 글에서 다루고자 하는 이명박·박근혜 정부의 대외정책과 뚜렷한 대조를 이룬다. 셋째, 이명박·박근혜 정부의 대외정책을 분석한다. 이들 두 우파정권이 표방한 외교정책 목표와 수단이 무엇인지 주요 사례와 사건을 통해 확인한다. 넷째, 좌-우 혹은 진보-보수로 나뉘는 위 다섯 개 정권의 대외정책을 몇 가지 기준에 따라 비교하고 평가한다. 다섯째, 국제정치이론과 외교정책현장의 상관관계를 분석한다. 이론은 과연 정책결정자의 행동을 잘 설명하는지, 또 정책입안가의 판단은 이론의 가르침을 어디까지 반영하는지 검토한다. 마지막으로 리더(지도자)에게 필요한 덕목과 사명에 관해 지적하고자 한다.

2. 외교정책 평가의 기준

어느 정권이든 외교정책 결과는 ① 목표의 타당성과 ② 수단의 적실성, 이 두 가지 기준으로 평가받는다. 추구하는 목표가 올바로 설정돼야 수단의 정당성을 인정받을 수 있다. 모든 나라가 그러하듯 이 대한민국의 제1국익은 주권과 안보의 수호다. 제2국익은 경제역량의 확충이다. 영토와 주권을 지키면서 국민이 먹고 살 방도를 안 팎으로 확장시켜야 한다. 제3국익은 국가의 위신과 매력을 고취하는 것이다. 한국이 국제사회에서 인정받아야 하고 한국 정부의 말과 행동이 다른 나라로부터 존중받도록 해야 한다. 안보와 경제가 하드파워(hard power) 영역이라면, 국가의 위신과 평판은 소프트파워(soft power) 영역이다. 둘을 잘 배합하여 시너지를 내면 스마트파워(smart power)가 발산될 것이다.

그 다음은 이 세 가지 외교정책 목표를 추구함에 있어 적절한 수단이 동원되었는지 그 적실성을 따져야 한다. 북한의 군사위협과 사이버공격에 대비한 억지력을 구축하고자 노력했는지, 한·미 동맹 관계와 외교 네트워크를 활용해 한국이 필요로 하는 힘을 협력 파트너로부터 잘 빌려왔는지 살펴야 한다(안보 외교). 대외교역 비중이 큰 한국경제가 활력을 띠도록 우리 기업의 기술혁신과 국제적 경쟁력을 독려했는지 돌아봐야 한다. 국내 차원의 소득 재분배와 복지정책도 국가경제의 국제적 경쟁력을 보장하는 차원에서 실시했는지 그 의도와 취지를 면밀히 따져야 한다(경제 외교). G20, UN기후변화회의 등 미래 글로벌 질서의 규범과 규칙을 다루는 회의에 나가 참가국 간 이견에 대안을 제시하고 새로운 표준을 제시하는 등 글로벌 사회의 공감을 자아내는 외교를 주도해야 한다(소프트파워 외교).

모든 일은 사람이 하는 것이다. 이제까지 언급한 국가 대외정책의 목표와 수단은 5년 간 국정을 맡으며 결정권을 행사하는 특정인 몇 사람의 역할과 역량에 달려 있다고 해도 과언이 아니다. 안보와 외교 이슈는 행정부의 고유 판단사항이 많기에 국회의 의결을 거치지 않고도 많은 것을 결정하고 추진할 수 있다. 대통령과 대통령을 보좌하는 안보 참모진의 생각과 능력이 해당 임기 중 대외정책 성패를 좌우하는 중요한 요인이다.

분단국가인 한국으로서 북한은 최대의 안보 이슈다. 북한을 민족주의적 관점에서 접근하느냐(국내파) 글로벌 시각으로 접근하느냐(국제파)로 나누어 살필 수 있다. 전자는 남북한 민족 간 특수한 공동체 관계를 중시하고 미국과 국제사회의 영향력이 배제된 남북 민족공조를 추진한다. 후자는 인권과 자유민주주의 가치의 수호를 위해 국제사회와 공조해야 한다고 믿는다. 관건은 북한 독재정권을 북한 체제의 통제권자로서 인정하고 받아들이느냐, 북한사회의 본질적인 개방과 변화를 추진하느냐의 문제다. 국내파의 시각에서 북한을 접근한 사례로 김대중, 노무현, 문재인 정부를 꼽을 수 있다. 국제파의 관점에서 북한을 다룬 사례로는 이명박, 박근혜 정부를 들 수 있다. 각 정권 시기에 대통령을 보좌한 주요 참모의 면면과 배경, 그리고 추진한 일의 성격[1] 으로 보아 이러한 일반화가 가능하다.

여기서 중요한 것은 민족주의자건 국제주의자건, 한국 안보팀의 능력과 팀워크가 세계 주요 국가들의 그것을 압도했는가의 문제다.

---

[1] 김대중·노무현·문재인 정부 대북정책의 최대 목표는 남북정상회담의 실현이었다. 북한 정권과 대화하고 이들을 지원하면 북한 핵문제도 해결되고 한반도에 평화가 정착된다고 주장했다. 이명박·박근혜 정부 대북정책의 1차적 과제는 북핵 위협에 대한 안보의 확보였다. 대북 억지력 강화와 한·미 동맹의 공조를 중시했고 북한사회의 개방과 개혁을 유도하고자 했다.

국내에서 국민들 앞에서만 목청을 높일 것이 아니라 국제사회가 한국의 말과 행동을 무겁게 여기고 받아들이도록 논리와 설득력을 겸비했는지 봐야 하는 것이다. 어느 대통령이든 자신과 뜻이 맞는 유능한 인재를 데려다 쓰고자 한다. 대통령과 국정철학을 공유하는 참모가 추진력을 발휘하면 강력한 국정 동력이 만들어진다.

그런데 이들 핵심 결정자 그룹의 국정철학이 이념형인지 실용형인지에 따라 국정의 방향과 일의 내용이 판이하게 달라진다. 전자는 노무현·문재인 정부의 리더십으로 대북정책과 대미외교에서 민족공조와 자주외교를 유난히 강조했다. 후자는 이명박 정부의 리더십으로 북한 문제를 인권 보장과 핵확산 금지라는 국제규범의 연장선상에서 접근하고자 했다. 박근혜 정부도 이러한 시각을 공유했지만, 안보팀 참모 대부분이 직업형 관료와 군 출신으로 안보관련 부처의 개혁을 주도하거나 대외정책 돌파구를 선제적으로 추진할 만한 동기부여가 미흡한 업무환경이었다. 국가 안보정책의 성패는 대통령의 국정철학은 물론, 그의 인사 스타일에 의해서도 좌우된다는 것을 알 수 있다.

3. 김대중·노무현·문재인 정부의 대외정책 기조와 주요 사안

이들 세 정권은 국가의 집단주의적 정체성과 경제의 평등성을 강조한다는 점에서 좌파 성향을 띤다. 정부가 교육, 경제, 복지, 사회 전반에 걸쳐 민간을 통제하고 규율하는 큰 정부를 지향한다는 점에서, 그리고 북한 정권에 상대적으로 관대한 입장을 견지한다는 점에서도 좌파적이다. 그 반대 성향을 지닌 이명박·박근혜 정부는 우파

성향의 정권이다. 우리나라 역대 정부의 이념지형을 보수와 진보로
구분하는 것은 맞지 않다. 보수와 진보는 사회개혁의 폭과 속도에
관한 입장을 구분하는 용어다. 기존 질서의 전통과 틀을 지켜가면서
추진하는 점진적 개혁이냐, 기존의 통념과 토대를 뛰어넘는 과감한
개혁이냐에 따라 보수와 진보 성향을 구분하는 것이 맞다.

　김대중, 노무현, 문재인 정권은 외교의 대부분을 북한 문제에
집중했다. 대미(對美) 외교도 미국이 북한 정권을 보다 관대하게 대
하게끔 설득하는데 맞춰졌다. 이들 세 정권의 대북정책은 '햇볕정책'
시리즈로 압축해 표현할 수 있다. 이를 입안한 김대중 정부가 '햇볕
정책 1.0'을, 이를 이어받은 노무현 정부가 '햇볕정책 2.0'을, 이를 다
시 이어받아 극대화한 문재인 정부가 '햇볕정책 3.0'을 추진했다. '햇
볕정책'의 요체는 무조건적으로 북한 정권을 포용하고 지원하는 것
이다. 이러한 대북 지원과 시혜정책을 정당화하는 것은 '자주적 민족
공조'라는 이념 지향이다. 햇볕주의자는 북한 정권이 무엇을 하든 한
국이 인내하고 도우면 한반도에 평화가 정착된다고 주장한다.

　이들 세 좌파 성향의 정권은 모두 남북정상회담을 개최하는데
성공했다.[2] 그리고 이러한 '회담 성과'를 대북정책의 가장 큰 치적으

----

2) 김대중 정부는 2000년 6월 평양에서 북한의 김정일 국방위원장과 한 차례, 노
　무현 정부는 2007년 10월 평양에서 북한의 김정일 국방위원장과 한 차례, 문재
　인 정부는 2018년 4월과 9월에 각각 판문점(평화의 집)과 평양에서 북한의 김
　정은 국무위원장과 총 두 차례 남북정상회담을 열었다. 이러한 네 차례의 회담
　에서 다음과 같은 네 개의 남북합의문이 도출되었다: 6.15 공동선언(2000년);
　10.4 공동선언(2007년); 4.27 공동선언(2018년); 9.19 공동선언(2018년). 2018
　년 5월 26일 판문점 통일각에서 열린 문재인 대통령과 김정은 국무위원장 간
　회동은 공식적인 남북정상회담으로 간주하기 어렵다. 당시 6월 12일로 예정됐
　던 미국-북한 간 싱가포르 회동의 무산을 막기 위해 북한의 제안으로 갑작스
　럽게 열린 만남으로 남북한 관계에 관한 구체적인 논의나 합의가 이루어지지
　않은 비공개 회동이었다. 회동 사실 자체가 회동 종료 이후 언론과 국민에 공

로 홍보해 왔다. 외교에서 대화는 외교 목표를 달성하기 위한 하나
의 수단이지 그 자체가 목적은 아니다. 2000년의 6.15 공동선언,
2007년의 10.4 공동선언, 2018년의 4.27/9.19 공동선언은 하나같이
한국의 대북 경제지원 계획을 담고 있는 반면, 북한의 핵 포기 의사
나 이와 관련된 계획이 전혀 언급돼 있지 않다.

 이들 네 개 합의문에는 민족, 자주, 평화라는 용어가 반복적으
로 등장하는데, 이제까지 북한이 일관되게 평화협정 체결을 요구하
고 미국－북한 관계의 정상화(내지 수교)를 주장하는 것으로 보아 이
들 세 개의 용어가 내포하는 북한의 전략적 함의는 궁극적으로 주한
미군의 철수와 한·미 동맹의 무력화에 맞춰져 있다. 북한 당국은
1991년 남북한 정부가 합의하고 이듬해에 각자 의회 비준을 거친
'남북기본합의서'3)에 대해서는 일체 언급하지 않는다. 현행 남북한의
육·해·공 관할권 존중(불가침 구역과 경계선의 명시)과 상호 내정 불
간섭, 무력사용 금지, 남북 군사공동위원회의 설치·운영 등 북한이

•• 표 1 북한의 대남전술용어에 담긴 전략적 목표

용어	국어사전의 일반적 의미	북한의 전술적 의도
자주외교	남이 아닌 자신의 주도로 결정하고 집행하는 외교	한국 안보에서 미국을 배제시키는 외교
민족공조	남북한 한민족(韓民族) 모두가 협력하여 공존함	자유민주 세력인 미국·일본을 배제하고 북한정권-친북 남한세력 공조를 추진
평화냐 전쟁이냐	자신을 지킬 힘을 확보해 평화를 지키고 전쟁을 막음	한국의 안보론자를 전쟁세력으로 매도하여 한국의 무장해제를 유도

개될 만큼 서둘러 이루어졌다.
3) 냉전구도 붕괴 초기인 1990년 9월 제1차 남북고위급회담을 시작한 이후 15개
 월만인 1991년 12월 13일 서울에서 열린 제5차 남북고위급회담에서 합의한 문
 서로 서문과 4장 25조로 구성된다.

당초 꺼려한 합의내용이 담겼기 때문이다. 이제까지 성사된 남북 정상회담은 모두 북한 당국의 입지만 세워주고 북한에 대규모 경제지원만 해준 부실한 합의였다.

이러한 대북 '대화 이벤트' 시리즈는 일차적으로 한국의 안보 태세를 무력화하는데 일조했다. 김대중 정부는 북핵 1차 위기 때 북한에 핵 프로그램은 존재하지 않으며 북한을 '적대시'하는 미국이 잘못이라고 주장하면서 전면적인 대북 전략물자4) 지원을 감행했다. 노무현 정부는 6자회담 참가국들이 먼저 지원하고 양보하면 북한이 결국 핵을 포기할 것이라면서 대북 경제 지원을 더욱 체계적으로 진행하였다5). 문재인 정부는 핵 능력의 완성을 공언하고 나선 북한 정권 앞에 아무런 안보 대비장치도 마련하지 않은 채 UN 대북제재를 완화하고자 미국 트럼프 행정부를 설득하는데 주력하였다.

대북 햇볕정책으로부터 비롯된 또 하나의 파급효과는 한·미 관계가 점진적으로 약화되었다는 것이다. 김대중 정부는 북한 지도부를 두둔하고 미국의 대북정책을 탓하면서 미국 조지 W. 부시 행정부와 상호 불신의 늪에 빠졌다.6) 노무현 정부는 북한에 맞서 싸울

---

4) 대북 전략물자란 현찰, 쌀과 비료, 에너지를 뜻한다. 북한 정권이 핵 개발을 포함한 대남 군사 위협을 강화하는데 사용될 가능성이 농후하고, 북한 주민을 통제하고 감시하는 주요 수단인 중앙 배급 제도를 강화하는데 도움을 주는 물자들이다.

5) 개성공단과 금강산관광 사업을 통해 북한 근로자의 임금과 남한 방문객의 관광비를 미화 달러로 북한 정권에 직접 지불하는가 하면, 2007년 10.4 공동선언을 통해 북한 지역 내 철도·도로 건설과 각종 산업단지 건설을 약속했다.

6) 김대중 전 대통령은 프랑스 일간지 르몽드(Le Monde)와의 2007년 4월 15-16일자 인터뷰에서 아래와 같이 언급했다. "미국의 공화당은 1994 제네바합의를 받아들인 적이 없다. 조지 W. 부시 대통령이 당선되면서 북한과의 합의를 무산시키려고 집요하게 노력했고, 그 결과로 북한의 2006년 핵실험이 일어났다... 북한에는 고농축우라늄 프로그램이 존재하지 않는다. 북한 관리들은 이것을 가질 권리를 말할 뿐이다...국제사회가 북한을 적대시하지 않는다면 북한의 개방

능력도 의지도 갖추지 않은 채 전시작전통제권을 단독으로 행사하겠다고 주장하고 나섰다. 후임 이명박·박근혜 정부를 거치며 전시작전통제권 '전환' 일정이 계속 미뤄지자 문재인 정부는 전시작전통제권 단독 행사를 서둘러 확정하고자 미국을 압박하였다. 전시작전통제권 '환수'라는 표현은 '자주외교'라는 도덕적 슬로건에 의해 뒷받침된다.[7] 북한의 대남 도발과 무모한 오판을 애초에 차단해버리는 한·미 연합방위체제를 마다하고 대한민국 혼자 북한 위협 앞에 노출되겠다는 것과 다름없다. 안보를 지킬 의사와 능력이 결여된 한, 어떤 정책도 자주적일 수 없다.

　노무현 정부의 '동북아 균형자론'은 한국이 외세의 간섭 없이 안보파트너를 자유롭게 선택함으로써 동북아시아 질서의 균형자 역할을 자처하겠다는 것이었다. 달리 말하면, 한·미 동맹의 비중을 줄이고 한·중 관계를 중시해 미국 일변도의 외교를 벗어나겠다는 선언이었다. 중국은 노무현 정부의 이러한 입장을 반겼지만 한국의 동북아 균형자 역할이 제대로 작동하지는 못했다. 한·미 동맹이 담당하는 한국 안보의 보장 역할을 한·중 관계가 대체할 수 없는 구조적인 한계가 있었다. 노무현 정부는 미국의 요청대로 이라크에 파병을 했

이 빨리 일어날 것이다. 국제사회가 북한이 원하는 안전보장을 해 준다면 핵문제는 해결될 것이다." 인터뷰 내용 전체의 한국어 번역문은 다음을 참조. http://www.kdjpeace.com/home/bbs/board.php?bo_table=d02_04&wr_id=38(검색일: 2020.7.9).

7) 문재인 대통령은 2017년 6월 20일 미국 일간지 워싱턴포스트(The Washington Post)와의 인터뷰에서 전시작전통제권 행사를 주권 행사의 문제로 규정했다. 인터뷰 내용 전문(全文)은 다음을 참조할 것. https://www.washingtonpost.com/outlook/south-koreas-president-trump-and-i-have-a-common-goal-in-dismantling-north-koreas-nuclear-program/2017/06/20/cd422e08-55bc-11e7-a204-ad706461fa4f_story.html(검색일: 2020.7.9).

고, 한·미 자유무역협정(FTA)을 타결시켰다. 물론 이러한 선택을 자발적으로 흔쾌히 내린 것은 아니다. 이라크 파병과 한·미 FTA에 반대하는 폭력 시위대를 제대로 처벌하지 않으면서 내키지 않은 '친미 정책'을 택했다.[8] 문재인 정부의 친중(親中) 노선 역시 노무현 정부의 '자주적' 균형자론을 그대로 이어받았다. '역내 세력균형자(regional balancer)' 역할을 독자적으로 실현할 능력도, 주변 강대국들로부터의 동의도 갖추지 못했다는 점에서 외교적 실패가 반복되었다.

4. 이명박·박근혜 정부의 대외정책 기조와 주요 사안

대북정책을 이야기할 때 좌파정권의 소위 '햇볕정책'을 온건한 정책으로, 우파정권의 대북정책을 강경한 정책으로 지칭하는 경향이 있다. 이러한 구분은 학술적으로나 정책적으로나 근거가 없으며 다분히 정치적인 접근에 불과하다. 북한이 계속 핵무기를 고집하면서 한국사회의 분열을 조장하는데도 북한 정권을 지원해야 온건하고 그렇지 않으면 강경하다는 논리 자체가 어불성설이다.

....

8) 노무현 정부는 2003년 4월 이라크에 326명 규모의 건설공병·의료 지원단을 보냈고, 같은 해 9월 미국으로부터 전투 병력을 보내달라는 추가 요청을 받았다. 2차 파병 역시 비전투 병력을 보내기로 결정했고(10.8), 이후 파병 여부를 놓고 극심한 국론분열을 10개월 간 겪은 뒤 2004년 8월 자이툰 부대를 보냈다. 또 노무현 정부는 2007년 4월 2일 미국 조지 W. 부시 행정부를 상대로 한·미 FTA 협상을 타결하고 서명까지 했으나(6.30) 같은 해 12월 후임 대통령을 뽑는 대선에서 정권 재창출에 실패한 뒤 한·미 FTA 비준을 포기했다. 후임 이명박 정부가 미국 오바마 행정부를 상대로 새로운 협상에 임하면서 진통을 겪었고 마침내 2010년 12월 타결하고 2011년 11월 22일 국회 비준을 거쳐 2012년 3월 15일 발효시켰다. 이때 한미 FTA의 국회 비준을 격렬히 반대한 것은 이를 애초에 추진했던 노무현 정부 시절 인사들이었다.

대북정책은 대한민국의 안보를 지키고 북한을 개방시켜 궁극적
으로 자유 민주 가치에 입각한 통일을 구현하는 유일하고도 정통한
목표에 부응해야 한다. 이를 구현하는 과정에 대북정책의 본질적인
목표를 유지하되 남과 북이 합의하고 이행하는 과정에 일정한 융통
성을 발휘하는 것은 가능하다. 우리가 셋을 먼저 주면 천천히 하나
를 되돌려 받더라도 인내심을 가지고 유연한 상호주의(reciprocity)를
적용할 수 있다는 입장에 대해 우파건 좌파건 반대할 이유가 없을
것이다. 그런데 대북정책 목표를 국민 앞에 분명하게 공표하지 않은
채 국가 안보를 저버리면서까지 북한정권에 굴종적인 태도를 취하는
대북정책은 '온건한' 정책이 아니며 오히려 나라의 존망을 위험에 빠
뜨리는 정책이라 할 것이다.

이명박·박근혜 정부의 대북정책은 대북 안보태세에 우선순위
를 두고 북한사회의 변화를 유도하고자 했다는 점에서 유사성을 지
닌다. 이명박 정부는 점증하는 북한의 핵·미사일 위협 앞에 한국의
탄도미사일 사거리와 성능을 강화하는데 매진했으며9) 오바마 행정

....

9) 한·미 미사일지침(Missile Guideline)은 미국이 한국의 핵 개발과 핵탄두 장착
미사일 개발을 막기 위해 1979년 한국의 미사일 사거리를 180km로, 탄두 중량
을 500kg으로 제한한 것이 그 모태다. 북한의 핵·미사일 위협이 증가하면서
1995년부터 한국의 미사일 사거리를 개선하기 위한 대미(對美) 협의가 시작되
었고 6년만인 2001년에 사거리를 300km로 늘리는 미사일지침 개정이 이루어
졌다. 이명박 정부 들어 2009년부터 다시 개정 논의에 착수했고 협상 3년 만인
2012년 10월에 북한 전역(全域)을 사정권으로 확보하는 800km 사거리의 신
(新)미사일지침(New Missile Guideline)을 이끌어냈다. 한국은 미국과 추가협
상을 통해 2017년 11월 기존 500kg의 중량제한을 해제한 데 이어 2021년 5월
에는 한·미 미사일지침을 아예 종료시키는데 합의했다. 이로써 한국이 의지만
있다면 북한의 핵·미사일 위협을 억지할 수 있는 탄도미사일을 사거리와 중량
의 제약 없이 자체적으로 개발할 수 있게 되었다. 문재인 정부 시기에 '자주성'
확보 차원에서 이루어진 한·미 미사일지침의 폐기가 실질적인 한국의 대북 억
지력 강화로 이어지려면 안보를 중시하는 태도가 뒷받침되어야 한다.

부를 끈질기게 설득해 2012년 4월로 예정된 전시작전통제권 전환 일정을 2015년 12월로 연기하였다(2010년 6월). 박근혜 정부는 이러한 전시작전통제권 전환 일정을 미국과 다시 협의하여 구체적인 일정을 못 박기보다는 북한의 핵위협 정도와 한국의 대비태세 구축 상황 등 전작권 전환에 필요한 조건과 환경이 충족되는지 먼저 판단하기로 합의하였다(2014년 4월). 또 수도권 이남의 중남부 지역을 겨냥한 북한의 고(高)고도 탄도미사일 공격에 대비한 방어체계인 사드(THAAD: Terminal High Altitude Area Defense)를 우여곡절 끝에 도입하기로 결정하였다(2016년 7월).

좌파 세력의 전매특허인 '자주적 외교'는 한반도에 전쟁이 일어나면 우리가 직접 싸워야지 외부세력인 미국에게 우리의 운명을 맡겨선 안 된다고 주장한다. 그러면서 자주국방에 필요한 준비와 훈련에는 소극적이다. 사드 배치와 한·미 동맹에 반대하는 중국의 입장은 무겁게 받아들이는[10] 반면, 북한 위협을 억지하는 '자주적' 노력을 기울인 사례를 찾기 어렵다. 중국이나 북한에 대해 취하는 굴종적인 태도로 미루어 볼 때, 좌파 정권이 애당초 주장한 자주성은 미국을

....

[10] 문재인 정부는 2017년 10월 31일 강경화 외교부 장관의 국회 답변 형식으로 ① 사드를 추가 배치하지 않고 ② 미국의 MD(미사일방어) 체계에 참여하지 않으며 ③ 한·미·일 군사동맹을 꾀하지 않는다는 이른바 '3불(不) 입장'을 천명했다. 2016년 7월 박근혜 정부가 사드 배치를 결정한 이후 중국은 한국에 경제보복 조치를 취했고 후임 문재인 정부는 3불 입장을 통해 한·중 관계 정상화를 도모한 것이다. 이에 대해 홍콩 일간지 사우스차이나모닝포스트(The South China Morning Post)는 "중국이 총 한발 쏘지 않고 한국에 승리를 거두었다...한국의 3불 정책은 경제를 정치·안보에 연계하는 선례를 남겼다"고 평가했다. 2017년 11월 18일자 해당 기사의 온라인 버전(version)은 다음을 참고할 것. https://www.scmp.com/week−asia/geopolitics/article/2120452/china−wins−its−war−against−south−koreas−us−thaad−missile(검색일: 2020. 7.10).

상대로 한 정치적 슬로건이었던 것이다. 국제사회에서 혼자 모든 것을 이룰 수 있는 나라는 없다. 우방국의 도움을 활용하고 자신의 장점을 극대화해 국제적 입지와 역할을 확대하는 외교가 진정한 자주적 외교다. 한국의 탄도미사일 사거리 800km와 우라늄 저농축 자율권을 확보11)하는 등 미국이 좀처럼 양보하려 하지 않았던 것을 수년간의 줄다리기 협상을 통해 설득하고 관철하는 외교야말로 주도적이고 자주적인 외교다. 말로만 자주를 외치며 대한민국의 안보를 홀로 책임지도록 방치하는 외교는 무책임할뿐더러 위험하기까지 하다.

이명박 정부와 박근혜 정부의 대북 정책은 일견 유사해 보이지만, 이들 두 정권은 재임 시 각기 다른 북한 지도자를 상대했고 북한이 처한 내부 정치적 환경도 크게 달랐다. 북한의 김정일 국방위원장은 이명박 정부 출범 첫해인 2008년 여름 뇌줄중으로 쓰러지면서 2011년 12월 사망하기까지 자신의 권력을 아들에게 안전하게 이양하는 문제에 모든 관심을 기울였다. 취약하고 유동적인 국내정치 환경을 은폐하고 방어하기 위해 외부에 위협적인 언사와 도발을 감행했

....

11) 1974년 체결된 한·미 원자력협정의 유효기간은 발효일(1974.6.16)로부터 만40년 뒤인 2013년 6월 15일까지였다. 이 협정은 한국이 미국의 사전 동의나 허락 없이 핵연료의 농축과 재처리를 하지 못하도록 한국의 자율성을 원천적으로 제약했다. 필자는 청와대와 외교부로 구성된 대표단을 꾸려 2010년부터 미국과 개정 협상을 벌였다. 협상의 관건은 (1) 핵연료의 (핵무기 제조와 무관한) 저농축 권한과 (2) 사용 후 핵연료의 재처리와 형질변형(주로 핵폐기물 감축을 위한)에 관한 자율성을 확보하는 것이었다. 한국사회 일각의 핵무장론은 미국 국무부의 의구심을 부추겼고 이명박 정부는 원자력 협상과 동시에 진행하던 새 미사일지침(NMG: New Missile Guideline)을 2012년 미국과 먼저 타결했다. 박근혜 정부 출범 첫해인 2013년, 1974년 협정 종료일이 다가오자 한·미 양국은 유효기간을 2년 연장하고 후속 협의를 거쳐 개정 원자력협정을 2015년 타결(4.22), 발효(11.25)시켰다. 2015년 개정된 한·미 원자력협정에 따라 한국은 20% 미만 우라늄의 저농축 자율권을 확보했으나, 사용 후 핵연료 재처리에 관한 미국의 관리감독 체제를 벗어나지 못했다.

다. 2009년 초 김정일의 후계자로 낙점된 김정은은 일련의 고강도 대
남도발을 주도하면서 자신의 지도력을 북한 권력층에 각인시키고자
했다. 2009년 11월의 서해 북방한계선(NLL) 월선과 대남공격(대청해
전), 2010년 3월의 잠수함 침투 및 천안함 폭침, 2010년 11월의 연평
도에 대한 해안포 포격이 그러한 배경 하에 나온 대남 도발이었다.[12]

북한의 무력도발을 방지하는 방법은 도발에 대한 즉시적이고도
확고한 보복 방침을 상대방에게 확인시켜 주는 것이다. 한·미 연합
전력을 두려워하는 북한은 전면전쟁을 일으킬 배짱은 없으면서도 한
국의 미온적인 대응이 예상될 때는 어김없이 도발을 감행해 왔다.
천안함·연평도 공격 이후 대북 방위태세를 총괄 점검한 이후 수립
한 '적극적 억지전략(proactive deterrence)'[13]이 접경 일선 부대에 하
달되자 북한은 추가적인 무력 도발을 일으키지 못했다. 한편으로는
사이버(cyber) 해킹을 통해 군사·경제 기밀을 절취하는가 하면 국내
공공기관의 기능 마비를 기도하거나 주요 인물의 동향 파악 활동을
강화해 왔다. 나아가 국내외 거점을 활용한 사이버 심리전을 전개,
한국사회의 국론분열을 조장해 왔다.

---

12) 북한은 6.25전쟁 휴전 이래 2019년 현재까지 세 차례에 걸쳐 서해교전을 일으
켰다. 김대중 정부 들어 1999년 6월 15일 첫 NLL 도발(제1연평해전)이 발생했
고 한국 해군은 이를 격퇴했다. 북한은 3년 뒤인 2002년 6월 29일 재차 NLL
침범에 이은 선제공격을 가해왔고(제2연평해전) 느슨해진 교전수칙으로 방어
태세를 충분히 갖추지 못한 아군측 해군은 6명이 전사하고 16명이 부상을 입
었다. 이명박 정부 들어 2009년 11월 10일 북한은 아군측 서해상 방어태세를
재차 시험하려 들었으나(대청해전) 한국 해군의 단호한 대응으로 완패하고 도
주했다. 다음해인 2010년 3월 26일 북한이 한국 해군과의 해상 교전을 피해 잠
수함 어뢰공격으로 보복을 가해 온 것이 천안함 폭침 사건이다.
13) 적의 선제공격 발생 시 현장에서 자체적으로 즉각 대응하고, 공격해온 것 이상
의 압도적 보복을 감행하며, 선제공격을 지시한 적의 지휘부 원점까지도 타격
하는 대응전략을 말한다.

북한에 유화적인 자세를 취하면 도발이 멎고 대립적으로 나가면 도발을 당한다는 일각의 주장은 좌파의 햇볕정책을 두둔하려는 궤변이다. 북한은 햇볕정책을 시작한 김대중 정부 시기에 분단 이후 처음으로 우리 바다를 침범해 들어와 공격했고(1999년 1차 연평해전), 햇볕정책을 계승한 노무현 정부 시기 첫 핵실험을 실시했으며(2006년 10월), 핵 무장 완성 단계에 돌입하려는 김정은 정권의 모든 입장을 들어주려 한 문재인 정부 시기에는 한국이 새로 지어준 남북협력사무소를 폭파시켰다(2020년 6월). 북한 정권의 대남정책은 오로지 자신의 정권을 유지하는데 필요한 도움을 얻어가는 데에 쓰이는 방편일 뿐이다. 나아가 부강한 한국을 분열시키고 미국으로부터 고립시켜 '자주적'인 방법으로 '우리 민족끼리', '평화적'인 사회주의 연방제 통일을 이루는 것이 궁극적인 목표다.

박근혜 정부가 출범한 2013년은 북한의 새로운 지도자 김정은의 권력이 어느 정도 공고해진 뒤였다.[14] 김정은 국무위원장은 내부적으로 권력승계 절차가 마무리된 이상, 자신의 영도력을 인민에게 과시하기 위한 차원의 대남도발보다는 핵과 미사일 능력을 가속화하여 되돌릴 수 없는 핵 국가를 완성하는데 치중했다. 박근혜 대통령 시기에 북한은 핵실험을 세 차례 실시[15]했고, 핵탄두 장착이 가능한

---

14) 김정은은 2012년 새로운 헌법 개정을 통해 일명 '김일성·김정일 헌법'을 마련했다. 헌법 서문에 건국자 김일성과 그 계승자 김정일의 치적을 언급함으로써 현재 북한의 권력이 그 직계 혈통인 자신에 속함을 천명한 헌법이다. 2016년 다시 헌법을 개정하고 북한 최고지도자 지위를 국방위원회 '제1위원장'에서 '국무위원장'으로 변경하였다.

15) 북한은 2013년 2월 12일(박근혜 대통령 당선인 시기)에 3차 핵실험을, 2016년 1월 6일에 4차 핵실험을, 2016년 9월 9일에 5차 핵실험을 감행했다. 그때마다 UN안전보장이사회의 결의안이 도출되면서 국제사회의 대북제재가 강화되었고, 문재인 정부 들어 북한의 6차 핵실험(2017.9.3.) 이후 나온 UN결의안 2375

다양한 사거리의 탄도미사일 개발을 가속화했다. 이에 한국 수도권 이남을 겨냥한 북한의 고(高)고도탄도미사일에 대한 방어 차원에서 미국이 사드(THAAD) 의 한국 배치 문제를 공론화하게 된다.[16]

2014년 6월 초 사드의 존재가 국민에 알려진 이후 좌-우 진영 간 사드 배치 찬반 논란이 가열되는 동안 박근혜 정부는 아무런 입장을 정하지 못한 채 사태를 방관했다. 8개월 동안 사드에 관해 검토하면서 상황을 주시하던 중국은 한국 정부가 사드 배치에 확고한 결심이 서지 않았다는 판단이 들자 사드 반대 입장을 공식화하고 (2015.2.3 한·중 국방장관회담) 한국 정부에 압박을 가하기 시작한다. 청와대는 사드 배치와 관련하여 미국의 요청도 한·미 간 협의도 어떠한 결정도 이루어지지 않았다는 '3 No' 입장(2015.3.11. 발표)을 유지한 채 점점 거세지는 중국의 압박 공세[17]를 방치했다. 2016년 들어 1월 6일 북한이 4차 핵실험을 감행하자 박근혜 대통령은 결국 "사드 배치 검토" 입장을 표명했고(1.13 신년 대국민 담화), 7월 8일 사드 배치 결정이 공식 발표되었다.

이렇듯 박근혜 정부가 2년 1개월 간 애매모호한 태도를 취하는 동안 국내 좌파 진영의 사드 반대 운동은 조직화되었고 이로 인해 사드의 배치장소, 규모, 배치일정 등을 결정하고 실행하는 과정에 중

....

호는 한층 강화된 대북 경제제재 조치를 담고 있다.

16) 2014년 6월 3일 커티스 스캐퍼로티(Curtis Scaparrotti) 당시 한미연합사령관이 한국국방연구원(KIDA) 주최 국방포럼 강연에서 사드의 한국 전개(展開)를 본국에 요청했다고 언급함으로써 사드 문제가 공론화되기 시작했다.

17) 쑨젠궈(孫建國) 중국군 부총참모장, 한민구 국방장관에 사드 배치 우려 표명 (2015.5.31); 왕이(王毅) 중국 외교부장, 윤병세 외교부 장관에 사드 배치 논의 불만 표출(2016.2.11); 중국 외교부, 사드 한반도 배치 "결연한 반대" 표명 (2016.2.15); 시진핑(習近平) 중국 국가주석, 미·중 정상회담에서 "사드 한국 배치 단호히 반대" 표명(2016.3.31).

대한 차질을 빚었다. 중국은 사드 발사대 배치 부지를 제공한 롯데 기업에 대한 경제 보복을 시작으로 2017년 3월부터 중국인의 한국 관광 규제, 한류 문화콘텐츠의 국내 유포 규제 등 각종 보복조치를 가했다. 우파 정체성을 지닌 박근혜 정부는 북한 위협에 대한 한·미 안보 공조를 중시했지만 친중(親中) 행보에 안보 문제를 결부시키는 우를 범했고, 결국 한·중 관계와 한·미 관계를 동시에 악화시키는 외교 난맥상을 초래했다.

박근혜 정부는 이명박 정부 때 추진하다가 무산된 지소미아(GSOMIA: 한일군사정보보호협정, 2016.11.23)와 일본군 위안부 합의(2015.12.28)를 아베 내각과 이루어냈다. 그러나 이러한 한·일 양국 간 화해와 안보협력 장치는 미국 오바마 행정부의 강력한 요청과 외교적 압박에 기인한 결과다. 미국의 압력으로 서둘러 마련된 한·일 위안부 합의는 아베 총리의 직접적이고 진정성 있는 사과를 이끌어 내지 못했다. 박근혜 정부는 임기 시작 후 3년간 아베 내각의 '우경화' 행보를 공격하면서 한국인의 반일정서를 자극했다. 박근혜 대통령은 대일관계에서 역사문제의 해결을 안보와 경제 협력의 선결 조건으로 내걸었다. 북한과 중국에서 비롯되는 안보 리스크를 고려할 때 협력 대상인 일본을 효과적으로 활용하지 못했다. 이러한 상황이 장기화되자 동아시아 전략 차원에서 한·미·일 3각 연결고리를 필수조건으로 간주하는 미국이 박근혜 정부의 반일(反日) 기조에 제동을 건 것이다. 박근혜 정부의 대중(對中)·대일(對日) 외교의 실패는 대통령의 중국에 대한 전략적 오류와 일본에 대한 인기영합주의(populism)를 지적하고 교정하지 못한 안보 참모들의 무사안일주의에서 기인한다. 궁극적으로는 그러한 인사(人事)를 등용하고 언로(言路)를 터주지 않은 대통령 리더십에 최종적 책임이 있다고 할 것이다.

5. 역대 정부의 외교정책 평가

　이제까지 개괄한 다섯 개 정권의 외교정책을 대북 정책, 동북아
시아 주요국 정책, 글로벌 이슈 정책 이렇게 세 가지 기준에 따라 비
교하고 평가해보기로 한다. 분단국가인 대한민국의 제1 외교과제는
북한이며, 한반도 정세는 물론 동북아시아와 세계질서 향방에 커다
란 영향력을 행사하는 주변 4강(미국·중국·일본·러시아) 외교 역시 국
익에 결정적 요소다. 글로벌 이슈에 역대 정부가 기울인 관심의 정
도와 이행 성과를 비교함으로써 한국 외교의 스케일과 나라의 미래
역량에 대한 잠재력이 어떻게 변화했는지 가늠할 수 있을 것이다.

　대북정책의 최우선 목표는 국가안보의 보전이고 궁극적인 목표
는 자유민주 가치에 입각한 통일의 달성이다. 김대중, 노무현, 문재
인 정권은 북한 정권과의 대화 성사와 이를 위한 대북 지원에 매진
하였다. 남북한 정상회담의 '성사' 자체를 대북정책의 성과로 규정하
고 이를 국민 앞에 홍보했다. 반면, 북한의 각종 안보위협에 대한 억
지능력의 구비에 소홀했고, 북한 정권이 요구한 전략물자(쌀, 비료, 현
금, 에너지)를 지원해 결과적으로 북한 정권의 주민에 대한 장악력을
뒷받침하는 결과가 초래되었다. 이들 세 정권은 하나같이 북한 정권
과는 민족공조를, 미국에 대해서는 자주외교를 강조했다. 북한주민
을 제외한 남북한 정권끼리의 '선언적' 평화는 '실질적' 평화에 역행
했고, 국가안보의 근간인 한·미 동맹의 상호 신뢰와 공조체제가 와
해되었다. 안보환경의 변화와 북핵 능력의 고도화와 관계없이 햇볕
정책이 세 정권에 걸쳐 지속됨으로써(표2 참조) 시간이 지남에 따라
한국 안보 역량이 구조적으로 와해되었다.

•• 표 2 역대 정부의 대외정책 기조

정권	대북정책	대외정책기조
김대중	햇볕정책 1.0(포용정책)	
노무현	햇볕정책 2.0(평화와 번영정책)	동북아균형자외교
이명박	상생공영/비핵개방3000	글로벌코리아외교
박근혜	한반도신뢰프로세스	동북아평화협력구상
문재인	햇볕정책 3.0 (한반도평화프로세스)	한반도 운전자론

　　이명박, 박근혜 정부의 대북정책은 북한 핵문제 해결과 북한사회의 개혁·개방을 우선적으로 추진했다. 국제사회의 대북제재에 동참하면서 대북 미사일방어 체계를 강화하고자 노력했고, 북한주민에게 바깥세상을 알리고(대북심리전) 북한 장마당에 유통되는 물자 공급을 도와 시장경제를 활성화하고자 했다. 또, 좌파 정권들이 하나같이 언급을 꺼리고 불분명한 입장을 취한 자유민주 통일 목표에 대한 입장을 확고히 밝혔다. 북한 정권이 핵무장 시도를 굽히지 않고 한·미 동맹의 와해를 통한 대남 연방제 흡수통일을 포기하지 않는 이상, 한국의 대북정책이 단기간에 획기적인 성과를 내기 어렵다. 북한 정권의 대남정책을 방치하면서 대규모 대북 지원을 확약한 이제까지의 남북정상회담을 대북정책 성과로 규정할 수 없다. 그러한 성격의 남북정상회담 제의를 거절한 것이 오히려 용기 있는 결단이다. 대북정책을 더 이상 정치적인 흥행과 이벤트의 대상으로 삼아서는 안 되며, 안보의 확보와 자유통일의 달성이라는 본질적인 대북정책 목표에 한발씩 다가서는 원칙 있고 일관된 자세만이 남북한 관계를 올바른 방향으로 이끌 수 있다.

　　그 다음은 동북아시아 외교를 평가해 보자. 김대중·노무현·문재인 정권의 한·미 관계는 일관된 패턴으로 지속적으로 악화되었다.

그 핵심원인은 북한에 대한 입장차였다. 북한의 핵무장이 미국의 대북정책 탓이라며 무조건적인 대북 포용을 주장하는 한국 좌파 정권을 세 차례 접하면서 미국의 동맹정책에 대한 우려감이 가중되었다. 특히 노무현 정부가 주창하고 문재인 정부가 계승한 '자주적 균형자론'은 한국 외교안보가 미국 의존도를 줄이고 대신 중국과 가까워져야 한다는 목표의식을 담고 있었다. 한국이 친중(親中) 노선을 취하면 취할수록 중국은 한국의 탈미(脫美)를 요구하고 압박했다. 역대 좌파 정부는 시민사회의 반미(反美) 운동을 방치하다시피 했고, 중국의 일방적 압박과 경제보복 조치에는 아무런 대응을 하지 못했다.

한·미 동맹이 강력하게 작동할 때 중국은 한국의 눈치를 보았고 한·중 관계의 강화를 요청해 왔다. 2008년 초 이명박 정부 출범에 즈음하여 한·미 관계의 복원이 예상되자 노무현 정부의 요청에 응하지 않던 한·중 전략적 동반자 관계를 이번에는 중국이 맺자고 재촉해 왔다. 한·미 자유무역협정 비준안이 미국 의회와 한국 국회에서 잇따라 가결되자(각각 2011년 10월과 11월) 중국은 한·중 FTA도 한시바삐 체결해야한다면서 공식협상 개시에 동의해달라고 전(全)방위 외교공세를 폈다.[18] 중국은 한국의 제1 수출국이고 중국이 한국의 경제와 안보에 차지하는 무게를 경시할 수 없다. 중국은 러시아와 공조하면서 미국의 동북아시아 개입외교를 견제하고자 한다.

....

18) 이명박 정부 시기인 2012년 5월 공식협상에 들어간 한·중 FTA는 박근혜 정부 시기인 2014년 11월 타결되었다. 자유무역 개방수준은 품목 수 기준 90% 내외로 한국은 쌀을 포함한 농산물 시장 개방을, 중국은 한국이 강세인 자동차·반도체·석유화학 등의 품목에 대한 시장 개방을 유예했다. 한·미 FTA의 개방수준이 99%인 것을 감안하면 한·중 FTA는 다분히 정치적 메시지를 포함한 경제협약이다.

•• 표 3   역대 정부 시기의 주요 외교사안

정권	안보	경제	글로벌
김대중	• 1, 2차 서해교전 (1999/2002) • 남북정상회담(2000.6) • 미선·효순 사건(2002) • 김대중-오부치 선언(1998)	• IMF 구제금융(98-01) • 기업·금융계 구조조정	• 노벨평화상 수상 (2000)
노무현	• 북한 1차 핵실험(2006.10) • 6자회담(2003-2007) • 남북정상회담(2007.10) • 전작권 전환 결정(2007)	• 기업·부동산 규제, 증세 • OECD국 중 최저 성장 • 한미FTA 타결 후 포기	• 이라크 파병
이명박	• 북한 2차 핵실험(2009.5) • 3차 서해교전(2009) • 천안함·연평도 도발(2010) • 한미전략동맹미래비전 (2009) • 한미방위비협상 5년주기화 (2009) • 전작권 전환 연기(2010) • 한미미사일지침 개정 (2012) • 한중전략적협력동반자 (2008) • 간 나오토 총리담화(2010) • 한·중·일 연례정상회의 제의·출범(2008)	• 전략적 FTA 체결 (미국, EU, 인도, ASEAN) • 한·중 FTA 협상개시 • 글로벌 금융위기에 OECD국 중 유일 플러스 성장 • 원자력플랜트 UAE 수출	• 북한인권문제 제기 • 아프가니스탄 파병 • G20 창설멤버 가입 • 5차 G20회의 개최 • 저탄소녹색성장주도 • GCF(녹색기후기금) 한국에 유치 • 핵안보정상회의개최 • 신아시아외교구상
박근혜	• 북한 3, 4, 5차 핵실험 • 중국 전승절기념식 참석 및 AIIB 가입(2015) • 사드 배치 결정(2016) • 전작권 전환 재연기(2014) • 한미원자력협정 개정 (2015) • 한·일 위안부합의(2015) • 한·일 GSOMIA 체결 (2016)	• 창조경제론 • 한·중 FTA 체결 • TPP 불참	• 북한인권문제 제기
문재인	• 북한 6차 핵실험(2017.9) • 남북정상회담(2018) • 남북연락사무소폭파(2020) • 한미군사훈련중단(2018) • 한·일위안부합의 파기 (2018) • 한·일청구권협정 파기 (2019) • GSOMIA 파기시도(2019)	• 소득주도성장론 • 기업·부동산 규제, 증세 • 코로나 재난지원금 분배 • 남북평화경제론	• 트럼프-김정은 회동 • 신남방정책

이들 두 나라의 지도자들은 북한 정권을 적당히 지원하면서 한반도의 분단 상황을 지연시키고 미국의 영향력을 견제하려는 전략적 목표를 공유한다. 한국이 중국·러시아와의 긴장과 협력관계를 관리할 수 있게 해 주는 지렛대는 한·미 동맹이다.

과거사 문제로 만성적인 갈등관계에 놓여있는 일본 역시 한국 외교의 주요 과제다. 일본이 미국의 중요한 동맹 파트너라는 점에서, 또 한국과 자유민주주의 가치를 공유하는 나라라는 점에서 한·일 간에는 한·중, 한·러 관계와는 다른 성격의 협력관계가 성립한다. 과거 문제를 직시하고 해결해 나가되 당면한 안보문제와 미래의 통일 달성을 위해 협력해야 할 상대가 바로 일본인 것이다. 김대중 정부는 일본과 미래지향적인 관계를 선언했지만(김대중-오부치 선언), 북한 정권에 대한 한·일 간 시각차가 발생하기 시작했다. 한·일 관계는 노무현 정부 때 더욱 악화되었고, 문재인 정부에 이르러 파국을 맞이했다(표3 참조). 과거사 청산 노력에 인색한 일본에도 책임이 있겠으나, 양국 간 대북정책 불협화음과 한국 정부의 반일(反日) 인기영합주의(populism)가 주요 원인으로 작용했다.

박근혜 정부도 임기 초반 3년 동안 위안부 문제 해결을 선결조건으로 내세우면서 과거사 문제를 국내정치에 활용한 책임으로부터 자유롭지 못하다. 과거 이슈에 묶인 한·일 관계는 한·미·일 안보협력에 공백을 초래하였다. 다만, 이명박 정부와 박근혜 정부는 대북정책의 기본적인 방향성에 있어 미국·일본과 공조체제를 유지했으며 간 나오토 총리의 식민지배 사과(2010년 8월), 지소미아(2016년 11월), 위안부합의(2015년 12월)를 추진하여 성사시켰다는 점에서 한·일 관계의 진전을 위한 구체적인 결과물을 만들어냈다는 공통점을 지닌다.

끝으로 글로벌 문제에 임하는 태도는 각 정권의 안목과 실력을

단적으로 드러낸다. 북한 인권문제는 남북한 관계의 일부분을 차지
하지만 대북정책의 보편타당성을 가늠하는 글로벌 문제이기도 하다.
한국이 자유민주주의를 표방하고 그러한 가치와 제도에 입각한 통일
국가를 염원하는 한, 세계 최악의 인권탄압에 시달리는 북한 주민의
인권 개선 문제를 등한시할 수 없다. 2005년부터 매년 채택되는 UN
총회의 대북인권결의안은 국제사회가 북한의 인권 현실에 주목하는
관심의 크기와 문제의식의 심각성을 대변한다. 노무현·문재인 정부는
북한 인권문제를 철저히 외면했고, 이명박·박근혜 정부는 UN 차원의
대북인권결의에 적극 참여19)하는 동시에 북한인권대사직을 별도로 두
어 인권 문제를 대북정책과 국제협력의 주요 의제로 삼았다.20)

  그 밖에 주목해야 할 글로벌 현안은 경제통상 문제와 에너지 안
보 문제다. 2008년과 2010년에 초대형 글로벌 금융위기를 겪으면서
미국의 글로벌 경제패권이 타격을 입었고 2020년 불어 닥친 코로나
바이러스(COVID-19) 감염 사태는 더욱 치열한 보호무역주의와 경제
적 진영(陣營) 대결을 촉발하였다. 안보 갈등을 경제 제재로 대응하
는 일이 빈번해졌고, 물류와 정보의 생산·공급·유통망을 놓고 아군
과 적군이 나뉘어 네트워크 대결을 벌이고 있다.

  미래 경제 패권의 각축과 맞물려 기후변화 이슈는 저탄소 시대

----

19) 노무현 정부는 UN 대북인권결의안이 처음 발의된 2005년 기권을 시작으로
    2006년 찬성했다가 2007년에 다시 기권했다. 이때 청와대가 북한의 요구에 따
    라 기권 입장으로 돌아섰다는 주장이 당시 의사결정에 참여한 당국자에 의해
    제기되었다. 이명박 정부에서 박근혜 정부로 이어지는 2008년부터 2017년까지
    한국정부는 UN 대북인권결의안의 공동제안국으로 참여했다. 문재인 정부 들
    어 2018년 UN의 대북인권결의안에 찬성 입장을 표명한 이후 2019년 이후부터
    는 다시 기권 입장으로 돌아섰다.
20) 2017년 5월 출범 후 문재인 정부는 '북한인권국제협력대사' 직을 계속 공석으
    로 비워두고 있다.

로의 전환 경쟁을 가속화하고 있다. 풍력, 태양열, 지열, 신재생 에너지의 효율과 경제적 타당성이 취약한 현실에서 탄소(CO_2)를 배출하지 않는 고효율 에너지인 원자력의 활용이 긴요해졌다. 전기자동차 개발경쟁이 화석연료 시대에 종언을 고(告)하고 있다.

이명박 정부는 세계 최초로 저탄소 녹색성장 패러다임을 국가발전 목표로 공표했고 관련한 신생 국제기구인 녹색기후기금(GCF) 본부를 유치했다. G7을 대체하는 새로운 글로벌 경제질서 논의 포럼 G20에 가입했고, 단일 안보의제 국제회의로는 최대 규모인 핵안보정상회의를 주최했다(표3 참조). 안타깝게도 한국의 여타 정권들은 한반도와 동아시아의 범주에 국한된 외교 시야를 벗어나지 못했다. 특히 햇볕정책을 표방한 정권들의 관심은 오직 북한과의 대화와 북한에 대한 경제적 지원이었다.

6. 국제정치이론과 외교정책현장

이론은 이미 발생한 중요한 사회현상의 인과관계를 설명하는 개념적 도구다. 국제정치이론은 전쟁, 혁명, 테러, 분쟁, 협력, 기만, 배반 등 국제사회에서 발생하는 주요 사건의 발생 원인과 결과를 분석하여 밝힌다. 과거에 발생한 특정한 국제정치적 사건의 인과관계를 형성한 주변 환경이 현재 우리 앞에 다시 목격된다면 똑같은 사건이 앞으로 다시 발생할 가능성이 크다고 예측할 수 있다. 이에 대한 대비책을 준비할 수도 있을 것이다. 이렇듯 '좋은' 사회과학이론은 (1) 과거에 발생한 중요한 사건의 원인과 결과를 알게 해주고 (2) 이와 유사한 인과관계의 환경이 다시 조성될 경우 초래될 미래를 예측하게 해주며 (3) 그러한 예측에 근거하여 원하는 결과를 촉진하고 피하고자 하는 결과를 회피하는데 도움을 주는 정책처방을 내릴 수 있게 해 준다.

이제까지 고안된 여러 국제정치이론은 크게 보아 현실주의, 자유주의, 구성주의 이렇게 세 가지 패러다임의 계보로 분류된다. 국제사회의 분쟁과 평화를 결정하는 원인(독립변수)으로 현실주의는 국가 간 힘의 분포와 상대적 격차를, 자유주의는 국가 간 제도와 가치의 공유 여부를, 구성주의는 국가 간 정체성과 문화의 공감 여부를 지목한다. 이제까지 살핀 역대 다섯 개 정권의 외교정책 스타일을 이들 세 가지 패러다임에 하나씩 대입해 봄으로써 국제정치이론과 한국외교정책의 상호 정합성을 살펴보기로 한다.

현실주의는 국제사회에서 국가(nation state)의 영향력이 절대적이며 국가는 안보의 확보를 최우선시 한다고 본다. 각자 이기적으로 국익을 놓고 경쟁하는 국제사회에서 생존하려면 군사력을 길러야 하고 이를 위해 경제력도 갖추어야 한다. 위협적인 강대국을 이웃으로 둔 나라는 다른 강력한 동맹을 구해서라도 안보우산을 확보해야 한다고 조언한다. 현실주의 패러다임의 대표적 이론인 세력균형이론(balance of power theory)은 적대세력의 일방적 공격을 억제할 만큼 충분한 억지력을 확보할 때 안정적 질서가 유지된다고 본다. 반대로 자신의 안보를 지킬 충분한 힘을 구비하지 못할 때 어김없이 적대세력의 침략과 강압을 초래한 역사적 사례를 교훈삼아야 한다고 강조한다.[21]

....

21) 케네스 월츠(Kenneth Waltz)는 무정부(anarchy) 상태로 일컫는 국제구조 안에서의 국제정치 논의를 신현실주의(neo-realism) 계보로 집대성하였다. 신현실주의는 구조주의(structuralism)로도 통용된다. Kenneth N. Waltz, *Theory of*

이명박·박근혜 정부는 북한의 대남 군사위협에 대비한 한국의 방어능력을 확충하는데 우선적인 노력을 기울였고 한·미 연합방위 체제를 확고히 유지하고자 했다는 점에서 현실주의적 안보 정책을 구사했다고 평가된다. 다만 박근혜 정부는 자유진영 국가 중 유일하게 중국의 전승절 기념식에 참석하는 등 친중 행보를 보이다가 북한을 두둔하고 한국의 사드 배치를 반대하는 중국의 입장을 뒤늦게 확인하고 한·중 관계의 악화를 초래하는 등 안보외교의 중심이 흔들리는 모습을 보였다.

김대중·노무현·문재인 세 정권은 현실주의 담론의 이론적 처방을 철저하게 무시한 경우다. 북한 핵문제에 대한 처방보다 북한에 대한 경제지원을 우선시했고, 전시작전통제권을 하루빨리 한국이 단독 행사해야 한다고 하면서 한국이 미국 없이 혼자 어떻게 북한에 맞서 싸울지에 대한 대비책을 제시하지 않았다. 북한 정권이 자발적으로 핵을 포기할 가능성은 없다는 것이 국제사회의 상식적 판단인데도 문재인 정부 대북정책의 1순위 목표는 대북 경제지원을 재개하는 것이었다.

자유주의 패러다임은 국가 간 합의와 이의 이행을 통한 협력의 제도화를 신봉한다. 관련 연구는 군사안보 영역보다는 경제통상 분야에 집중된다. 국가가 이익에 집착한다는 현실주의의 가정을 자유주의자들도 수용한다.22) 다른 나라와 합의한 내용을 배반할 경우 각

International Politics (New York: McGraw-Hill, 1979).

22) 신현실주의에 대한 비판적 대안으로 신자유주의(neo-liberalism) 계보가 등장했다. 제도의 역할을 중시한다고 하여 제도주의(institutionalism)라고도 불린다. Robert O. Keohane, *After Hegemony: Cooperation and Discord in the World Political Economy* (Princeton, New Jersey: Princeton University Press, 1984).

종 제재에 직면23)하기 때문에 국가들이 택하는 협력은 계산적이며 합리적인 선택이라는 것이다(국제레짐이론). 자유주의 시각을 대표하는 또 하나의 이론적 설명은 민주주의 가치와 제도를 공유하는 국가끼리 공고한 평화가 보장된다는 것이다(민주주의평화이론).24) 개인의 인권을 중시하고 시민의 자유와 권리를 덕목으로 삼는 자유민주주의 세력들은 서로 협력이 용이하므로 같은 민주세력끼리 연대하여 지구상의 비민주 국가를 개방시키고 민주화시키는 과업에 동참해야 한다는 정책 처방이 도출된다.

한국의 역대 정권 중에서 북한 인권문제를 적극적으로 제기하고 탈북자를 지원한 우파 정권은 민주평화이론의 처방에 충실한 경우다. 과거사 문제의 해결을 촉구하고 이를 위해 노력하되 한편으로 일본과 대북정책 공조를 펴고 한·미·일 3국간 자유민주 연대를 꾀한 것도 마찬가지 사례다. 이명박 정권은 자유민주 가치에 입각한 국제공조를 확고히 폈다고 평가할 수 있으며, 박근혜 정권은 초기 3년 일본과의 과거사 문제를 안보협력에 결부시켜 한·미 관계마저 악화시키는 시행착오를 겪은 뒤 한·일 안보협력을 택했다. 감성적인 민족주의를 끌어와 북한 정권과의 민족공조를 주장하고 일본에 대한 배타적 반일감정을 부각시킨 노무현·문재인 정권의 경우 자유민주 가치에 입각한 국제연대를 도외시했다고 평가할 수 있다.

....

23) 국제기구, 국제법, 국가 간 각종 합의가 규정하는 규칙과 약속은 불이행 당사자에 대한 국제적 비판과 제재를 야기하기 때문에 국제협력이 발생하고 이러한 관행이 정착된다고 주장한다. 이렇듯 국제협력을 촉진하는 각종 제도와 그 효용성에 대한 지지규범의 총합을 국제레짐(international regime)이라고 부른다.

24) 마이클 도일(Michael Doyle)은 전쟁과 평화의 발생 요건을 민주주의의 공유 여부에 따라 검증했다. Michael W. Doyle, "Liberalism and World Politics," *American Political Science Review*, Vol. 80, No. 4 (December 1986), pp. 1151-1169.

북한 정권을 아무런 전제조건 없이 경제적으로 지원해야 한다고 주장한 김대중·노무현·문재인 정부의 대북정책은 자유주의적 처방과 거리가 멀다. 신자유제도주의가 이야기하는 협력의 조건은 서로 일정부분 양보하고 함께 공유하는 이득에 대한 분명한 합의와 이의 실천이다. 역대 남북정상회담에서 합의한 내용들은 북한에 일방적으로 유리할 뿐 아니라 이마저도 북한이 어기는 경우가 다반사였고, 이러한 배반 행위에 대해 어떠한 상응조치도 논의되거나 이행되지 않았다. 북한 정권을 상대로 핵 문제와 같은 결정적인 이슈의 해결책을 논의하고 이의 단계적 해결과정에 따라 인센티브를 명문화하는 협상이 자유주의적이고 제도의 역할에 충실한 대북정책이다. 상대방이 합의사항을 불이행할 시 그때마다 확실하고도 과감한 상응조치를 취해야 협력을 끌어낼 수 있다는 것이 제도주의가 말하는 상호주의(reciprocity)의 요체다. 많은 사람이 이제까지 이러한 접근을 '강경한 대북정책'으로 호도해 왔다.

마지막으로 구성주의는 국가관계에 정체성의 공감대가 조성되었는지에 주목한다.25) 한 나라의 국민 또는 지도자가 다른 나라를 어떻게 여기는지에 따라 우방 또는 적대 관계가 결정된다는 것이다. 가령 캐나다 사람들이 미국의 침략 가능성을 두려워하지 않는 것은 우호적 정체성 때문이라는 것이다. 북한 정권이 미국을 적대시하는 것은 북한 지도부가 미국 정부를 불신하기 때문이라는 해석이 가능하다. 특정 국가 간의 관계 혹은 특정 시대의 국제질서가 홉스적(적

---

25) 국가 간 경쟁과 불신을 국제사회의 기본적 속성으로 간주하는 현실주의와 자유주의 사조에 대한 반작용으로 나타난 것이 구성주의 학풍이며 다음 논문이 그 대표 저작이다. Alexander Wendt, "Anarchy is What States Make of It: The Social Construction of Power Politics," *International Organization*, Vol. 46, No. 2 (Spring 1992), pp. 391–425.

대적)인지, 로크적(경쟁적)인지, 아니면 칸트적(평화적)인지에 따라 갈등과 평화의 정도를 판단할 수 있다는 것이다.[26]

구성주의는 장기간에 걸쳐 형성되고 천천히 변화하는 국가 간 인식의 범주를 다루기 때문에 4-5년 단위의 한정된 임기 내에 이루어지는 각종 외교정책 결정을 설명하고 이해하는데 한계를 지닌다. 한 나라가 다른 나라를 대하는 생각과 인식의 범주를 논함에 있어 구체적인 외교정책 처방과 해법을 내리는 것도 곤란하다. 북한 주민과 북한 정권을 분리해서 다뤄야 하는 대북정책에서 북한이라는 추상적 주체를 대상으로 문화적 공감대와 정책협력의 상관관계를 추출하는 것도 무리다. 북한 정권이 한국과 문화가 통하고 일본 지도자와는 그렇지 않으니 친북과 반일 노선을 편다는 설명도 근거가 없기는 마찬가지다. 한국 국민이 북한 주민과 자유롭고 개방된 교류와 협력을 꾀할 수 있는 정치적 환경이 도래할 때까지는 남북한 간에 어떠한 종류의 인식의 공감대도 조성되었다고 말하기 어려울 것이다.

7. 맺음말: 리더의 덕목과 사명

이론은 인과관계를 알려주고 정책방향을 조언할 뿐, 실제로 선택을 내리고 실행하는 것은 국가 지도자다. 대통령을 국민이 직접 선출하고 국민의 선택을 받은 대통령이 행정부의 수장(首長)으로서 대외정책을 집행한다. 국내정치 현안에 비해 외교 이슈는 비공개 사

---

26) Alexander Wendt, *Social Theory of International Politics* (Cambridge: Cambridge University Press, 1999), pp. 246-312.

•• 그림 1 지도자의 3대 덕목과 상호관계

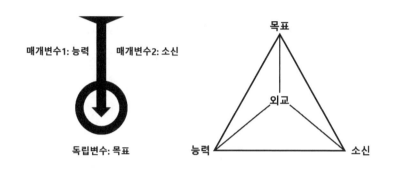

안이 많고 유권자의 단기적인 이해관계에 직결되는 것도 아니어서 공론과정을 생략하고 행정부가 주도적으로 결정하는 경우가 대부분이다. 국민은 경제·복지와 같은 국내 이슈 관련 공약과 약속을 주로 고려해 투표하는데 정작 당선된 지도자가 가장 큰 영향력을 발휘하는 영역이 외교 분야인 것이다. 한국은 통일 정책, 한·미 동맹, 한·중 관계를 어떻게 펴느냐에 따라 나라의 명운(命運)이 좌우될 수 있다는 점에서 외교의 중요성을 간과할 수 없다. 대한민국의 안녕(安寧)은 어떤 리더를 만나느냐에 달렸다고 해도 과언이 아니다.

국정운영의 성패를 좌우하는 지도자의 3대 덕목은 목표, 능력, 소신이다. 이 중 목표를 올바르게 설정했는지 여부가 가장 중요한 독립변수다. 국가 안보가 걸린 대외정책의 경우 더욱 그러하다. 남과 북이 상충되는 이념과 제도로 나뉘어 대립하고 국민 여론이 분열되어 대결 구도를 형성하는 한국의 경우 국가 지도자의 한국 현대사를 바라보는 시각, 자유민주주의 가치관의 존중 여부, 남북통일의 목표를 검증하는 것은 중요한 일이다. 국가안보 목표가 올바르게 설정되었는지 먼저 확인해야 정책수단의 적실성을 평가할 수 있다. 예컨대 대북정책 목표를 무엇으로 설정했는지 확인하지 않고 강경정책이니 유화정책이니 따지는 것은 무의미하다. 북한의 핵 보유를 심각하게 여기지 않는 정권이 북한 정권을 지원하고 미국과 대북정책의 혼선을 빚는다면 해당 지도부의 대북정책이 아무리 유화적이고 평화적인 정책이라고 주장한들 온전한 대북정책이라고 평가할 수 없을 것이다.

지도자의 외교정책 목표가 올바로 설정되었다면 그 목표를 성공적으로 달성하기 위한 조건은 능력과 소신이다. 능력은 주요 현안에 대한 정확하고도 선제적인 판단을 내리는데 필요한 지식과 경험을 말한다. 소신은 올바른 목표와 타당한 정책에 반대하는 세력을 설득하고 납득시킬 추진력과 소통능력을 의미한다. 국가안보 목표를 온당하게 설정하고 이를 달성하는데 필요한 능력 있는 인사를 중용하며 반대세력의 정치적 방해에도 불구하고 소기의 성과를 거둔다면 가장 바람직한 결과가 도출될 것이다. 행정부 관료조직의 비효율과 타성을 개혁하고 부처 공무원의 임용과 평가 제도를 개선하고자 한다면 가장 개혁하기 힘든 영역에서 능력과 소신을 발휘하는 경우라고 평가할 수 있다. 이명박 정부가 마무리지은 한·미 자유무역협정 (FTA), 대북 억지력 강화와 도발방지, 북한 시장의 개방과 확대, 외교관 임용·평가제도의 개선 등은 목표·능력·소신의 3대 요소가 적절히 조화를 이루어 만들어진 성과다.

반면, 국가안보 목표에 불투명한 입장을 취하는 정권이 아무리 현란한 능력과 소신을 발휘한들 그 결과는 국익의 훼손과 국론분열로 귀결될 것이다. 특히 그릇된 국가정책 목표와 무능을 감추고 국민의 민족주의 감정을 부추겨 반일, 반미, 친북 정서를 정책 추진의 동력으로 삼고자 한다면 이는 국제사회에서 한국의 입지를 약화시킴은 물론, 그러한 파행에 동조한 국가조직과 세력을 엄단하고 국정(國

政)을 제 궤도에 복귀시키기까지 많은 대가와 비용을 치러야 할 것이다. 2022년 초 문재인 정부의 종반기에 들어선 현재, 한국 외교는 커다란 시련에 처해 있다. 정부는 북한 정권 앞에 굴종적이며, 북한 인권 운동가들을 탄압한다. 한국 정부는 한·미 연합훈련의 규모와 그 실시 여부를 북한과의 흥정 대상으로 삼고 있으며, 대북 대화와 경제지원의 성사를 가장 중요한 과제로 여긴다. 중국은 친북·친중 노선에서 이탈하지 않을 것으로 보이는 한국 정부를 함부로 대하기에 이르렀다. 위안부 합의와 강제징용 문제 등 과거에 합의한 내용을 뒤집는 한국 정부를 놓고 일본은 신용이 없는 파트너로 단정하기에 이르렀다.

G20, 핵안보정상회의, 세계개발원조총회를 개최하고 중심의제를 제안하며, UN 기후변화협약당사국총회에서 새로운 국제기구를 창설하고 유치한 글로벌 코리아의 위상이 실종되고 말았다. 대한민국 국민은 이러한 결과를 원하지 않았겠지만 지금까지의 외교 참사를 야기한 지도자를 선택한 책임이 있다. 나라의 흥망성쇠는 그것이 결정되는 경위가 어찌됐든 지도자와 국민이 연대하여 책임지는 것이다.

참고문헌

글로벌 리더십 편찬위원회, 「대한민국 글로벌 리더십」 (서울: 교보문
고, 2012).

김만복·백종천·이재정, 「노무현의 한반도 평화구상: 10.4 남북정상선
언」 (서울: 도서출판 통일, 2015).

김태효, 「그들은 왜 정답이 있어도 논쟁하는가: 교과서가 알려주지 않
는 한국외교정책의 쟁점과 과제」 (서울: 성균관대학교 출판부,
2019).

녹색성장위원회, 「세상을 바꿀 한국의 27가지 녹색기술 (서울: 영진닷
컴, 2009).

민주평화통일자문회의, 「이명박 대통령 평화와 통일의 길」 (서울: 민
주평화통일자문회의, 2009).

박찬수, 「NL 현대사: 강철서신에서 뉴라이트까지」 (서울: 인물과 사상
사, 2017).

이종석, 「칼날 위의 평화: 노무현 시대 통일외교안보 비망록」 (서울:
도서출판 개마고원, 2014).

임동원, 「피스 메이커: 남북관계와 북핵문제 25년(개정증보판)」 (서울:
창비, 2015).

청와대, 「성숙한 세계국가: 이명박 정부 외교안보의 비전과 전략」 (서
울: 청와대, 2009).

Cheong Wa Dae, *A New Era of Hope: National Security Strategy*
(Seoul: Office of National Security, 2014).

Doyle, Michael W. "Liberalism and World Politics," *American
Political Science Review*, Vol. 80, No. 4 (December 1986)

Korea Institute for National Unification, *Policy of Mutual Benefits
and Common Prosperity: The Lee Myung−bak Administration's
North Korea Policy* (Seoul: Korea Institute for National

Unification, 2008).

Keohane, Robert O. *After Hegemony: Cooperation and Discord in the World Political Economy* (Princeton, New Jersey: Princeton University Press, 1984).

Ministry of Foreign Affairs, *Northeast Asia Peace and Cooperation Initiative: Moving beyond the Asian Paradox towards Peace and Cooperation in Northeast Asia* (Seoul: Ministry of Foreign Affairs, 2014).

Waltz, Kenneth N. *Theory of International Politics* (New York: McGraw−Hill, 1979).

Wendt, Alexander. "Anarchy is What States Make of It: The Social Construction of Power Politics," *International Organization*, Vol. 46, No. 2 (Spring 1992).

Wendt, Alexander. *Social Theory of International Politics* (Cambridge: Cambridge University Press, 1999).

제5장
한국의 대미 외교안보 정책: 도전과 과제

● ● 김성한 교수(고려대학교 국제대학원)

1. 머리말

한국 안보에 있어서 미국은 필수적 존재이다. 한국 안보정책의
근간이 바로 한미동맹이기 때문이다. 따라서 미국에 대한 한국의 외
교안보 정책은 동맹정책의 맥락 속에서 전개될 가능성이 크다. 그러
나 양국의 국가이익이 정확히 일치하는 것도 아니고 정책적 우선순
위 등이 다르기 때문에 한미관계는 협력과 갈등이 공존할 수밖에
없다.

본 글에서는 몇 가지 측면에서 한국의 대미 외교안보 정책을 분
석해 본다. 첫 번째는 한국과 미국의 상호인식이다. 과연 한국과 미
국이 서로를 어떻게 인식하고 있는지, 특히 일반인 수준에서의 상호
인식을 살펴보면 한국의 대미정책이 단단한 토양 위에 전개될 수 있
는지 어느 정도 파악이 가능하다. 두 번째는 한미관계의 도전이다.
동맹 관계인 한미가 어떤 도전에 직면해 있고, 앞으로 그러한 도전
속에서 한미관계를 어떻게 이끌고 나가야 하는지를 살펴본다. 셋째
는 한미관계의 비전이다. 한국의 국익을 중심으로 봤을 때 한미동맹
의 변화가 필요하다면 어떤 선택지가 있을 것인가에 대한 고민이다.
네 번째는 최근 국제안보질서 지형 변화를 고려한 한국의 전략적 선

택 방향이다. 한미동맹이 처한 국제환경을 무시할 수 없기 때문에
이를 평가해봐야 한국의 대미정책의 방향성을 점검해 볼 수 있다.
결국은 한국의 미래를 위해 미국을 어떻게 전략적으로 활용할 것인
가가 핵심이다. 친미나 반미가 아닌 용미(用美)의 관점에서 봤을 때
대미정책은 역시 실용주의적 사고를 필요로 할 것이다.

2. 한국과 미국의 상호인식

한국인들에게 미국은 어떠한 존재일까? 여러 여론조사 결과들을
종합적으로 분석해 볼 때,[1] 미국은 보수적 성향의 한국인들에게 세
계에서 가장 강한 나라, 6·25 때 대한민국의 생존을 지켜준 나라, 북
한의 위협을 억제할 수 있는 나라, 주변 4강 중 그나마 신뢰할 수 있
는 나라, 통일 시 결정적으로 한국이 활용해야 할 나라이다. 보수적
성향의 한국인들에게 미국이 아닌 다른 나라들은 대체적으로 한반도
통일을 원치 않는 존재다. 그런데 "미국은 한국의 통일을 적극적으로
도모하는 정책을 펴지는 않겠지만, 결정적인 역사적 순간이 왔을 때
한국 편에 설 것"이라고 (사실 여부를 떠나) 생각한다는 것 같다.[2]

----

1) Pew Research Center Survey; CCGA(Chicago Council on Global Affairs)
   Survey; Kim Jiyoon, John J. Lee, & Kang Chungku, "Measuring A Giant:
   South Korean Perceptions of the United States,"; and Kim Jiyoon, "South
   Korean Public Opinion," *The Asan Forum*, March–April 2020, Vol.8,
   No.2 참조.
2) 토마스 허바드(Thomas Hubbard) 전 주한 미국대사는 2016년 5월 필자와의
   인터뷰에서 이와 같이 말했다. 미일중러 전문가들이 한반도 통일에 대해 가지
   고 있는 생각에 관해서는 고려대학교 일민국제관계연구원, 「한반도의 미래: 전
   문가 여론조사」 (2018) 참조. 본 여론조사는 국내외 한반도 관련 전문가 151명

반면, 진보 성향의 한국인에게 미국은 제국주의적 성향을 가지고 한반도 분단을 고착시킨 나라이다. 여러 혼란 속에서 소련과 미국이 해방직후 한반도를 분할통치하면서 사실상 분단을 고착시켰다고 인식하는 것이다. 그리고 주한미군의 주둔 목적은 동북아시아에서의 미국의 전략적 이익을 위한 것이지 한국의 이익을 도모한다고는 보지 않는다. 미국의 일방적인 이익을 위해 주한미군을 주둔시키고 이를 정당화하기 위해 남북한 긴장을 활용한다고 보는 것이다. 그리고 이들에게 미국은 경제적으로 점차 중요성이 떨어지는 나라이다. 교역 비중을 보면 한중 교역 비중이 한미, 한일의 교역 비중을 합친 것보다 훨씬 많기에, 미국은 점차 중요성이 떨어지는 나라로 인식하는 경향이 있다.

마지막으로 반미(反美) 성향을 가진 사람들에게 미국은 조금 복잡한 존재이다. 반미감정(anti‒American sentiment)은 대중적(popular) 반미, 실용적(pragmatic) 반미, 이념적(ideological) 반미로 구분해 볼 필요가 있다. 오늘은 반미 촛불집회에 참여했지만 내일은 미국연수를 가려고 미 대사관 앞에 비자 받으려고 줄서는 사람들, 이들은 반미 성향이 강하다고 볼 수 없다. 신념이나 정책적 선호도를 내세우기보다 사회적 경향을 감정적으로 추수하는 대중적 반미이다. 실용적 반미는 특정 이슈(예: 주둔군지위협정 개정문제)가 양국 간에 제기되었을 때 미국에 반대하지만, 그 이슈가 협상을 통해서건 일방적 양보를 통해서건 해결이 되면 미국에 대한 반대를 거둬드리고 정상화하는 반미이다. 한미 FTA의 특정 조항이 문제가 있다고 생각해 반미

을 대상으로 2018년 6월 15일부터 8월 1일까지 온라인 설문조사 방식으로 진행되었다.

시위에 참가하지만 그 문제가 해결이 되면 미국에 대한 비판적 자세를 자제하는 것도 실용적 반미라고 할 수 있다. 가장 심각한 것은 이념적 반미다. 여론을 주도하는 언론계 종사자나 학자들 중에서, 철학적, 이념적, 문명사적 입장에서 미국은 절대 보탬이 안 된다고 확신하는 부류의 생각이다. 이들에게 미국은 보수언론, 군부, 재벌 등과 함께 4대 악(惡) 중 하나이다. 미국이 보수언론, 군부, 재벌을 후원하는 외생변수라기보다는 국내정치에 깊숙이 침투해서 한국의 기득권을 보호하는 세력으로 인식된다.[3]

그렇다면 한국에 대한 미국인의 인식은 어떠한가? 미국인을 엘리트와 일반인으로 구분해서 살펴보면 흥미로운 차이가 나타난다.[4] 한국을 비교적 잘 알고 있는 엘리트들은 한국이 빠른 시간 만에 경제발전과 민주화를 동시에 달성한 나라이고, 중국의 부상을 고려할 때 지정학적 관점에서 미국의 국익에 매우 중요한 나라라고 인식한다. 한국이 중국 세력권에 편입되게 되면 북한과 함께 한반도 전체가 중국의 영향권에 들어가게 되므로 미국의 이익에 그다지 보탬이 되지 않을 것이라고 생각하는 것이다. 그리고 한국이 비록 일본과 사이가 좋진 않지만 한국을 한미일 협력 구도 속에 포함시켜야 할 나라라고 본다. 지소미아(군사정보보호협정, GSOMIA)가 단순히 한일 간의 문제가 아닌 것은 미국 엘리트들이 이를 한미일 안보협력 속에

3) Sung-han Kim, "Brothers versus Friends: Inter-Korean Reconciliation and Emerging Anti-Americanism in South Korea," in David I. Steinberg, ed., *Korean Attitudes Toward the United States: Changing Dynamics* (New York: Routledge, 2004), pp. 156-179.
4) The Chicago Council on Global Affairs가 2010년 6월 11-22일 미국인 2,596명을 대상으로 한 여론조사에 바탕을 둠.
http://eai.or.kr/main/program_view.asp?intSeq=9190&close=end&gubun=program

서 한미동맹과 미일동맹을 연결하는 일종의 고리로 보고 있기 때문이다. 그리고 미국의 엘리트들은 한국이 통일이 되었을 때 (양질의 노동력과 기술력을 가지고 시너지 효과를 내어) 상당한 규모의 강대국으로 떠오를 수 있을 것으로 인식한다.

반면 2010년 시카고국제문제협의회(CCGA) 여론조사에서 한국을 잘 모르는 미국 일반인들은 한국이 민주주의 국가인지에 대한 물음에 51%만 동의하고, 한국에서 신도가 가장 많은 종교는 불교라는 것에 50%가 수긍한다. 기독교 신도가 가장 많다고 한 사람은 19%에 불과하다. 그리고 한국이 미국의 7대 교역국임에도 불구하고 10대 교역국이라는 물음에 29%만 그렇다고 응답한다. 한반도 통일 이후에도 한미동맹이 필요하다는 입장에는 80%가 그렇다고 대답한다. 이 중 43%는 중국 견제를 위해 통일 이후 주한미군의 지속적 주둔이 필요하기 때문에 한미동맹에 찬성한다. 지정학적인 측면에서 일반인들도 한국의 중요성을 인식한다. 그리고 북한의 대남(對南) 전쟁 도발 시 미군투입에 대해서는 56%가 반대한다. 그리고 한미 FTA는 44%만 찬성한다.

이러한 결과만 놓고 보면 한국과 미국의 상호인식이 동맹을 견고하게 지속해 나갈 정도로 일치한다고 보기 힘들다는 것을 말해준다. 엘리트들 간의 전략적 공감대에 의해서 한미동맹이 작동하고 있지만, 동맹의 필요성을 일반인들이 공감할 수 있도록 꾸준한 관리가 수반되지 않을 경우에는 한미동맹이 양국 모두의 국익에 도움이 되지 않는 방향으로 탈선할 가능성이 있다. 상기 여론조사를 통한 상호인식에서 어느 정도 확인할 수 있었지만 동맹의 필요성과 효과에 대한 인식이 엘리트와 달리 일반인들 사이에서는 충분히 공유되는 것은 아니다.

3. 한미관계의 도전

한미동맹은 지금까지 냉전과 탈냉전을 지나 왔고 탈탈(脫脫)냉전이라고 하는 9·11 사태 이후의 여러 국제환경의 변화까지도 나름대로 잘 받아들이고 적응해왔다. 그런데 여전히 한미동맹은 각종 도전에 직면해 있다. 첫째, 북핵 위기의 장기화, 둘째, 대북정책 관련 한미 간의 인식 차, 셋째, 한국 내 민족주의와 미국 내 일종의 신고립주의적 성향, 넷째, 한반도에 대한 중국의 영향력 증대, 다섯째, 한일 역사문제로 대변되는 한일관계의 악화를 한미관계에 대한 도전요인으로 볼 수 있다.

첫째, 25년 이상 지속된 북한 핵문제가 해결은커녕 더욱 악화하고 장기화하고 있는 것은 한미동맹에 많은 과제를 던져주고 있다. 1993년도 북한의 핵비확산조약(NPT) 탈퇴로 시작된 1차 북핵 위기, 2002년 북한의 고농축우라늄(HEU) 핵개발이 드러나면서 시작된 2차 북핵 위기, 그리고 2017년 '화염과 분노(Fire and Fury)'로 대변되는 미국과 북한 간의 긴장고조 등이 있었다. 2022년 현재 이 문제가 과연 해결이 될 수 있을 지 의문이 양국 내에서 커지고 있다. 한미동맹이 한국 안보문제 해결을 위한 만병통치약은 아니지만 최소한 북핵문제를 잘 관리하고 북핵 위협이 최소한으로 유지되도록 하며 악화되는 상황을 막을 수 있도록 하는 기재(器材)로 인식되어 왔다. 그런데 이제는 한미동맹에도 불구하고 북핵문제가 악화되는 걸 보면서 "한미동맹이 필요한가?"와 같은 의구심을 갖는 사람들의 숫자가 늘어나고 있다. 이럴 바에는 차라리 우리가 핵을 갖거나, 아니면 중립적인 외교를 편다든지, 새로운 대안을 모색하는 것이 더 낫지 않느냐고 생각하는 사람의 숫자가 늘고 있는 것이다. 물론 이런 것들이 새로운 현상은 아니지만, 북핵 위기의 장기화로 인해 한미동맹에 대한 신뢰도가 저하되었다는 것은 한미관계에 대한 상당히 심각한 도전이라고 할 수 있다.

둘째, 대북정책과 관련해서 한미 간의 인식 차이가 있다. 이것이 최근 여러 미묘한 형태로 나타나고 있다. 문재인 정부는 동맹이 물론 중요하지만 그 동맹이 결국 남북관계를 해치지 않는 범위 내에서 작동하는 동맹이어야 하고 남북관계와 유리(遊離)된 상태에서 작동하는 그런 동맹이어서는 곤란하다고 보는 것 같다. 문재인 정부는 북핵문제 해결을 위한 미북 협상에 찬성하면서도, 양국의 중재자의 역할을 자처하면서 한미동맹으로부터 상당히 거리를 유지하고 있는 모습을 보여주었다. 그리고 사실상 미국 측에 북한의 여러 입장을 대변하거나 전달하는 역할을 해왔다. 미국 내에는 이러한 한국의 제3자적 태도 내지 정책에 대해 상당한 불편함이 있는 것 같다. 또한 북핵 문제를 바라보는 시각도 다르다. 미국이 북핵 문제에 대해 가장 민감하게 반응하는 요인 중 하나는 북한의 핵 확산(proliferation)이다. 미국은 북한의 핵물질과 핵무기 등이 북한 내에 머무르면 그나마 괜찮으나, 중앙아시아나 중동 지역의 극단주의 세력에게 전파되었을 때 미국의 안보에 치명적 위협이 된다는, 소위 비확산전략의 관점에서 북핵 문제를 바라보고 있다.

그런데 (과거 보수정부나 진보정부를 종합적으로 볼 때) 한국 입장에서는 확산의 위험성도 중요하지만 북한의 핵개발 자체에 상당한 위협을 느낀다. 북한이 핵을 가지고 있는 것과 비핵국가로 남아있는 것은 큰 차이가 있다. 우리가 아무리 북한보다 40-50배 잘사는 나라라고 해도 북한이 핵을 가지고 있기 때문에 정부 차원에서 북한에 당당하게 못하는 측면이 있다. 대한민국이 아무리 잘 살아도, 어느

날 밤에 북한의 특작부대 2,000명 정도가 백령도를 급습해서 백령도에 있는 6,000여 명의 주민들을 인질로 잡고 백령도가 북한의 영토라며 주권을 침탈한 경우를 생각해 볼 수 있다. 북한의 KCNA(조선중앙 통신, Korean Central News Agency) 방송에서 "미국과 남측이 백령도 탈환을 위해 섣부른 판단을 할 경우에는 북측에서 모든 수단을 강구할 것이고 이 모든 수단 속에는 핵무기도 있다"고 선언했을 때 우리가 백령도 탈환을 위한 군사작전을 단행하기 쉽지 않다.

미국은 지금까지 남북한의 군사 갈등이 제2의 한국전쟁으로 비화(飛火)하는 것을 막는 데 상당한 노력을 기울였다. 북한의 위협을 억제하는 것과 더불어 한국의 대북 군사보복을 막는 것, 즉 남북한을 동시에 '봉쇄'하는 정책이 냉전기는 물론 탈냉전기까지 이어져 온 미국의 한반도 정책이다. 이런 상황에서 미국이 한국에게 지금 당장 군사작전을 전개하는 것보다 점진적인 압박을 통해 백령도를 탈환하자는 식으로 나와 한미 양국이 북한의 주권침해 행위에 대해 단호히 대응하지 못한다면 한국 내 여론이 무척 안 좋아질 것이다. 차라리 미국과의 동맹보다는 우리가 핵을 갖자는 여론이 비등해질 것이다. 이런 점에서 우리에게는 핵 비확산보다는 비핵화 자체가 더 중요한 사안이라는 것을 알 수 있다. 이렇듯 한미가 북핵문제를 바라보는 데 있어서 미묘한 우선순위의 차이가 있기 때문에 이 문제를 다루는 데 있어서 국민들에게 잘 드러내지 않으면서 관리해야 하는 어려움이 있다.

셋째, 한국 내 민족주의와 미국 내 신고립주의 경향 또한 도전요인이다. 한국의 민족주의는 분단국가의 특성 상 보수정부보다 진보정부 시기에 더 눈에 띄게 나타나는 경향이 있다. 한반도 문제를 국제협력보다는 남북협력을 통해 해결해 나가자는 형태를 띤다. 한편, 전 도널드 트럼프 행정부를 고립주의 성향을 가진 정부라고 단언하긴 힘들겠지만, '미국 우선주의(America First)'라는 구호 하에서 트럼프 행정부가 행하는 대외정책들을 보면 보호무역주의적 색채를 드러내고 한미동맹의 중요성을 간과하는 것처럼 보였다. 자유무역과 동맹을 중시하는 자유주의적 국제주의와 일정한 거리를 둔 신고립주의적 요소가 있었던 것이다.5) 특히 트럼프 행정부는 자유주의적 국제질서의 중요한 기둥 중의 하나인 다자협력에 대해 상당히 무관심했다. 심지어 미국의 국제적 리더십의 중요한 원천이라고 할 수 있는 군사동맹에 대해서도 열정적인 지지를 보내지 않았다. 민주적 가치를 공유하는 국가들 사이의 동맹이 자유주의 국제질서를 유지하는 핵심 기제라고 할 수 있는데, 트럼프 대통령은 "동맹국이 적보다 미국을 더 이용한다"는 발언을 할 정도로 동맹을 경시했다.6) 그렇기에 이 또한 한국 내 민족주의적 사고와 더불어 한미동맹의 도전 요인이라고 볼 수 있었다.

넷째, 한반도에 대한 중국의 영향력 증대를 간과할 수 없다. 'G2'라는 용어는 미국과 중국의 힘의 거의 같다고 보는 것이기에 현실을 정확하게 반영한 용어라고 보기 힘들지만 동북아라는 지정학적 공간 속에 위치한 한국에서는 현 국제체제를 미국과 중국을 주축으로 하는 사실상 양극체제로 인식하는 사람들이 많다. 그 연장선상에서 한반도에 대한 중국의 영향력을 감안할 때 한국은 미국과 중국

---

5) Barry Eichengreen, "America's Isolationist Default," *Project Syndicate*, Feb 11, 2020.
   https://www.project−syndicate.org/commentary/america−reverts−to−isolationism−by−barry−eichengreen−2020−02
6) 2019년 8월 14일 미국 펜실베니아주 모나카에서 행한 연설

사이에서 어느 한 쪽 편을 들기보다 줄타기 외교를 해야 한다는 주
장을 하는 사람들 또한 늘어나고 있다. 그렇기 때문에 한반도에 대
한 중국의 영향력 증대는 한미동맹의 도전 요인 중 하나라고 할 수
있다.

마지막으로, 한일관계를 보아야 한다. 한국 내 진보정부와 보수
정부를 막론하고 지금까지 '투트랙 접근법(Two-Track Approach)'이
대세였다. 즉 역사는 역사고 안보는 안보이므로 별개로 접근해야 한
다는 주장이 정책기조로 채택되었다. 그러나 요즘 한일관계의 전개
양상을 보면 이런 불문율이 깨져가고 있다. 물론 아베 정부가 2019
년 백색국가 리스트에서 한국을 제외할 때 한국이 위험물질 수출을
제대로 제어하지 않는다는 안보적 이유를 제시했다. 경제와 안보를
연계한 것은 자유민주주의 국가 사이에 작동해 온 정경분리 원칙을
깬 것이다. 그러나 그 배면(背面)에는 역사문제에 대처하는 한국의
자세를 문제 삼고 있다고 보아야 한다. 일본은 자신들이 지금까지는
안보, 역사, 경제문제를 나누어서 관리해왔지만, 이제는 이걸 묶어서
다룸으로써 한국을 '특별대우'하지 않겠다는 메시지를 던짐과 동시에
'투트랙 접근법'을 거부하는 모습을 보였다. 또한 이에 대응하는 한
국의 정책 역시 한일 사이에 얽힌 실타래를 조금씩 풀어간다는 모습
보다는 일본과의 관계에서 '벼랑끝 전술'을 전개하였다. 그렇게 해서
미국의 중재를 이끌어내자는 계산이 있었고, 그게 아니면 한일관계
가 악화되도록 놔두어 궁극적으로 바닥을 친 다음에 해결방안을 모
색하자는 극단주의적인 사고도 함께 나타나는 실정이었다. 미국은
한일 지소미아(군사정보보호협정)를 미일동맹과 한미동맹을 연결하는
고리로 인식해 왔는데, 한국 문재인 정부가 이를 파기하니까 미국은
한미동맹에 임하는 한국의 '진정성'에 근본적인 물음을 제기하였다.

일본은 이 틈을 타 미국이 궁극적으로 동아시아에서 선택해야 할 전략적 파트너는 일본이라는 메시지를 미국에게 반복적으로 전달했다. 결국 한국은 지소미아를 다시 연장했지만 이미 깊게 난 상처를 봉합하기엔 역부족이었다. 따라서 현재의 한일관계는 한미동맹의 기회라기보다는 도전 요인으로 작용할 수밖에 없는 실정이다.

4. 한미동맹의 비전

한미동맹의 도전은 비전을 통해 극복해 나가야 한다. 미래를 공유하면 도전을 극복하기가 쉬워진다. 몇 가지 옵션을 생각해 볼 수 있다. 첫째, 한미동맹을 현상 유지하는 것, 둘째, 한미동맹을 군사동맹이 아닌 전략적 동반자 관계로 전환시키는 것, 셋째, 한미동맹을 포괄동맹으로 확장시키는 것, 넷째, 한미동맹을 동북아 다자안보협력으로 보완 또는 대체하는 것 등이다.

첫째는 말 그대로 한미동맹의 현 상태를 유지해 나가는 것이다. 한미동맹은 어디까지나 대북 억제에 한정시켜야 하며 그 이상의 단계로 나아가면 안 된다고 보는 것이다. 특히, 한미동맹이 중국 견제 등을 포함한 '지역균형자(regional balancer)' 역할을 자임하는 것은 부적절하며 6.25 전쟁 종료 후 지금까지 유지해 온 대북 억제 기능을 넘어서면 안 된다는 것이다. 특히 양안문제, 즉 중국과 대만 충돌 사태에 미국이 군사적으로 개입하게 될 경우 한국은 이에 불필요하게 연루(entrapment)되는 상황을 맞이하게 될 가능성이 농후하다. 한미동맹이 북한이라는 제한된 목표 이상의 욕심을 내게 되면, 지역 갈등에 빨려 들어갈 가능성이 커진다는 얘기다. 그렇기에 한미동맹은 북한에 대한 억제와 방어라는 현재의 기능을 유지, 즉 현상을 유지해야 하며, 북한으로부터 위협이 소멸될 경우 한미동맹 또한 축소 내지 소멸되는 것이 당연하다는 것이다.

둘째는 군사동맹인 한미동맹을 '전략적 동반자(strategic partnership)' 관계로 하향 조정하는 방안이다. 한반도와 동북아에서 군사동맹의 의미가 점점 약화하고 있다고 보는 것이다. 북한으로부터의 위협은 전적으로 과장되어 있고 남북한 체제 경쟁은 이미 한국의 승리로 끝난 것으로 간주한다. 그렇기 때문에 더 이상 군사적 경쟁 이야기를 꺼낼 필요가 없다. 북한이 개발하는 핵은 철저한 자기방어용, 즉 대미 억제용이기에 절대 남한에게는 사용되지 않을 것이며, 남한의 호전(好戰)광들이 북한의 위협을 과장하고 있다. 따라서 우리는 북한과의 협력을 모색하는 방향으로 한반도 문제를 풀어나가야 하고, 미국과의 군사동맹 관계를 전략적 동반자관계로 전환하여 주한미군을 대부분 철수시키고 한미 연합방위체제를 해체시켜 정기적 혹은 부정기적인 연합훈련만 추진하는 단계로 전환해야 한다. 이런 전략적 동반자 관계가 설정되면 미국은 핵우산과 전시(戰時) 신속 방위력 전개만 보장한 가운데 한국이 독자적인 방위를 구현해야 한다. 이러한 변화된 한미관계 속에서는 한국정부가 조속히 한반도 평화체제를 구축하는 것이 북핵 문제 해결에 도움이 된다고 생각할 가능성이 크다. 지난 25년 동안 북핵 문제가 해결되지 않았지만, 한미동맹을 전략적 동반자 관계로 변화시켜 남북한 협력을 통한 평화를 북한에게 비전으로 보여주게 되면 자연스럽게 북핵 문제는 해결되거나 혹은 북한이 가진 핵은 그 의미를 상실한다는 것이다. 이 방안은 한미동맹을 대북 억제 및 방어로부터 한반도 평화체제 접근을 위한 수단으로 축소시키는 것이다.

셋째는 포괄동맹론이다. 민주주의와 시장경제라는 기본가치를 공유하고, 위협에 대응하기보다는 평화를 주도해 나가고, 보다 유연하고 독자성이 제고되는 가운데 수직적 관계보다는 수평적 관계를 실현하는 동맹으로 한미동맹을 변모시키는 방안이다. 이 동맹은 상호운용성이 지금보다 더 확대된 동맹관계를 지향한다. 포괄동맹은 정치군사적 측면에서의 역할 확대뿐만 아니라 경제적 측면에서의 협력을 강화하고 문화교류도 촉진하는 것이다. 전통적 의미에서의 냉전적인 군사동맹만을 생각하여 동맹을 축소하지 말고, 정치적으로 자유민주적 가치를 공유하고, 경제적으로 재화의 자유로운 이동을 보장하며, 군사적으로 억제와 방어를 위해 함께 노력하는 파트너로서 포괄적인 협력을 해 나가는 한미동맹의 모습을 구현하는 것이다. 이러한 한미동맹은 21세기의 새로운 인간안보 위협, 즉 테러, 마약, 환경오염, 전염병, 불법인구이동, 해적행위 등에 관심을 기울이고, 통일의 기회가 왔을 때 중국의 부정적 역할을 최소화하고 양국 모두 중국과의 관계를 증진시키는 등 포괄적인 대처를 해 나가는 것이다. 사실 이 비전은 이미 2010년에 이명박 정부에서 천명한 바 있다. 한미 '전략동맹(strategic alliance)'을 선언하면서 그 내용으로 포괄동맹의 비전을 제시했던 것이다. 박근혜 정부도 이를 계승하여 한미 '글로벌 파트너십'이라는 이름으로 한미포괄동맹의 내용을 수용했다. 그러나 현(現) 문재인 정부가 한미동맹을 포괄동맹으로 인식하고 있는지에 대해서는 의문이 있다. 문재인 정부 당국자들은 포괄동맹의 필요성을 반대하지 않지만 수사적 차원을 넘어 실질적으로 한미동맹 관계가 포괄동맹으로 나아가는 것을 지지하는 것 같지 않다.

마지막으로, 동북아다자안보협력을 생각해볼 수 있다. 한미동맹은 그대로 둔 채 보완적 차원에서 다자안보협력을 추진할 수 있다.

한 발 더 나가 한미동맹을 다자안보협력으로 '대체(代替)'할 수도 있다. 한미동맹을 정치적 동반자 관계로 하향 조정해야 한다고 주장한다면 한미동맹을 대체하는 다자안보협력을 지지할 것이다. 그리고 한미동맹의 포괄동맹화를 주장할 경우 한미동맹의 군사적 측면만을 너무 강조하게 되면 제3국들에게 한국은 미국만 중시한다는 잘못된 오해를 양산할 수 있기에 동맹을 보완하는 차원에서 다자안보협력의 제도화를 강조할 필요가 있다. 이럴 경우 한미동맹의 실질적 효용성을 유지하면서도 한국이 다른 국가들과의 협력을 함께 지향한다는 메시지를 던질 수 있다. 이런 차원에서 동북아 또는 동아시아다자안보협력은 상당히 의미 있는 전략적 선택지가 된다.

5. 전략적 고려사항

한국의 대미정책은 한미동맹을 유지하고 활용하는 것이 핵심이다. 그런데 한미동맹이 군사동맹으로 작동하는 공간은 한반도이다. 따라서 동북아 정세의 가장 직접적인 영향을 받는다. 보다 거시적 측면에서 최근 국제질서의 흐름과 지형이 어떻게 변화하고 있는지 파악하는 것도 중요하다. 이러한 변화 속에서 한미동맹의 좌표를 파악하는 것은 한미동맹의 방향성을 예측하는데 도움이 된다.

역시 가장 큰 화두는 자유주의 국제질서의 위기다. WTO로 대표되는 자유무역체제, IMF(국제통화기금, International Monetary Fund)가 대변하는 자유주의 금융질서, 유엔으로 대표되는 미국 주도의 다자주의, 그리고 서구적 가치의 범세계적 확산의 백미인 자유주의 국제질서에 대한 도전이 증대하고 있다. 미중 무역분쟁 등이 전략경쟁

의 형태로 나타나고, 미국이 직접적으로 중국이나 러시아를 수정주
의 세력으로 간주하는 상황에서 강대국 간의 관계가 협조적 관계라
기보다는 대결 지향적 관계로 나아가고 있다. 이러한 상황에서 여러
미국의 동맹들마저도 상당한 도전에 직면해 있는 것이 아닌가하는
질문이 나오고 있다. 특히 중국의 외교정책이 기존 도광양회(韜光养
晦) 기조에서 시진핑 시기에 중국의 꿈을 구현한다는 명분을 가지고
보다 적극적으로 변화하면서 여러 주변국 관계 그리고 미국과의 관
계에 있어서 문제점을 야기하였다. 중국은 BRI(일대일로 구상, The Belt
and Road Initiative)나 RCEP(역내포괄적경제동반자협정, Regional Comprehensive
Economic Partnership)을 통해 중국과 중앙아시아, 서아시아, 동남아시
아를 함께 중국 경제권으로 편입시켜 유라시아에서 영향력을 확대하
고 있다. 러시아는 구소련 지역을 중심으로 고토(故土) 회복에 주력
하고 있으며, 일본은 자신의 안보역할 확대를 추구하고 있다. 이러한
노력들이 동시다발적으로 이루어지고 있는 가운데, 자유주의 국제질
서의 원칙들을 미국만 지켜야 하는지, 미국만 희생해야 하는지에 대
한 회의(懷疑)들이 미국 국내적으로 나타났다. 결국 미국과 중국을
비롯한 주요 강대국들이 자유주의적 협력보다는 지정학적 경쟁의 길
을 가는 것이 새로운 현상으로 등장한 것이다. 코로나 19 사태는 이
를 더욱 가속화할 것이다.

　　2016년도에 월터 러셀 미드(Walter Russell Mead)는 "지정학의 귀
환(Return of Geopolitics)"라는 논문을 냈다. 러시아 크림반도 침공, 중
국의 동중국해 및 남중국해에서의 공세적 행태, 그리고 일본은 헌법
개정 시도 등에 주목했다. 그러면서 그는 지정학의 귀환을 얘기했다.
자유주의 국제질서에 순응하기보다는 지정학적 이익을 앞세워 충돌
과 경쟁을 불사하는 시대가 왔음을 알렸다. 통상 미국은 국제질서의

관리감독자로서 이런 우려의 대상이 아니었으나, 트럼프 대통령이 당선된 이후 미국도 여타 강대국들보나 나을 것이 없다는 평가가 나오기 시작했다. 미국이 국제협력보다 'America First' 정책을 시행하면서 러시아, 중국과 유사한 모습을 보이는 것이 아니냐는 우려가 등장했다. 자유주의 국제 질서에 대한 도전이 미국 밖보다 미국 안에서 나오는 것 아니냐는 비판이 나왔다. 그래서 강대국 정치의 부활과 지정학의 귀환이 지역안보질서에 있어서 새로운 형태로 전개되고 있다고 볼 수 있다. 이런 가운데 미국은 소위 전략적 균형자로서 적극적 역할을 할 것인지, 아니면 제한된 역할만을 하고 국내문제에 치중할 것인지 두 가지 선택지에 직면하게 되었으며, 트럼프 대통령은 후자에 더 마음을 둔 것으로 보인다. 이게 사실이라면 한미동맹에 부정적 영향을 미칠 것이다.

　전 트럼프 행정부의 외교정책을 취임 이후 종료까지 세 단계로 나눌 수 있다. 취임 초기인 첫 6개월 동안은 트럼프 대통령이 이른바 주류(mainstream)에 속하는 사람들을 국무장관, 국가안보보좌관 등으로 기용하면서 오바마 행정부 시절과 정책적으로 단절하는 것이 아니라 상당한 지속성을 유지하는 것처럼 보이게 하여 안정감을 주었다. 그러나 취임 6-7개월 이후부터는 북한, 이란, 베네수엘라, 시리아 등의 문제가 동시다발적으로 터지면서 공포, 분노 등이 미국 트럼프 행정부 외교의 핵심 키워드로 등장했다. 그러다가 국제문제 어느 하나 제대로 해결된 것이 없게 되자, 트럼프 대통령은 2019년 9월에 존 볼턴(John Robert Bolton) 같은 신보수주의 성향의 국가안보보좌관을 경질하면서 이제는 자신이 직접 외교를 관장하고 국익을 챙기겠다는 태도로 나왔다. 트럼프 대통령 혼자 좌지우지할 수 있는 상황은 아니기에, 이는 강대국들의 정치가 관리하기 힘든 상황이 되

었다는 것을 의미했다. 강대국 정치 속에서 미국이 리더십 역할을 적
극적으로 하지 않는 상황에 대해 많은 전문가들은 우려를 표했다.[7]
중국과 러시아는 미국의 영향력을 약화시키기 위해 전략적으로 공조
하고 있으며, 일본은 미국이 아시아에서 발을 뺄 경우에 그 공간을
어떻게 메울지를 놓고 여러 가지로 대비하고 있는 것으로 보인다.[8]

　그러나 우리는 만일의 경우에 대비하면서도 한미동맹에 대한
신뢰를 쉽게 거둘 수 없다. 북한의 위협이 그대로 이고, 미국의 위상
을 중국이 당장 대체할 수 없기 때문이다. 따라서 한미동맹이 당면
한 도전과 미래 비전을 바탕으로 전략적 사고를 해야 한다. 첫째, 한
반도/지역/세계 차원에서 한미 간 전략적 분업이 이뤄져야 한다. 구
체적으로 세계적 차원에서는 미국이 여러 글로벌 아젠다를 주도하
고, 한국이 이를 외교적, 경제적, 군사적 방면으로 돕는 역할을 맡을
수 있다. 동북아시아 차원에서는 미국이 중일관계의 균형을 유지하
면서 한국의 생존권을 보장하고, 한국은 미국의 리더십 역할을 인정
하는 것이다. 그리고 한반도 차원에서는 한국이 남북 간 신뢰구축,
분단극복, 평화체제 수립 등의 문제를 주도하고, 미국이 이를 지원하
는 것이다. 이러한 방식으로 전략적 요소들을 채워나가는 상호협력
이 되면 좋은데, 한 가지 변수가 있다. 지금까지 미국은 군사력 전진
배치를 통해서 영향력을 행사하는 적극적 정책을 펼쳤는데, 트럼프

---

7) Michele A. Flournoy & Lisa O. Monaco, "Now's Not the Time for
　Isolationism," *Politico,* April 8, 2020; Jake Sullivan, "What Donald Trump
　and Dick Cheney Got Wrong About America," *The Atlantic,* Jan/Feb. 2019.

8) Richard Weitz, *The New China−Russia Alignment: Critical Challenges to
　U.S. Security* (New York: Praeger, 2020); Motoko Rich, "Japan Still Seeks
　U.S. Protection but Quietly Stakes Its Own Path," *The New York Times,*
　April 18, 2017.

행정부에서 논의된 것처럼 상당수의 지상군을 철수시키고 최소한의 비용으로 전진배치 비용을 절약하는 방향으로 나아갈 경우, 즉 역외 균형(offshore balancing) 전략으로 미국이 선회할 경우 어떻게 할 것인지에 대한 대비책 역시 필요하다.

둘째, 통일에 기여할 수 있는 한미동맹 체제를 준비할 필요가 있다. 우리 입장에서는 현재도 중요하고 과거도 중요하지만 향후 미국을 어떻게 전략적으로 활용할 것인지 고민해 봐야 한다. 한반도의 미래를 이야기할 때 빠지지 않는 것이 바로 통일이다. 남북한이 합의에 의한 통일을 이룩할 수 있으면 가장 바람직하겠지만, 북한이 변화하여 민주주의와 시장경제를 충분히 구현하는 체제로 나아가지 않는 한 합의에 의한 통일은 불가능에 가깝다. 미국은 한국의 통일을 도모하는 정책을 적극적으로 펴지는 않지만, 결정적 순간이 왔을 때 통일을 지지할 것이라는 입장을 견지해오고 있기 때문에, 이러한 관점에서 한미동맹 체제를 지속시킬 준비가 되어 있어야 한다. 통일의 기회가 왔을 때 미국에게 일방적으로 기대는 것이 아니라 한국과 미국이 함께 힘을 합쳐 역사적 목표를 실현할 수 있는 철저한 준비가 필요하다. 따라서 우리가 북한에 급변사태(contingency)가 발생했을 때 미국과의 공조를 통해 이를 통일로 연결시킬 수 있을지에 대한 협의가 필요하다. 과거 한국의 보수 정부는 이러한 준비에 굉장히 역점을 두었다. 북한과의 협력, 북한의 선의에만 기댈 때 급변사태 대비책이 소홀해 질 수 있다. 이 문제에 관해 미국과 시나리오를 짜고 대응책을 협의해야 할 것이다.

셋째, 통일이 된 이후 미국의 역할을 지금부터 생각해볼 필요가 있다. 통일로 인해 한국이 하루아침에 강대국이 될 수는 없다. 독일도 동·서독 통일 이후 서독의 막대한 지원에도 불구하고 아직도 여러 어려움과 후유증을 겪고 있다. 남북한이 통일된다고 하더라도 남북한 경제의 실질적인 통합이 이루어지기까지는 20년 이상의 시간이 필요할 것이다. 이 상황에서 통일한국이 중국, 일본과 우호적 관계를 유지할 수 없을 경우에는 한국에 대한 안보 위협이 여전히 지속된다고 봐야 한다. 동북아에 전략적 균형자가 존재하지 않았던 19세기 말에 한국이 중국과 일본 간의 전쟁, 즉 청일전쟁의 전쟁터가 되었다시피, 통일 이후에도 한국의 안보적 위협은 잔존할 것이며 이런 상황에서 미국을 전략적으로 활용할 방법을 강구해야 한다. 한국이 한미동맹의 끈을 잘 이어가 국방비를 증가시키지 않고 북한 재건작업에 집중할 수 있는 여건을 확보해야 한다. 사실 한국 혼자만의 돈으로 남북한의 경제통합과 북한 재건을 이루기 힘들기 때문에 통일이 되면 IMF나 IBRD와 같은 국제기구로부터 많은 돈을 빌려야 할 것이다. 이때 미국과 동맹을 맺고 있는지 여부가 통일한국의 신용평가에 상당한 영향을 줄 수 있다. 이처럼 통일 이후 시나리오에 미국과의 동맹을 대입해 보고, 여러 방책을 마련해 놓아야 한다.

넷째, 현재 우리사회 일각에선 한중관계와 한미동맹을 제로섬(Zero−Sum) 관계로 인식하는 경향이 있다. 미국과 잘 지내면 중국과 멀어지고, 중국과 잘 지내면 미국과 멀어진다고 생각하는 것이다. 중국은 북한 비핵화를 넘어 한미 안보협력을 약화시키고자 하는 전술을 구사해 왔기 때문에 중국 자신이 한중관계와 한미관계를 제로섬 관계로 보는 측면이 있다. 하지만 우리가 한미관계와 한중관계 중하나를 선택해야 한다기보다는 우리 안보전략의 중심축을 한미관계에 놓되, 중국과의 관계를 지속적으로 발전시켜야 한다는 관점을 취해야 한다. 경제적으로는 중국이고 정치·안보적으로는 미국이라는 양분법보다는, 동맹인 미국과의 관계를 바탕으로 여러 안보 전략을 짜고 중국과의 관계가 손상되지 않는 방향으로 정책 기조를 신축적으로 운용하는 것이 중요하다. 사실 이는 상당부분 실천적 영역보다 수사학(修辭學)의 영역에 속하는 것일 수도 있지만, 외교는 수사학이 중요한 부분을 차지한다. 그래서 외교에서는 실천적 전략과 의미 있는 수사를 잘 혼합해야 하는데, "한미관계와 한중관계를 병행 발전시킨다"라고 하면 내용 없는 수사적 차원에 머무르기 때문에 "한미동맹을 중심으로 한중관계를 발전시킨다"는 기조를 견지함으로써 동맹 전략과 협력 지향적 수사를 적절히 혼합하는 게 좋다.

마지막으로, 다자안보협력을 포기하지 말아야 한다. 다자안보협력이라는 것 자체가 '의미 있는 수사'이다. 이것이 한미 동맹을 대체해야 하는 것은 아니다. 한국은 외교에 있어 미국만 고려하느냐는 이의 제기가 국내외적으로 있어 왔으므로 다자안보협력의 필요성을 한국이 강조한다면, 한국이 미국과 더불어 다른 나라와의 지속적인 공생을 추구한다는 메시지를 대외적으로 전파할 수 있다. 그렇기에 동맹과 다자안보협력의 시너지 효과를 창출한다는 기조를 내세우는 것이 필요하다. 미국이 유럽안보협력기구(Organization for Security and Cooperation in Europe, OSCE)의 확대 및 강화에 반대하지 않은 이유는 탈냉전에도 불구하고 유럽이 군사안보동맹체인 북대서양 조약기구(North Atlantic Treaty Organization, NATO)를 존속시킴으로써 미국의 유럽 내 기득권을 인정해주었기 때문이다. 미국이 여전히 유럽 문제에 대해 리더십을 발휘할 수 있는 공간을 보장해 주었기 때문에 미국의 반대 없이 유럽의 자체적이고 자발적인 다자 안보 체제가 등장할 수 있었다. 마찬가지로 한미동맹과 미일동맹에 대한 미국의 믿음이 존재할 때 미국의 반대가 아닌 협조를 바탕으로 한 다자안보협력의 실현 가능성이 높아질 것이다. 그러므로 우리의 동북아 전략은 주변국과의 양자관계를 실용적으로 발전시켜 나가고, 한미일 안보협력을 통해 북한과 대(對)중국관계의 안정적 관리를 해나가며, (동맹을 대체하는 것이 아니라 보완하는 차원에서) 다자안보협력의 제도화를 실현하고 확대하는 데 초점을 맞춰야 할 것이다.

제6장
한국의 대일 외교

● ● 박철희 교수(서울대학교 국제대학원)

1. 국제정치이론과 한일관계

한국의 대일 외교는 과거사를 중심으로 한 현안을 다루는 쟁점 중심형 기술이 많은 관계로, 먼저 대일 외교의 역사적 전개를 국제정치이론과 접목하여 이해하는 방식으로 이해의 수준을 높이고자 한다. 대일 외교를 이론적 틀과 같이 보면 훨씬 이해하기 쉬운 측면이 있기 때문이다. 국제관계를 분석하는 대표적인 이론들인 현실주의, 자유주의, 구성주의의 틀에서 대일 외교가 어떻게 보이는지를 먼저 살펴보기로 한다.

(1) 현실주의와 한일관계

현실주의는 사실상 무정부 상태에 가까운 국제사회에서 한 국가가 자기를 지키내기 위한 국가안보(national security)를 국가이익의 가장 상위개념으로 놓는 분석틀이다. 2차대전 이후 서구에서 발전된 이론틀이지만, 주로 냉전 시대의 국제정치를 분석하는 데 아주 유용한 접근법이라고 할 수 있다. 현실주의적 접근법은 국제사회에서 국가 간 '힘의 분포(distribution of power)'가 상이하다는 점에 주목한다.[1] 기본적으로 세계정부가 부재한 상태에서 각 국가들은 자주적인 선택(self-help)를 통해 자국의 안보를 확보해야 하지만, 강한 국가들과의 연합이나 동맹(alliance)을 통해 국가의 안보를 확보할 수도 있고, 국가 간의 연합을 통한 안전의 확보도 시야에 넣고 있다.

이러한 관점에서 본다면, 해방 이후 한국전쟁을 거치면서 국가 안보에 대한 우려가 증폭된 한국이 어떻게 인접국과의 관계를 설정할 것인가에 대한 지침을 알려주고 있는 것이 현실주의적 접근이기도 하였다. 일본도 미국과의 전쟁에서 패배하고 연합국에 의한 점령을 벗어나면서 1952년 독립국가로 다시 태어나게 되지만, 경제사회적으로 약화된 일본이 자국의 안보를 어떻게 확보하느냐 하는 것이 가장 관건이었다. 특히, 북한과의 전쟁을 경험하고 미국의 도움을 받아 안보를 확보할 수 있었던 한국의 입장에서 보면, 소련, 중국, 북한이라는 위협에 대응하여 약소국으로서 한국을 지키는 방법은 미국과의 동맹이라는 결론에 다다른 것은 그다지 불가사의한 일이 아니었다. 또한 일본의 경우에도 공산권의 위협에 직면하여 있지만, 평화헌법에 의해 군사대국으로의 길이 거세된 상황에서 미국과의 동맹을 통한 자국의 안보 확보 전략은 현실주의적인 길이었다. 미국 입장에서 보면 동아시아의 핵심적인 동맹국인 일본과 한국이 어떻게 힘을 합쳐 사회주의권의 위협에 공동 대처하게 만들 것인가가 기본이익의 하나였다. 그런 의미에서 미국이 한국과 일본의 외교관계 정상화를 종용했다는 것은 비밀이 아니다.

한국과 일본은 1965년에 이르러 국교 정상화를 하기로 합의한

---

1) 현실주의의 기본 원칙에 대한 이해를 위해서는, David Baldwin. ed. *Neorealism and Neolineralism: The Contemporary Debate* (New York: columbia University Press, 1993).

바 있다. 당시 한일교섭이 불평등조약이라는 논란도 많았으나, 이는
14년 동안의 기나긴 협상을 통해 얻은 결과물이었다. 정치지도자의
한 순간의 결단으로 완성된 것이 아니라는 점은 아주 중요하다. 한
일 양국은 국교정상화의 필요성에 대해 인식하면서도, 서로의 국익
을 반영하여 길고 험난한 협상을 거쳐 어렵게 국교정상화의 길에 이
르게 된다. 14년에 이르는 협상 기간 동안 식민지 지배의 성격, 식민
지 시대 강제동원 피해자들에 대한 보상, 국교 정상화를 통한 경제
협력의 규모 등에 대해 구체적이면서도 치밀한 논의가 이루어졌다는
점을 상기할 필요가 있다.[2]

한일 국교정상화 교섭의 시발점은 1951년 일본과 연합국 간의
샌프란시스코 강화조약 체결이었다. 한국은 불행하게도 전승국의 지
위를 인정받지 못하여 샌프란시스코 강화조약에 참여할 수 없었다.
샌프란시스코 강화조약 4조는 일본과 한국 간에 존재하는 청구권의
해결 등 쟁점에 대해 양국 간 별도의 교섭을 통해 해결할 것을 명시
하였고, 이에 기반하여 협상이 이루어진 것이었다. 1951년은 한국전
쟁을 한창이던 시점임을 감안한다면, 국가적으로 중대한 사안이었음
을 능히 짐작할 수 있는 대목이다.

박정희 대통령이 쿠데타를 통해 집권하면서 한국 경제의 발전
을 위해 한일 간 교섭을 조기에 종결시킬 필요성을 절감하고 이른바
'김종필 – 오히라 메모'를 통해 교섭을 촉진한 것은 잘 알려진 사실이
다. 21세기적 관점에서 보자면, 북한은 한국과 상대적 비교는커녕 절
대적 비교의 면에서도 경제적으로 상대가 안 되는 국가로 전락하였
다. 남북한의 GDP 격차는 거의 40배에 가깝다. 하지만 1960년대 초

---

2) 유의상, <13년 8개월의 대일협상> (서울: 역사공간, 2016).

반 당시 한국의 경제력은 북한보다 훨씬 약세였다. 당시 박정희 대통령이 가장 크게 내걸었던 정치적 구호는 다름아닌 '잘 살아보세!' 였다. 한국의 국력이 약하니 힘을 키워야 하고, 힘을 키우려면 경제발전을 이루어야 하며, 그러기 위해서는 자본과 기술면에서 앞서가던 일본과의 조약을 서두르는 게 맞다고 판단한 것이다. 일본이 1964년 동경올림픽을 치르면서 국제사회에 재등장하고 1967년에 세계 제2위의 경제대국으로 다시 발돋움한 점을 감안하면 결코 무리한 선택이 아니었다. 한국이 북한을 경제적으로 따라잡기 시작한 것은 한국이 중화학공업 추진전략을 본격화하기 시작한 1970년대 중반에 이르러서였다.

한국은 1965년 일본과의 국교정상화를 통해 무상 3억, 유상 2억, 민간투자 3억 달러 등 총 8억 달러에 달하는 청구권자금을 10년에 걸쳐 받아낼 수 있었다. 현재의 가치로 보면 8억 달러가 미미한 것으로 보이지만, 당시 한국의 전체 외환보유고가 1억 달러가 안 되던 시기였다. 또한 8억 달러는 당시 일본 한 해 총 예산의 두 배에 달하는 금액이었다. 한국정부는 청구권자금을 아주 유효하고 전략적으로 국가경제발전을 위한 기본자금으로 투여하였다. 경부고속도로를 건설하고 포항제철을 건설하고 소양강댐을 만드는 등 국가인프라 재건에 활용하는 한편, 농지개량사업, 수산업 및 임업 개선은 물론 기계공업의 기반 구축 등 다양한 분야에서 한국 개발의 초석을 쌓았다. 청구권 자금의 활용 기록이 아주 잘 정리되어 국가기록으로 남아있다는 점도 국제적으로 인정받아야 할 위업이다.[3]

1960년대 초 아시아를 연구하는 학자들은 인도네시아, 필리핀,

----

3) 경제기획원, <청구권자금백서> (서울: 경제기획원, 1976)

태국, 버마(미얀마) 등 인구와 자원이 풍부한 나라들이 향후 아시아를
제패(制覇)하는 경제국가들로 성장할 것으로 예측했다. 하지만,
1970－1980년대를 거치면서 아시아 경제발전을 이끈 나라는 한국을
포함한 대만, 싱가포르, 홍콩 등 이른바 '네 마리 용(Four Dragons)'이
었다. 한일청구권 조약을 통해 받은 경제협력 자금과 한국의 중화학
공업중심 산업발전 전략이 주효한 까닭이었다.[4]

　한국은 일본과의 국교정상화를 통해 경제발전의 계기를 마련함
으로써 동아시아지역에서 힘의 분포를 역전시키는 데 성공하였다.
북한의 경제를 넘어서는 것은 물론, 중화학공업화를 통해 북한에 대
한 통상군사력의 우위를 확보하는 데도 성공하였다. 한국은 일본과
의 국교정상화를 통해 미국이라는 동맹국을 경유하여 일본과도 깊은
안보협력의 고리를 마련하였다. 당시 한일 관계를 분석한 빅터 차
(Victor Cha)가 한일관계를 적대감에도 불구하고 전략적으로 제휴
(Alignment)하는 관계를 만들었고, 한일은 '유사 동맹(virtual ally)'에
가깝다고 표현한 이유는 그런 연유에서였다.[5] 한일 간의 전략적 제
휴를 통해 한국은 북한으로부터의 위협에 공동 대처하는 안보 이익
을 확보하는 한편, 다른 한편으로는 경제발전을 통해 국제사회에서
의 지위를 향상시키고 중진국에 진입하는 현실적 이익을 향유할 수
있었다.

4) Jung－en Woo, *Race to the Swift: State and Finance in Korean Industrialization* (New York: Columbia University Press, 1991)

5) Victor Cha, *Alignment Despite Antagonism* (Stanford: Stanford University Press, 1999)

(2) 자유주의와 한일관계

국가안보 이익을 극대화하는 데 초점이 맞추어진 현실주의 일본과 달리, 자유주의 이론은 국가 간 상호의존(inter-dependence)의 심화와 제도주의적 관여(Institutional engagement)를 통해 국가 간 협력을 증진하고 개방의 이익을 공유하는 데 초점이 맞추어져 있다.[6] 현실주의적 시각이 한국과 일본이 국제정치의 현실을 감안하면서 왜 국교정상화에 이르렀고, 서로의 안보 이익에 어떠한 호혜적인 공헌을 했는가를 잘 설명해 줄 수 있다면, 자유주의의 시각은 한일 양국이 경제적 상호의존을 심화해 가는 논리와 협력의 제도화를 이루어 가는 과정을 잘 보여준다.

1970년대부터 1980년대까지에 이르는 기간 동안 한일 간의 경제관계는 '이익의 비대칭적 상호공유'에 해당하는 기간이라고 볼 수 있다. 한국은 기본적으로 일본의 자본과 기술에 의존하면서 수직적인 분업에 위계적으로 통합되는 단계를 거치게 된다. 앞서 기술한 대로, 청구권자금을 중심으로 한 일본의 대규모 투자가 한국의 초기 경제발전에 결정적인 역할을 했다는 점은 부정할 수 없는 사실이다. '청구권자금 백서'는 일본에서 들여온 자금을 활용함에 있어 한국의 산업 기초체력을 향상시키고, 미래 먹거리 창출에 연결시키며, 모든 국민에게 혜택이 돌아가는 방식으로 자금이 쓰여져야 한다는 대원칙을 세우고 활용했다는 점을 분명히 하고 있다.[7] 이를 달리 말하면, 미국과 소련의 원조를 받던 많은 개발도상국들의 지도자들이 사실상

6) Robert Keohane and Joseph Nye, *Power and Interdependence* (New York: Harper Collins College, 1989)
7) 경제기획원, 위의 책

약탈적 방식에 의해 부패와 소수 권익을 위한 사적인 유용에 집중했던 것과는 대비되는 방식이었다는 것이다.[8] 그 점에서 분명히 한국은 발전지향형 국가(developmental state)였다.[9]

일본으로부터의 자금 유입 이외에도 일본의 기술협력은 한국의 경제발전에 중추적인 역할을 담당했다. 한국의 철강산업의 자랑인 포스코(POSCO)의 건설은 박정희 대통령의 의지, 박태준 회장의 헌신과 네트워크가 없었으면 만들어질 수가 없었지만, 결정적인 도움을 준 것은 현재 신일본제철(Nippon Steel)의 전신인 일본 기업의 기술협력이 없이는 가능한 일이 아니었다. 한국의 전자 산업의 발전이 일본의 후지츠, 히타치 등 유수한 세계적 기업들과의 수직적 분업과 협업이 없었다면 훨씬 늦어졌을 것이라는 것도 비밀이 아니다. 나아가 현재는 세계를 누비는 현대자동차도 1990년대 초까지는 미츠비시라는 일본 기업의 엔진을 장착했었다는 사실도 다 알려진 일이다.

한일 경제협력의 제도화를 위해 양국 지도자들은 1968년부터 1975년에 이르는 기간에 양국의 정치, 경제 지도자들을 연결하는 다양한 네트워크를 만들었다. '협력의 제도화(institutionalization of cooperation)'을 위한 정책적 지혜였다. '한일협력위원회'를 만들어서 관민을 연결하고, 양국 경제인들의 결속 강화를 위해 '한일경제협회'를 만들었다. '한일친선협회'를 통해 한일 지방자치단체들을 연결하는가 하면, 정치인들의 의사소통 촉진을 위해서 '한일의원연맹'을 만들고, 경제사

....

8) Peter Evans, *Embedded Autonomy: States & Industrial Transformation* (Princeton: Princeton University Press, 1995), chapter 2.
9) Meridith Woo-Cumings, ed. *The Developmental State* (Ithaca: Cornell University Press, 1999)

회 관련 장관들의 아이디어 공유를 위해 '한일각료회담'도 만들었다. 각료(閣僚) 회담이라는 형태까지 구성한 것은 국제협력의 틀에서 비교지역학적으로 보아도 아주 드문 성공적 사례가 아닐 수 없다.

한일 양국의 성공적인 협력을 통해 양국의 국력 차이가 점점 줄어드는 '성공의 아이러니(Irony of Success)'가 인식되기 시작한 것은 1990년대에 접어들면서였다. 동경대학교의 기미야는 양국 국력의 수평화, 균등화가 일어나기 시작했다고 진단했다.10) 삼성전자가 일본의 도움을 받지 않고 독자적으로 반도체 기술을 획득하여 64메가D램을 만들어낸 것이 1991년이었다. 현대자동차가 일본의 미츠비시 엔진 차용을 벗어나 독자(獨自)적인 엔진 개발에 성공한 것도 1994년이었다. 말하자면, 1990년대에 접어들어 한일은 '대칭적 수평적 이익의 상호공유'가 가능한 상태로 발전하게 된 것이다. 한국은 한때 일본에 의존하는 종속관계였지만, 의존적 관계를 통해 발전을 계속했다는 명제를 실제로 증명해 낸 점에서 이론적으로도 중요한 성공사례였다.11) 국가 간 협력의 모드가 시계열적으로 변화할 수 있다는 가능성을 보여준 것이 한일 간의 경제협력이라고 할 수 있다.

그럼에도 불구하고 한일 경제협력의 비대칭성을 극복했다는 주장은 그다지 현실적이지 않다. 필자가 2015년 하노이 삼성전자 공장을 견학했을 당시를 상기해보면, 무려 35,000명의 베트남 노동자들을 고용한 당시 최대의 반도체 및 휴대폰 생산공장의 내부에 들어가

---

10) 기미야 다다시. "한일관계의 역학과 전망: 냉전기의 다이너미즘과 탈냉전기에서의 구조변용," 김영작 이원덕 엮음 <일본은 우리에게 무엇인가> (서울: 한울아카데미 , 2006), 372-404쪽.

11) Hyun-chin Lim, *Dependent Development in Korea: 1963-1979* (Seoul: Seoul National University, 1985)

보니 생산기계는 대부분 히타치(Hitachi)나 후지츠(Fujitsu) 등 일본 기계장비였다. 이는 한국을 대표하는 전자 및 반도체산업이 여전히 일본의 부품·소재·장비에 의존하고 있는 현실을 대변해 준다. 그런 연유로 해서 한국과 일본의 경제교류 및 교역의 규모는 끊임없이 대폭 성장해왔지만, 국교정상화 이후 2019년까지 54년 동안 단 한 번도 대일흑자를 내지 못한 게 현실이다. 가장 중요한 이유는 부품·소재·장비의 수입에 있었다고 해도 과언이 아니다. 국교정상화 이후 50년이 훌쩍 지난 시점에서도 한국의 기술자들이 일본의 기술을 용이하게 습득할 수 있도록 도움을 주는 역할을 수행하는 한일경제협회 산하 '산업기술재단'이라는 조직이 있다는 사실이 한일 간 비대칭적 연계의 현실을 잘 대변해 준다.

그러나, 한일 경제협력이 서로에게 도움을 주는 호혜적인 방식으로 전환되었다는 점을 잊어서는 안 된다. 한국의 중견기업들은 일본의 소재, 부품, 장비를 수입하여 최종 생산물을 만들어 세계시장에 이를 내어 팔고 있다. 일본은 소재, 부품, 장비라는 중간소비재를 통해 이익을 취하고, 한국은 반도체, 휴대폰, TV, 냉장고 같은 최종소비재를 세계시장에 공급하여 이익을 남기는 구조이다. 바꿔 말하자면, 비대칭적으로 보이는 한일 간 상호연계는 사실상 '윈－윈 관계'를 형성하고 있다는 점이 중요하다. 1990년대 중반까지만 해도 '이게 소니다(It's SONY)'라는 광고를 내세우며 미국 가전제품 시장을 휩쓸었던 소니 TV는 어느새 뒤로 물러나고 한국의 삼성과 LG TV가 가장 눈에 띄는 앞 열에 진열되고 있는 현실이 이를 잘 알려준다. 휴대폰 시장에서도 아이폰과 더불어 삼성 갤럭시 휴대폰이 대세를 이루는 것도 바뀐 현실을 잘 보여준다. 하지만 이들의 후방경제효과 산출의 한 축에 일본의 기업들이 아주 중요한 파트너로 존재하고 있다는 사실을 망각해서는 안 된다.

한일경제협력의 호혜적 순환고리의 또 한축은 한일 기업연합을 통한 제3국 시장 공동진출에서 찾아볼 수 있다. 한일 기업은 서로의 비교우위를 잘 살려가면서 제3국에서 협업을 통해 이익을 높이는 방식을 시도하고 있다. 제3국 합작 프로젝트는 100개 이상에 이르고 각 단위 사업의 규모도 10억 달러를 넘어 서는 경우가 많다. 사업의 대부분은 에너지, 자원 또는 인프라 건설에 관한 것이 많다. 일본기업이 핵심 기술을 제공하고, 자본을 공동 제공하는 반면, 한국 기업들이 플렌트 건설에 참여하는 형태가 많다. 예를 들면 사우디아라비아 화력발전소 건설사업을 현대중공업과 미츠비시(三菱グループ)이 공동 수주하여, 메인 엔진은 일본이 제공하고 플랜트 건설은 한국이 담당하는 것과 같은 방식이다. 실제로 합작 사업들은 중동의 사우디아라비아, 요르단, 이란 등은 물론 동남아의 인도네시아, 스리랑카 등에서도 일어나고 있고 멀리 중남미 베네수엘라 등에서도 이루어지고 있다. 이러한 사업들도 한일 기업 양측에 윈－윈이라는 점에서 상호호혜적이다.

최근에 들어서는 일본 기업들이 직접 한국에 진출하여 공장을 건설하고 한국 기업들과의 협업 관계를 늘려가는 경우도 허다하다. 예를 들어 '도레이(TORAY)'라는 일본 기업은 일찍부터 한국 시장에 진출하였는데 초기의 기저귀를 위한 직포 생산에서 시작하여 최근에는 탄소섬유를 주 생산품으로 하여 고급 섬유 업체와의 공급계약은 물론 현대나 기아와 같은 자동차산업의 엔진의 비전도체 물질 납입에 중요한 역할을 하고 있다. 도레이가 핵심 기술을 포함한 기술이전을 통해 한국에 직접 투자하는 이유는 기본적으로 한국에서 부품을 직접 공급하는 것이 인건비도 싸고 운송비용도 싸기 때문이다.

한국 경제가 성장하여 기업 대 기업 간의 수평적 협력이 자연스럽게 일어나고 있음을 방증하는 사례이다. 한국 경제가 강해졌기 때문에 경쟁하는 부문만 늘어나는 것이 아니라 역으로 수평적 협력을 증대시켜야 할 필요성이 늘어났음을 의미한다.12)

이와 같이 자유주의 이론은 주로 경제 분야에서 상호의존적 거래 관계의 심화와 협력의 제도화에 관한 부분을 잘 설명해 줄 수 있다.

(3) 구성주의와 한일관계

한일관계의 성격이 변화하면서 구성주의를 통한 한일관계의 이해가 주목을 받고 있다. 1990년대 초반 이후 한일관계에는 몇 가지 질적인 변화가 일어났다. 첫째, 한국과 일본의 경제력의 격차뿐만 아니라 사회문화적인 차이가 줄어들면서 한국이 후발주자로서 일본을 '추격(catch up)'한다는 발상이 약해졌다. 이는 역으로 보면 일본의 버블 경제가 끝나면서 경제 침체 기간이 장기화함에 따라 한일 간의 격차가 축소되었음을 의미한다. 둘째, 1987년 한국이 민주화되면서 그동안 억압되었던 자유로운 의사 표현이 늘어나게 되고, 시민사회의 활동이 정치의 전면에 등장하면서 정치적 활동 공간이 정치적 엘리트에게 한정되지 않고 다양한 목소리가 분출되는 계기가 마련되었다는 점이다. 셋째, 냉전의 종식이었다. 세계적 차원의 냉전 종식이 한반도에서 그대로 냉전 구조의 해체를 가져온 것은 아니었다. 북한과 대립하고 갈등하는 관계에 직접적인 변화가 바로 일어난 것은 아니었다. 하지만, 한국은 1988년 서울올림픽을 계기로 그때까지 외교 관계가 단절되어 있었던 사회주의권 국가들과 관계를 정상화하면서

---

12) 매일경제신문. 2015년 1월 1일.

외교의 지평이 넓어지게 되었다. 1990년 소련과의 수교, 1992년 중국과의 수교로 말미암아 한국의 외교적 지평은 물론 사고의 지평도 자유로워진 것이다. 이는 한국의 외교관계가 미일이라는 전통적 우방들과의 관계에만 매몰되지 않고 다각적인 외교가 전개되기 시작하였음을 의미한다.

냉전이 종식된 후 구성주의(constructivism)이 주목을 받은 이유는 국가 간의 합리적인 이해타산에 기초를 둔 관계뿐만 아니라 국가 내부 구성원들의 사고방식, 이념, 가치관 등이 국가관계에 지대한 영향을 미친다는 점을 고려한 이론이기 때문이다.[13] 또한 국가 간 관계가 상호작용의 방식에 따라 일정한 편향성을 가지지 않고 변동하는 부분을 다수 포함할 수 있다는 점에 착목한 까닭이었다. 구성주의라는 개념 자체가 상징해 주듯이, 국가 관계가 사회적으로 구성된 요소(socially constructed elements)들에 의해 좌우될 수도 있다는 사고방식은 그때까지 당연시되어 왔던 국제관계의 구성방식을 다른 잣대로 이해할 수도 있다는 가능성을 열어주었다.

실제로 한국 및 일본에서 점점 전면에 드러나기 시작한 시민사회의 역할 증대를 한일관계에 어떻게 접목시켜 이해할 수 있을까 하는 문제의식을 가지게 된 것이 그 일례이다. 또한 국제관계를 이해하는 틀과 사고방식이 사회적인 구성방식에 의해 제약을 주기도 하고 새로운 가능성을 열기도 한다는 점도 구성주의에 착목하면 보이는 현상이다. 국제관계를 이해하는 방식의 규정된 틀의 제공은 한국에서 유행하는 'G2'라는 표현에 잘 담겨있다. 미중 간 전략적 경쟁이

---

13) Alexander Wendt, *Social Theory of International Relations* (New York: Cambridge University Press, 1999)

점차 가시화되면서 한국에서는 'G2'라는 표현을 많이 사용한다. 이 개념은 마치 국제정치의 현실에 강대국은 미국과 중국만 있는 것 같은 착시현상을 불러일으킨다. 미국에서는 중국을 미국과 같은 동급 국가로 인정하지 않으려 하기 때문에 G2라는 말을 자주 쓰지 않는다. 중국은 G2로 불려질 때 미국과 같은 국제적 책임을 지라는 것이 부담이 되어 G2라는 개념 사용을 삼간다. 일본의 경우 자국이 포함되지 않는 개념이라 사용을 꺼린다. G2라는 개념의 반복적 사용은 한국에서 국제정치를 보는 눈에 편향성을 형성해주는 역할을 한다. 미국과 중국이 동등한 국력을 가진 경쟁자라는 관념이 생기게 하고, 세계 3위의 경제 대국인 일본은 국제무대에서 밀려난 외톨이처럼 취급하게 만들기도 한다. 자연히 중국의 전략적 가치가 상승하고 일본의 전략적 가치가 하락하는 부수적 효과를 만들어내는 것이다. 이처럼 국제정치에 대한 관념은 '사회적으로 구성되고 정치적으로 규정될 수 있다(socially constructed and politically defined)'는 것이 구성주의가 주는 교훈이다.

사회적 구성원의 역학이 변화하면서 정치적 담론의 구성도 변화한다는 데 착목하는 것도 구성주의적 방식에 의해 이해할 수 있다. 국가관계의 주요한 담론을 새롭게 구성할 수 있는 여지가 있기 때문이다. 권위주의와 냉전 시대에는 뒷전에 몰려있던 한일 간의 과거사 이야기들이 다시 고개를 들고 전면에 나타나기 시작한 것이 좋은 예이다. 권위주의 정부 때에는 정부의 억압과 통제가 존재했던 까닭에 정부의 문제해결 방식에 대해 문제를 제기하는 시민사회가 활성화된 역할 수행이 어려운 측면이 있었다. 일본에서도 냉전기에는 안보와 경제성장에 초점을 둔 국가이익 제시에 크게 토를 다는 시민사회 세력이 없었다. 하지만 1990년대에 접어들면서 한일 양국에서 이념적 성향을 지닌 시민사회 세력들이 전면에 등장하면서 외교와 관련된 영역에 적극적으로 개입하는 양상이 늘어나고 있다.

1990년대 이후 한국에서 한일관계에 가장 큰 영향을 미친 시민사회 조직은 '정신대문제대책위원회(일명 정대협)'을 들 수 있다. 1991년 김학순 할머니가 한겨레 신문에 정신대 경험을 고백하면서 정치외교현안으로 부각된 일본군 위안부 피해자 문제의 중심에 정대협이라는 단체가 적극 활동하게 된 사실은 널리 알려진 사실이다. 정대협은 그동안 수면하에 있었던 위안부 피해자 문제를 사회적, 정치적으로 쟁점화하는 전면에 서면서 여성 인권문제와 전시 피해자문제에 대한 새로운 담론 구성의 기폭제가 되었다. 또한 1992년 미야자와 일본 총리의 방한을 계기로 일본대사관앞에서 이른바 '수요집회'를 지속적으로 개최함으로써 위안부 피해자 문제를 양국의 외교쟁점으로 부각시키는 데 결정적 공헌을 한 것도 정대협이었다. 나아가, 위안부 피해자 문제를 유엔인권이사회는 물론 각종 국제조직, 나아가 교포사회에 경각심을 일으킴으로써 위안부 피해자 문제를 국제화하는 선봉에 서기도 하였다.

뒤돌아보면 위안부 문제는 한일관계를 괴롭힌 쟁점이었으나, 일본이 내키지 않으면서도 일정 정도 성의 있게 대응할 수밖에 없는 이슈 중 하나였다. 전시 여성폭력에 관한 문제였던 동시에, 인권 침해라는 부분이 핵심을 이룬 부분이었던 관계로 일본 정부로서도 대응에 곤혹스러웠으나 방관할 수도 없는 문제였다. 처음에 부정적으로 임하던 일본 정부도 차차 조사단을 파견하고 자료도 찾고, 할머님들을 찾아다니며 의견도 청취하고, 일본 내부에서도 연구하여 1993년에 '고노담화[河野談話, 즉 위안부 관계 조사결과 발표에 관한 고노

내각관방장관 담화(慰安婦関係調査結果発表に関する河野内閣官房長官談話)]'
를 발표하기에 이른다. 군이 조직적으로 관여하였음을 인정하고 총
체적으로 본인들의 의지에 반하여 이루어진 행위에 대해 사죄와 반
성의 뜻을 표한 것이었다. 이를 심화한 것이 1995년 발표된 '무라야
마 담화(村山談話)'였다. 이 당시 등장한 표현이 '통절한 반성과 마음
으로부터의 사죄'로, 이후 일본 정부의 한국에 대한 입장 발표에 정
해진 문구처럼 포함되었다. 1998년 이루어진 '김대중-오부치 공동
선언'도 기본적으로 고노담화, 무라야마 담화의 정신을 이어받아 사
죄와 반성을 표명한 것이었다. 일본 내에서도 이 문제에 대해 사죄
와 더불어 보상도 해야 한다고 하면서 '아시아 여성기금'을 만들어
보상을 하고자 하였다. 일본에서는 일본 국민의 성의를 보여주겠다
는 의지 표현의 일환으로 시민들의 자발적인 기금 제공을 독려하였
는데, 정대협은 이것이 일본 정부의 책임 회피를 위한 물타기 작전
이라고 여겨 기금 수령반대 운동을 벌였고, 우리 정부도 이를 수용
하는 데 이르렀다. 숨겨진 이슈의 쟁점화에 공헌한 시민사회 단체가
문제의 해결에 걸림돌이 되는 현상이 나타나기 시작한 것이다.

　일본에서 우익 시민단체를 중심으로 한국에 대한 사죄와 반성
에 대한 정치적 반동(political backlash)이 일어나기 시작한 것도 1990
년대 중반부터였다.14) 일본 내각에서 '고노담화'로 시작하여 무라야
마(무라야마 도미이치, 村山富市) 담화로 이어지는 기간은 예외적으로
진보적인 색채가 강한 시절이었다. 이때는 공교롭게도 자민당이 분
열되어 야당으로 밀려났다가 사회당과의 연합을 통해 여당으로 복귀

14) 역사문제의 사과와 정치적 반동의 역학에 대한 좋은 연구로는, Jennifer Lind, *Sorry States: Apologies in International Politics* (Ithaca: Cornell University Press, 2008).

하면서 당내 분열이 심한 시기와 겹치는 기간이기도 했다.[15] 당시 일본 우익들은 일본이 한국을 비롯한 아시아 국가들에 대해 매번 사죄, 반성만 표명하고 이들 국가들이 요구하면 돈을 준다고 하면서, 이는 너무 자학적인 사관(自虐史觀)에 기반한 것이라는 비판을 가했다. 역으로 일본에서 자긍사관(自矜史觀)을 만들어야한다고 하면서 '새로운 역사 교과서를 만드는 모임(新しい歴史教科書をつくる会)'을 주동하고 그 연장선상에서 '일본회의(日本會議)'라는 우익의 추동 단체를 만들게 된 것이 1997년이었다. 한국은 일본에게 지속적인 사과와 반성을 요구하고, 일본에서는 우익을 중심으로 더 이상 사죄 반성을 하지 말아야 한다는 의견이 늘어나면서, 그 중간에 서 있는 사람들이 타협적인 해결책을 모색해 간 것이 1990년대 한일관계의 현실이었다.

이 같은 새로운 사회운동 역학의 재구성은 역사적으로 변형된 관계 설정으로 이어진다. 일본의 경제가 욱일승천하여 미국의 경제력을 넘어선다는 말이 나돌 때, 이시하라 신타로와 소니 회장이었던 이데가 1989년 '미국에게도 노를 말할 수 있는 일본(The Japan That Can Say No)'이라는 책을 발간하여 센세이션을 일으킨 적이 있다. 미일관계의 재구성을 부르짖는 민족주의적 의식 고양의 발로였다. 이와 비슷하게 한국의 정대협을 중심으로 일본에게 '노(No)'라는 목소리를 정면으로 높이자, 일본의 우익 시민사회를 중심으로 '한국에 노라고 말할 수 있는 일본(Japan that can say no to Korea)'가 출현한 것과 같은 양상이 벌어진 것이라고 이해하면 쉬울 듯 하다.

....

15) 박철희, <자민당 정권과 전후체제의 변용> (서울: 서울대출판문화원, 2011), 제4장.

냉전기에는 사회주의권으로부터의 위협인식을 공유한 가운데 안보와 경제발전의 이익을 공유했던 한일이, 냉전이 종식된 이후 시민사회들이 새로운 쟁점을 발굴해내고 서로 다른 시각들이 충돌하면서 새로운 담론에 의한 관계의 재구성이 이루어지기 시작한 것이다. 그래서 구성주의라는 시각은 새롭게 전개되고 있는 한일관계의 전개를 이해하는 데 도움을 주는 프리즘을 제공한다. 냉전기에는 주로 미국을 매개로 한 한일협력이 이루어진 것이 기본 양상이었다. 일본은 한국의 안보를 위해 중요하고, 한국도 일본의 안보를 위해 중요하다는 사실에 누구도 토를 달지 않고 당연하게 받아들였으며, 미국은 한일 양국 간의 협력을 촉진하는 역할을 마다하지 않았다. 하지만, 1990년대 이후 미국의 이해와는 직접 관계가 없거나 미국의 관여가 불편한 과거사 이슈들이 전면에 등장하면서 한일 양국 간의 합의 형성이 중요한 단계에 이르게 된 것이다.

2. 한일 간 최대 현안과 한국의 대일 외교

1990년대 이후의 한일관계는 과거사 문제를 둘러싼 양측의 공방이 양국 간의 원활한 협력을 저해하는 양상이 이어졌다. 갈등의 강도와 심도에 있어 차이가 나타나기는 했어도 김영삼 정권 이후 문재인 정권에 이르기까지 과거사 이슈가 한일관계의 현안에서 벗어난 적은 없었다. 바꾸어 말하자면, 한일 간 과거사 관련 갈등 현안은 한일관계에서 정책 대응이 필요한 상수처럼 등장하였다. 외교 실무자들의 이야기를 들어봐도 외교부의 일본 업무의 60-70%가 과거사에 관련된 현안들에 대한 대응이라는 사실을 숨기지 않는다.

그만큼 한일관계는 양측이 인식을 달리 하는 과거사 이슈들에 함몰
되어 있다는 것을 방증한다. 다른 한편으로는 과거사 이슈에 집중하
고 있는 시민단체 및 피해자들에 의해 한일관계 전반이 포획되어
있다는 것을 의미한다. 그런 의미에서 한일관계는 통상적인 국가 간
의 외교 관계를 넘어서서 국내 정치의 일부로 간주되고 있는 것이
현실이다.

1990년대 중반 이전에는 한국 내에서 주로 식민지 시대 피해자
를 중심으로 한 이슈 옹호집단(advocacy group)이 적극적인 활동을
전개하고 이들을 중심으로 아젠다가 설정되고 정부와의 조정이 주를
이루었으나, 시간이 흐르면서 두 가지 새로운 현상이 나타났음에 주
목할 필요가 있다. 첫째, 일본 내에서도 한국과는 역으로 한국에 대
해 과거사에 대한 반성과 사죄를 거부하고 일본의 자존심 고양을 주
장하는 우파단체들이 등장하면서 일본 정부도 자국 내부의 시민단체
들의 영향력으로부터 자유롭지 못한 상황이 전개되기 시작했다는 점
이다. 특히, 2012년 아베 정부가 출범하고 나서부터는 우익들을 중
심으로 한 '일본회의' 관련 단체들의 정계 로비와 대국민 언론 활동
이 강화되면서 오히려 일본의 대한국 여론을 좌우하는 결과를 가져
왔다는 점이다. 한국에서는 '반일'이라는 정서가 일반적으로 받아들
여졌지만, 2000년대 중반 이후 일본에서도 이른바 '혐한'과 '반한'의
기류가 소용돌이처럼 강하게 형성된 것이 한일관계의 진전에 부담을
주게 되었다.[16] 둘째, 한국 내 사법부의 외교문제에 대한 개입현상
이다. 물론 한국의 사법부가 자발적으로 외교 문제에 대한 판단에

---

[16] 일본사회의 보수화 흐름속에서 자기중심적 해석에 빠진 일본에 대해서는, 남기
정 엮음. <일본 정치의 구조변동과 보수화> (서울: 박문사, 2017).

나선 것은 아니다. 다만, 일본의 법원들에서 잇달아 패소한 강제동원 관련 피해자들이 국내에서 2000년대 중반 이후 연이어 소송을 제기함으로써 한국 사법부는 이들 안건들에 대한 판단을 요구받게 되었다. 특히, 2012년 이후 한국의 대법원이 한국의 헌법정신에 기반을 둔 사법적 판단을 공개적으로 피력하면서 한일 외교는 한국 사법부의 판단에 영향을 받지 않을 수 없는 상황으로 연결되었다. 일본의 대법원과는 다른 판결을 한국 대법원이 주도함으로써 양국의 사법부의 이견 사이에서 한일 양국 행정부가 이중의 고민에 빠져들게 된 것이다. 즉, 자국 내 시민사회의 요구에 대응하는 동시에 상대국의 다른 사법적 판결에 대해 법적인 논리로 대응할 수밖에 없는 구조가 탄생한 것이다. 국제법 학계에서 논의되곤 하던 외교 문제에 대한 '사법 자제'는 더 이상 자리를 설 곳이 없어지게 되었다.

이러한 복합 방정식과 같은 함수를 풀어야 하는 과제가 한일 양국에 놓인 것이다. 그 대표적인 현안은 잘 알려진 위안부 문제와 강제징용 피해자 문제였다. 아래에서는 두 현안이 한일관계의 갈등과 협력에 어떠한 영향을 미쳤는지를 살펴보고자 한다.

(1) 위안부 피해자 문제

1990년대 위안부 피해자 문제가 처음 공식적으로 외교 현안으로 등장하였을 당시, 한일 양국의 외교 관계자 및 정치지도자들의 대응은 비교적 리버럴하고 상대의 의향을 존중하는 방식으로 이어졌다. 일본 내부에서의 상당한 반대가 존재했음에도 불구하고 자민당 내에서도 비둘기파로 유명한 미야자와 총리가 이끄는 내각은 고노 요헤이 관방장관을 통해 치밀한 조사를 거쳐 1993년 '고노담화'를 통해 한국 및 아시아국가들에 대한 사과를 표명하였다. 이듬해인 1994

년에 호소가와 총리는 일본의 침략에 대한 반성을 내놓았는가 하면, 1995년에 수상이 된 사회당 출신 무라야마 총리는 전후 50년을 총괄하는 '무라야마 담화'에서 다시 위안부 피해자 문제를 포함한 식민지 지배 피해자들에 대해 '통절한 사죄와 마음으로부터의 사죄'를 담았다. 심지어 자국의 역사를 해석함에 있어 '역사의 한 시기에 국책을 그르침으로 인해서'라는 표현을 통해 잘못된 정치적 판단이 식민지와 전쟁의 피해로 귀결되었음을 표명하기도 했다. 위안부 피해자 문제가 본격 제기되던 당시 김영삼 대통령은 일본의 철저한 사죄와 반성을 촉구하는 한편, 피해자들에 대한 보상은 한국 정부가 행할 것이라는 방침을 내세워 한국의 자존심을 살리고자 하였다.

그러나, 아이러니컬하게도 무라야마 정부가 위안부 피해자들을 위해 추진한 '아시아 여성기금' 프로젝트에 대해 정대협을 중심으로 한 시민단체가 강하게 반대하고 나섬으로써 피해자의 문제는 사죄와 반성의 차원을 넘어서서 보상의 문제를 둘러싼 논란으로 전환되었다. 그럼에도 불구하고 양국 정부는 이 문제에 대해 조심스러운 자세를 유지하면서 정치적 쟁점화하는 것을 피하고자 하였다.

위안부 피해자 문제가 외교적 쟁점으로 다시 크게 부각되기 시작한 것은 2011년 8월 한국의 헌법재판소가 위안부 문제에 대한 한국 정부의 대응에 대해 '부작위 판정'을 내리면서였다. 이명박 정부 당시였던 이때, 한국 정부가 위안부 피해자 문제를 적극적으로 제기하고 일본측에게 책임을 묻고 보상을 추구하는 데 주의를 기울이지 않았다는 지적이었다. 어쩌면 당시 한국 외교부가 사법부 내에서 전개되고 있던 논란들에 대해 적극적으로 대응하지 못했던 결과이기도 하였다. 이후 다시 논란의 중심에 서기 시작한 위안부 피해자 문제는 2011년 12월 이명박 대통령과 노다 일본 총리 간의 정상회담에서 양국 정상 간 갈등의 소재가 되면서 더욱 불거졌다. 정상회담 며칠 전에 수요집회 1,000회를 기념하며 일본대사관 앞에 설치된 소녀상 문제가 갈등의 강도를 더욱 높였다. 이듬해 한일 양국 정부는 이른바 '사이토안'의 제시 등 다양한 해결책을 시도하였음에도 불구하고 논란을 가라앉히는 데 실패했다. 2012년 8월 10일 이명박 대통령의 독도 방문과 그 후의 일본 천황 관련 발언이 불에 기름을 부은 형국을 만들었다.

박근혜 정부에 들어서도 한일 양국은 위안부 피해자 문제를 둘러싼 격앙된 분위기에서 한발짝도 물러서지 않았다. 미국의 오바마 행정부가 수 차례에 걸쳐 양국 정상을 설득하며 한일관계 개선을 독려하였지만 직접적인 효과는 없었다. 해방 70주년, 일본으로서는 전후 70년이 되는 2015년, 한일 양국 정상은 우여곡절 끝에 비밀협상을 거쳐 2015년 12월 '위안부 합의'를 이끌어냈다. 합의의 전반부는 '일본 정부가 책임을 통감한다,' '아베 총리가 일본국을 대표하는 내각총리대신으로서 다시 한번 사죄와 반성을 한다,' 그리고 이를 현실화는 조치로서 한국에 재단을 설치하고 '일본 정부가 예산을 내어 10억 엔의 자금을 갹출한다'는 긍정적인 부분을 담고 있었지만, 후반부에 이번 합의를 '최종적이고 불가역적인 것으로 한다,' '양국은 이 문제를 더 이상 국제사회에서 제기하지 않는다,' 그리고 갈등의 가운데에 서 있는 일본 대사관앞 소녀상의 처리에 대해 '한국 정부가 관련 기관과의 협의를 거쳐 적절한 조치를 취하기로 노력한다'라는 조항을 붙인 것이 대해 한국 내부에서의 불만이 고조되면서 합의는 불안정해졌다.

문재인 정부는 집권하자마자 박근혜 정부의 적폐청산에 나서면서 위안부합의도 적폐의 일부로 다루기 시작하였다. 2017년 위안부 합의를 비판적으로 검토하는 위원회를 통해 합의의 문제점들을 제시하는 한편, 2018년에는 일본 정부의 자금을 바탕으로 설립된 '화해치유재단'을 해산함으로써 사실상 위안부 합의를 형해화(形骸化)시켰다. 위안부 합의의 외형을 부수지는 않았지만, 내부적으로 사실상 부정하고 현실화의 길을 막아버린 것이었다. 다만, 문재인 정부도 위안부 합의를 파기하겠다는 선언은 하지 않았다. 일본이 응할 여지가 거의 없었기 때문이었다. 한국에서의 정부 교체에도 불구하고 아베 총리가 건재했다는 사실은 한일관계에 역풍을 불어오게 만들었다. 한국에서는 국내정치적 여건의 변화로 위안부 합의를 격하시켰지만, 아베 총리로 봐서는 자신도 정치적 리스크를 걸고 한 합의에 대해 한국의 새로운 정부가 이를 사실상 파기하는 것을 보고 아주 비판적인 태도를 가지게 된 것이다. 위안부 합의 이후 이를 비판하는 보고서에서도 판명되었듯이, 합의 당시 생존했던 47명 중 3분의 2정도가 보상금을 수령했음에도 불구하고 11명이 수령을 거부한 사실을 두고, 피해자의 의견을 충분히 존중해야 하는 '피해자 중심주의'에 철저하지 못했다고 비판한 점은 해석의 과제로 남았다. 반면, 아베 총리도 일본 국회에서 위안부 피해자들에게 직접 사과할 의향이 없느냐는 야당 의원의 질문에 '털끝만큼도 없다'고 답변한 것은 합의의 진의를 의심케 하는 부정적 여파를 낳았다. 양국 정상 간 신뢰가 부재한 상태에서 위안부 문제는 앞으로도 나가지 못하고 뒤로도 빠져나가지 못하는 '진퇴양난'의 상태에서 사실상 묻혀져 있는 상황이 지속되고 있다.

(2) 강제징용 피해자 문제

문재인 정부에 들어 가장 한일 갈등의 뇌관이 된 이슈는 강제징용 피해자문제였다. 문재인 정부는 정권을 잡은 직후 강제집용 피해자에 대한 판결을 연기하는 데 일조한 대법원의 양승태 대법원장을 사법농단이라는 이름하에 기소하는 등 사법부의 판단에 대한 직접적인 행정 개입을 마다하지 않았다. 법원 행정처장 등도 같이 연루된 혐의로 수사대상이 되는 등 사법부에 대한 행정부의 개입에 단초를 제공한 이슈의 한 가운데 강제징용 피해자 재판이 놓여있었다.

2018년 10월 30일 대법원은 강제징용 피해자들에게 1965년 한일 간 청구권 조약의 체결에도 불구하고 전범기업에 대한 개인피해 청구권이 남아 있음을 확인하고 피고기업인 신일본제철에게 피해자 1인당 1억 원을 배상하도록 판결하였다. 이 판결은 한국 내에서는 2005년 당시 한국 정부가 1965년 조약을 통해 식민지 지배의 불법성에 대한 성격 규정을 확실히 하지 않았다는 입장 표명을 한 판단의 연장선상에 있었고, 2012년 대법원 박능환 대법관의 판시에 의해 식민지 불법 지배 당시 전쟁에 협조한 전범기업의 비인도적 행위에 대한 개인 배상 청구권이 살아있다고 판시한 선례를 전원 합의부에서 확인한 것이었다. 즉, 1965년 한일 정부 간 기본조약의 합의에도 불구하고, 당시 성격을 명확히 하지 않았던 식민지 지배의 성격이 사실상 불법적이었던 관계로 이를 규명하지 않은 조약에 의한 개인 청구권 소멸은 인정되지 않는다는 판단이었다. 또한 기업의 비인도적 행위에 의한 강제 노동에 대해 개인에게 위자료를 청구할 민사적인 권리가 남아 있다고 적시한 것이었다.

일본 정부는 즉시 이에 대해 강제 징용에 대해서는 1965년 청구권 조약에 의해 '완전하고 최종적으로 해결되었음'을 재확인 하는 한편, 1965년 기본조약에서 정한 분쟁해결 절차에 따라 이를 국제중재나 국제사법재판소에 위임하여 해결할 것을 주장하였다. 이에

응하지 않을 경우 한국은 국제법 위반에 해당한다는 것이 일본측 주장의 핵심이었다. 나아가, 일본은 청구권에 대한 조치가 완결되었으므로 한국 국민의 피해에 대한 보상은 한국 정부가 나서서 해결할 일이며, 이전에도 강제징용과 관련하여 한국 정부가 보상한 선례가 있음으로 그 원칙을 따르면 된다는 것이 일본의 입장이다. 따라서 일본 정부는 국제법 위반 사태에 동조하는 일본 정부의 조치는 있을 수 없다는 원칙론을 강하게 내세웠다. 논란의 핵심에 선 것은 사실상 식민지 지배의 성격에 관한 부분이었다고 해도 과언이 아니다. 한국 대법원은 식민지 지배가 불법이었음을 명백히 적시하였고, 식민지 하에서의 강제적인 불법행위에 관한 것은 1965년 조약으로 끝나지 않았다고 판단한 것이었다. 청구권은 민사적 거래 관계에 대한 해결일 뿐 불법행위에 대한 배상이 아니므로 정신적 인도적 피해에 대한 위자료를 지불하라고 판시한 것이다. 일본은 1965년 협정 이전에 맺어진 조약들은 이미 무효임을 인정한 바탕 위에서 식민 지배가 불법인지 합헌인지를 명확히 하지 않았는데, 대법원에서 이것을 불법이라고 선언해 문제가 훨씬 복잡해진 것이다.

문제를 더욱 복잡하게 한 것은 역사적 경위였다. 1965년 청구권 조약에 의해 수혜한 자금을 한국 정부는 일괄적으로 받아들여 경제발전의 목적으로 1965년부터 1974년까지 사용하였다. 그 후 1974년에 특별법을 제정하여 강제동원 피해자들 중 사망한 사람들을 중심으로 개인 보상조치를 취한다. 2005년 노무현 정권 당시 시민단체들이 한일청구권 조약을 맺으면서 뒷거래가 있지 않았냐고 의심을 하게 되자 한일기본조약 관련 문서를 전면적으로 공개하면서 '위안부 문제, 사할린 강제 이주자 문제, 원폭 피해자 문제'는 1965년 조약에서 다루지 않은 일본의 국가가 개입한 불법행위로 분류하고 일본의 지속적인 조치를 요구하였다, 반면, 당시에도 강제징용 문제는 미해결 이슈에 집어넣지 않고, 한국 정부가 특별법을 만들어 이에 대응할 필요가 있다는 점을 확실히 하였다. 그 결과 특별법을 만들어서 2007년부터 2009년까지 보상을 신청한 14만 명을 심사하여 그중 7만 2,631명에 대해 총 6,184억을 들여 보상을 하였다. 강제 징용 피해자 문제에 대해 한국 정부의 책임이 있음을 인정한 조치였고, 이에 따라 특별법을 제정하여 보상금을 지급한 전례가 있던 것이다. 그러나 강제징용 문제가 끝났다는 입장을 유지해오던 한국 정부와 다른 대법원 최종 판결이 나오면서 어려운 입지에 서게 된 것이 강제징용 피해자문제였다. 이제까지의 과거사 문제와 달리 강제징용 피해자 문제에 관해서는 한국이 일본을 자극했다고 볼 소지가 큰 이유는 이러한 역사적 경위 때문이다.

일본 정부는 2018년 지속적인 한국 외교부와의 협의 요구에 한국이 불응하자, 7월 1일 세가지 전략수출품목에 대한 수출규제조치를 단행하였다. 명목상으로는 전략물자 수출관리의 부실함을 내세웠으나, 한국의 외교적 불응 조치에 대한 경제적 보복 조치라는 점을 누구나 알 수 있었다. 경제적 상호의존을 무기화하는 선례를 한일 사이에서도 남긴 것이다. 8월 4일에는 한국을 수출품목에 대한 포괄적 허가제도 대상인 화이트리스트(White List)에서 제외하는 특단의 조치도 동원하였다. 한국의 주력산업인 전자산업, 특히 반도체 산업에 타격을 줌으로써 한국 정부의 경각심을 높이겠다는 경고성 조치였다. 하지만 한국의 시민사회는 이에 반발하여 일본상품 불매운동 및 일본 여행 자제 운동을 전개하였다. 이에 따라 일본 맥주는 슈퍼마켓 판매대에서 사라졌고, 유니클로의 매출이 지속적으로 하강하는 한편, 일본 자동차의 판매부진이 이어졌다. 일본으로의 여행이 급감한 것도 이때부터였다. 더구나, 일본의 보복조치에 격앙된 한국 정부가 2016년 11월 일본과 체결한 한일군사정보협정(General Security of Military Information Agreement, GSOMIA) 연장을 거부할 수 있다고 8월 24일 발표함에 따라 경제마찰은 안보 갈등에까지 이어졌다. 이 조치에 대해 불만을 가진 미국 정부가 적극적으로 나서 11월 22일 연장 거부 통지 효력 정지를 발표함으로써 지소미아의 연장은 이루어졌지만, 한일협력의 최후의 보루였던 안보협력마저 흔들리는 사태에까지 이르렀다는 점은 안타까운 일이다.

2020년 2월부터 한일 양국이 중국발 코로나의 확산으로 인해 자국민의 의료 보건 및 방역에 힘쓰고, 국제 교류 및 여행이 금지되면서 한일 양국의 갈등 관계는 역설적으로 잠잠해졌다. 이 와중에 양국 정부과 정계를 중심으로 강제징용 피해자 구제문제에 대한 접점을 찾기 위한 노력은 끊임없이 이루어지고 있지만, 합의 가능한 해결책 모색에는 실패한 상태로 또 한해를 넘기는 양상이 지속되었다.

3. 대일 외교의 대안적 경로 모색을 제안하며

한일 양국 간의 협력이 갈등적 요인에 의해 거의 전면적 중단사태에 이른 것은 과거사를 둘러싼 갈등 이외에 전 세계적으로 확산되고 있는 코로나 사태 때문이었다. 국경을 넘는 방역 조치를 이유로 한일 간의 인적 교류는 철저히 제한되고 있고, 상호 비자면제 조치의 유예로 인해 서로를 자유로 왕래할 수 있는 제도적 장치조차 유보된 상태이다.

1990년대 이후 한일 관계를 뒤돌아보면, 몇 가지 특징적인 양

상들이 눈에 들어온다. 첫째, 한일 간 과거사를 중심으로 한 이슈가
외교 현안을 선점하면서 갈등적 현안에 매몰되는 경향이 강해졌다
는 점이다. 둘째, 한일 양국의 국제적 협력이 가져오는 편익에도 불
구하고, 양국의 민족주의적 시민사회의 영향력이 늘어나면서 갈등
과 대립을 기피하지 않는 '대립의 상시화' 현상이 나타나고 있다는
점이다. 셋째, 한일 양국의 현안 해결에 외교 당국에 의한 대화와
타협이 앞서기 보다는 사법부와 정치인들의 개입에 의한 '비탄력성
의 증대'가 일상화하고 있다는 점이다. 넷째, 한일 양국 국력의 상대
적 균등화에 의해 서로에 대한 배려와 포용이 사라지고, 정면 대결
을 피하지 않는 '대칭적 징벌 요구 현상'이 빠르게 확산하고 있다는
점이다.

　그럼에도 불구하고 한일 양국이 협력하면 서로에게 이익이 되
는 '상호 이득(mutual gain)'이 늘어나는 한편, 만약 협력에 실패할 경
우 피해가 부과되는 '상호 손실(mutual damage)'가 현실화되는 가능성
도 높아지고 있다. 우선, 한일이 안보협력을 지속하지 않으면, 서로
에게 손해이다. 한국은 일본이라는 미군의 후방기지가 존재하는 관
계로 한반도 유사시 한국의 안전을 담보할 수 있다.[17] 일본은 한국
이 적대국과의 최전선에서 봉쇄역할을 수행하고 있는 관계로 일본의
안전을 담보할 수 있고 방위부담을 줄일 수 있는 실리가 있다. 경제
면에서도 한국은 여전히 일본 기업들의 협력이 필요하다. 특히, 부품
·소재·장비 분야에서 한국이 독자적인 자립성을 가지려면 아직도
시간이 더 필요하다. 일본 기업들의 강점인 기술과 특허 분야에 대

---

17) 박철희, "한일갈등의 심화와 한일안보협력의 미래," <한국국가전략> 4권 2호
　　(2019년 7월), 117-144쪽.

한 한국의 추격은 아직 지속되어야 한다. 그때까지 한일의 기업 협력은 서로에게 이익을 주는 윈윈 관계이다. 사회문화 협력은 더말할 나위가 없다. 한국과 일본은 마치 국제사회에서 쌍둥이처럼 비슷한 고민을 안고 있다. 한국에서 급속히 진행되고 있는 고령화, 소자화, 만혼 등 장기적 사회 과제는 물론 사회적 불평등, 지역 간 격차, 산업 간 비대칭의 문제 등도 유사한 고민거리이다. 양국이 머리를 맞대고 함께 풀어가야 할 문제들이다.

하지만, 현재의 한일관계는 세 가지 병적인 징후에 사로잡혀 있다. 하나는 '과거사 원리주의'이다. 과거사 문제를 해결하지 않는 한 다른 문제와 현안들에 대한 협력을 거부하겠다는 근본주의적 자세이다. 한국만 그런 것이 아니라 일본도 똑같은 자세를 취하고 있다는 점에서 한일 양국은 똑같이 '과거사의 포로(prisoners of history)'가 되어 있다. 둘째, '상대방에 대한 우월주의'적 입장이다. 한국은 일본에 대해 피해자 의식을 버리지 않고 있지만 늘 '도덕적으로 우월하다'는 자세를 공유하고 있다. 일본은 반면, 경제적으로 보면 일본이 '언제나 한 수 위다'라는 위로부터의 시선을 버리지 않고 있다. 상대방에 대한 대등한 지위 부여를 늘 거부한다. 셋째, 상대방에 대한 '징벌적 보상'을 추구한다는 점이다. 나는 옳고 상대방이 잘못되었다고 전제하고, 상대방이 잘못을 인정하지 않으면 상대방에 대한 보상이나 징벌을 추구해야 마땅하다고 여긴다.

향후 한일관계를 미래세대를 포함한 새로운 가능성의 영역으로 이끌어가기 위해서는 발상의 전환을 통한 대안적 경로 모색이 필수적이다. 먼저, 과거사는 과거사대로 추궁해 나가더라도 다른 복합적, 중층적, 다원적 협력의 영역의 문을 활짝 열어놓아야 한다. 동시병행적인 협력의 경로를 개방했을 때 타협과 절충의 여지가 늘어날 것이다. 둘째, 상대방을 정당하고 존중할 수 있는 거래의 상대자로 인정하는 습관을 길러야 한다. 상대방과의 위계관계에 바탕을 둔 서열적 지위를 추구하는 한 상대방에 대한 공정하고 합당한 평가는 어려워진다. 마지막으로, 상대방 국가에 대한 징벌적 보상을 추구하기보다는 함께 공유할 수 있는 이익의 추구가 서로에게 득이 될 수 있다는 발상의 전환을 서둘러야 할 때다.

제7장
한국의 대중정책

● ◦ 한석희 교수(연세대학교 국제대학원)

<h2 style="background:#888;color:#fff;">1. 한중관계의 현주소</h2>

한중수교를 맺은 지 28년이 흘렀다. 1992년 8월 24일 베이징 댜오위타이(釣魚臺) 국빈관에서 이상옥 외무장관과 첸치천(錢其琛) 중국 외교부장이 '한중 외교관계 수립에 관한 공동성명'에 서명하면서 한중간 수교가 수립되었다. 이후 2020년까지 홍순영, 김하중, 김장수 대사를 비롯하여 수많은 인사들이 한중관계를 이끌어 왔다. 그동안 한국과 중국은 미증유의 관계 발전을 이룩하였고, 이제는 양국이 서로 불가분의 관계에 들어섰다고 해도 과언이 아닐 만큼 꾸준히 관계를 증진·발전시켜 왔다.

중국은 특이하게도 상대국과의 관계를 특정하는 상징적 수사로 그 나라와의 친밀도를 나타내고 있다. 예를 들어, 중국이 규정하는 외교관계의 최상급은 혈맹관계라고 할 수 있다. 한국전쟁 당시 미국에 대항해 북한과 함께 싸우면서 혈맹이라는 용어를 사용하였지만, 최근 들어 그 사용횟수는 전무한 실정이다. 2017년 7월 문재인 대통령과 시진핑 주석의 만남에서 통역의 실수로 시진핑 주석이 북한과의 관계를 '피로 맺어진 관계(鮮血凝成的)'라고 언급하자 이를 혈맹관계로 오역하는 일이 발생한 적도 있다.

1992년 수교 당시 한중관계는 선린우호관계(善鄰友好关系)로 명시되었다. 1998년 김대중 대통령의 방중을 계기로 협력적 동반관계(合作伙伴关系)로 승격되었다가, 2003년 노무현 대통령 때에는 전면적 협력동반관계(全面合作伙伴关系)로 격상되었다. 이명박 대통령 시기에 들어서 양국은 또다시 관계를 격상시켜 전략적 협력동반자관계(战略性合作伙伴关系)에 이르게 되었다. 이후 박근혜 대통령과 문재인 대통령 시기에는 더 이상의 격상없이 전략적 협력동반자관계를 그대로 유지하고 있다.

중국은 동반관계를 매우 중시한다. 동반관계도 '협력'에서 '전면적 협력'으로 격상시키는 경향이 있다. 특히, 한국에서 새로운 대통령이 선출되고 첫 해 중국을 순방하면서 관계를 격상시키는 특징이 있는데, 2008년 전략적 협력동반자관계라는 높은 수준의 관계로 격상되어 더 이상 올라갈 단계가 없어 심화관계를 계속 유지하고 있는 것이다. 중국에게 모든 국가는 동반자관계(伙伴关系)이다. 중국은 상대국과의 관계를 '이 정도'로 해야겠다고 생각하는 것이다. 미국과는 건설적인 관계, 러시아와는 전략적인 관계, 일본과의 관계는 상호 호혜의 관계로 규정하고 있다.

1992년부터 2017년까지의 한중관계를 살펴보면, 경제통상 분야를 제외하고는 그다지 인상적인 관계발전이 이루어지지는 않았다. 경제통상 분야를 보면, 한중 간 교역액은 39배, 인적교류는 57배 증가했다. 본인이 상하이 총영사로 있을 2016년 당시 상하이 총영사관에서만 한국 비자를 1년에 80만 개 정도 발급했으나, 이후 한중 간 사드(THAAD) 문제로 인해 그 수가 대폭 감소되기는 하였다. 한국과 중국을 왕래하는 항공편을 보면 양국 국적 항공기를 모두 합하여 2016년에는 1주일에 1,200편이 운행되었다. 이에 비해 외교안보 분

야의 경우는 그 실질적인 내용에 있어서는 조금 부족한 편이나 양적
으로는 많이 증가한 것으로 나타난다. 정상급 회담, 즉 한국의 대통
령과 중국 주석과의 만남이 총 43회 개최되었으며, 중국의 경우 정
부 최고위직은 현 리커창(李克强)과 같은 총리이기 때문에 총리와의
만남도 29회에 이른다. 그 외에 외교장관 회담은 122회 개최되었다.

그러나 그 이면에는 문제점도 있다. 첫째, 한중 간 상호발전의
비대칭성이다. 경제 분야에서는 양국 간의 관계가 크게 발전했던 반
면, 외교 분야에서는 그렇지 못했다. 정치체제의 차이에서 기인하는
극복할 수 없는 벽이 있다. '구동존이(求同存異)'는 중국 외교의 대표
적 협상전략이다. 즉 다른 점을 인정하면서 같은 것을 추구하자는
것이다. 이는 경제적으로는 상호 간 문제가 없지만, 정치적으로는 한
계가 있음을 단적으로 나타낸다. 이와 더불어 중국과 북한 간의 양
자동맹, 한국과의 미국 간의 양자동맹이 상호 간의 군사외교 분야의
협력을 어렵게 하고 있다.

둘째, 한중관계의 명목적 발전과 실질적 발전 간의 비대칭성이
다. 양국 간의 명목상 관계는 '전략적 협력동반자관계'로 격상되었음
에도 불구하고 실질적인 관계는 그 만큼 심화되었는지 스스로 자문
해 볼 필요가 있다. 명목상 관계에만 치우치지 말고 실질적인 관계
를 돈독히 하자는 취지로 한국이 자본을 투자하는 분야는 공공외교
라고 할 수 있다. 이러한 대중국 공공외교는 '한국의 이미지'를 높이
는데 많은 역할을 담당하고 있다.

셋째, 한국의 대중국 의존도 증가이다. 현재 한국의 중국에 대
한 경제적 의존도는 상당히 높은 편이다. 한국 수출의 4분의 1이 중
국으로 가고 있다. 사드 배치 문제로 양국 간의 갈등이 고조되었을
당시에도 한국이 중국에 투자를 많이 한 상황에서 큰 어려움을 겪은

바 있다. 북한 문제에 대해서도 대중국 의존도가 높다. 문재인 대통령과 북한의 김정은 위원장이 만나기는 하지만, 실제로 북한 문제와 관련해서는 중국과의 소통이 필요하다고 생각한다. 사드 문제 또한 이러한 대중국 의존에서 붉어진 측면이 강하다.

넷째, 체계적인 위기관리 시스템의 부재이다. 2000년 마늘사건, 2004년 역사전쟁이나 김치 문제, 2010년 천안함 피격사건과 연평도 포격사건, 중국의 불법조업 및 한국 해경 공격 문제, 강제북송 문제 등 다양한 분야에서 위기관리 시스템의 부재를 경험하였다. 2008년 베이징 올림픽 당시 성화봉송 문제로 한국 내 중국 학생들이 중국 인권문제에 대한 한국 정부의 대응에 불만을 품고 시위를 하기도 하였다. 지난 25년간 양국 간에 수없이 많은 크고 작은 분쟁이 일어났지만, 한국 정부는 이에 대한 대응 시스템을 만들기보다는 문제가 사라지기만을 기다렸다는 비판에서 자유로울 수 없다. 2017년 사드 문제가 이러한 문제를 더 가중시켰음은 두말 할 나위없다.

다섯째, 중국의 부상에 따라 미중 사이에서 겪게 되는 한국의 전략적 딜레마이다. 한국의 입장에서는 중국과 미국 사이에서 어떤 입장을 견지해야 하는지에 대한 딜레마가 있다. 과거에는 한국에게 미국과의 관계가 제일 중요했기 때문에 안보, 경제 문제 등을 미국과 함께 논의했다. 그러나 중국이 부상하고 중국에 대한 경제적 의존도가 증가함에 따라 미국과는 안보를, 중국과는 경제를 논의해야 하는 상황, 소위 '안미경중(安美經中)'인 셈이다. 이러한 한국 정부의 입장은 대통령에 따라 그 내용이 조금씩 변화해왔다.

```
                  노무현 정부   박근혜 정부   이명박 정부
                      ↓           ↓           ↓
 중국  ·················································  미국
                  ↑
              문재인 정부
```

노무현 대통령은 미국을 멀리하고 중국과 가까워지려고 하였다. 반면, 이명박 대통령은 미국을 중시했다. 그렇다고 해서 중국을 등한시한 것은 아니었다. 중국이 한국에 대해 우려와 섭섭함을 갖자 한국은 중국과 미국 모두와 관계를 유지하려고 하였으나 중국이 스스로 멀어지고자 하였다. 박근혜 대통령의 경우 미국과 중국 사이에서 균형을 유지하고자 하였으나, 사드 문제로 중국과의 사이가 완전히 멀어지게 되었다. 현 문재인 대통령의 경우, 정부 스스로는 중국과의 관계가 좋다고 생각하고 있지만 그렇게 좋지만은 않다는 입장도 있다. 앞으로 한국은 미국과 중국 사이에서 우리의 입장을 확실히 할 필요가 있다.

2. 사드문제

사드 문제는 정치적 이유에서 비롯된 문제가 경제 및 비즈니스 영역에 큰 충격을 준 대표적 사례이다. 비즈니스 당사자의 잘못이 아님에도 불구하고 국가 간의 관계악화로 비즈니스가 제대로 이루어지지 않는 경우를 정치적 리스크라고 하는데 사드문제는 바로 그 정치적 리스크의 문제였다. 사드 문제로 인해 중국은 한한령(限韓令)이라는 보복조치를 통해 한국을 압박하는 모습을 보였으며, 이에 한국은 새로운 한중관계를 모색하게 되었다. 현재로서는 한중관계가 사

드 문제 이전의 관계로 다시 돌아갈 수는 없는 것으로 보인다. 이런 면에서 지금의 현 상태, 즉 '신창타이(新常態)' 또는 '뉴노멀(New Normal)'이 앞으로 평범하고 정상적인 상태가 될 것이라는 예측이 주를 이루고 있다.

왕이(王毅) 외교부장의 언급을 보면, 우호적 한중관계를 위해서는 장애요인, 즉 사드 문제가 해결되어야만 한다: "방울을 단 사람이 방울을 떼어내야 한다(解鈴還須系鈴人) ⋯ 실제적인 조치로 양국관계의 목구멍에 걸린 가시를 빨리 뽑기를 바란다."(2017.5.23) 즉 한국이 잘못했으니 알아서 처리하라, 결자해지(結者解之)하라는 말이다. 중국에서 말하는 사드 문제의 해결은 한국이 나서서 한반도에 배치된 사드를 제거하는 것이다. 사드 문제가 발생했을 때 본인이 상하이에서 본 것과 들은 것을 종합해 봤을 때, 사드 문제는 한국만의 문제가 아닐 뿐만 아니라 한국이 해결해야 할 문제도 아니라고 생각한다.

사드 문제는 2015년에 시작되었다. 2015년 9월 3일 박근혜 대통령은 중국의 전승절(戰勝節) 열병식에 귀빈으로 참석했다. 중국은 전승절이라고 기념식을 크게 벌였지만 많은 귀빈들이 불참을 통보해 왔다. 서방 측에서는 한국의 박근혜 대통령만이 참석했다. 박근혜 대통령은 여기서 북한의 도발에 대한 한중 간의 협력을 제시했다. 북한이 도발할 경우 지금까지는 미국과의 관계만을 중시하고 강화했지만, 앞으로는 북한이 도발하면 중국과의 대화를 통해 함께 협력하자는 것이었다. 미국은 박근혜 대통령에게 전승절에 가지 않기를 바란다고 명확히 표명하였지만, 결국 박근혜 대통령은 참석을 결정했다. 당시 매우 힘든 상황이었지만, 전승절 참석을 계기로 중국을 한국 편으로 끌어보자는 생각으로 참석을 결정하게 된 것이었다. 박근혜 대통령은 상하이 임시정부 재개관식 참석을 핑계삼아 상하이로 가는 길에 베이징에 잠시 들리는 것이라고 미국 측에 나름대로의 설명을 전달했다. 즉 방중의 주요 목표를 베이징이 아닌 상하이로 설정한 것이었다. 박근혜 대통령은 9월 3일 오전 베이징 전승절에 참석하고 오후에 상하이로 향했다.

당시 박근혜 대통령은 시진핑 주석과의 대화 이후 성공적인 합의에 상당히 기분이 좋아 보였다. 그러나 정확히 6개월 후 2016년 1월 북한은 제4차 핵실험을 강행하였으며, 박대통령의 시주석과의 합의에 따라 시주석과의 통화를 시도하였다. 그러나 시진핑 주석은 청와대의 전화를 받지 않았을 뿐만 아니라 청와대는 거의 한 달 동안이나 시진핑 주석과 통화하지 못했다. 박근혜 대통령의 경우, 배신을 매우 싫어하는 스타일이다. 박근혜 대통령은 이러한 중국의 태도에 매우 실망하였고 결국에는 북한으로부터 한국의 안보를 증진시키기 위하여 미국과의 관계를 발전시켜야 하고 우리 스스로를 지키기 위해 사드를 배치해야 한다고 판단했다. 이전부터 미국이 한반도 내 사드 배치를 제안했지만 중국을 고려해 거절하던 한국은 결국, 중국을 통한 안보증진이 불가능한 상황에서 어쩔 수 없이 사드를 한반도에 배치하는 것으로 결정하였다.

이에 한국은 중국으로부터 경제보복을 당하기 시작했다. 사드 문제로 인한 한국의 피해가 어느 정도인지에 대해서는 정부 차원의 정확한 공식 발표가 없었다. 다만, 여러 사립 연구소에서 분석한 결과치가 있기는 하다. 피해액은 8조 5천억 원에서 11조 5천억 원까지 다양하다. 피해액을 많이 잡아도 이는 한국 명목 GDP의 0.5퍼센트에 불과하다. 그렇다면, 중국은 한국경제에 치명적 영향을 주지 못하고 왜 이 정도 밖에 제재를 하지 못했을까? 피해를 입은 분야를 보면, 관광 → 수출 → 문화콘텐츠 등 중국경제에 영향을 미치지 못하는 분야에 집중되어 있다. 가장 피해가 많은 분야는 관광분야였고, 엔터테인먼트 분야는 생각보다 피해액이 크지는 않았다. 중국은 반도체, 석유화학, 자동차 등 중국경제에 핵심적인 영향을 미치는 분야에서 보복조치를 취했다면, 결국 중국 경제에 부메랑으로 되돌아 올 것이 자명하기 때문에 이러한 분야에서의 제재를 회피하였다. 중국은 오히려 한국을 제재하는데 중국의 피해를 최소화하기 위해 관광, 수출(소비재), 문화콘텐츠 분야에 대한 보복을 취했으며, 결국 한국에 대한 보복조치로 인해 중국이 영향을 받은 것은 없었다.

중국은 왜 사드 배치문제를 경제제재로 대응했는가? 안보위협에 대해서는 군사력 증강이나 방위비 증액이 일반적인 대응방식이다. 그럼에도 불구하고 중국이 한국에 대해 경제보복을 선택한 이유는 한국의 '급소'를 공략한다는 것, 즉 대중의존도가 높은 한국 경제의 특징을 공략한 것이다. 그러나 이는 중국의 오판이다. 한국 경제의 대중국 의존도가 중국의 대한국 의존도보다 높은 것은 사실이지만, 경제적 상호의존을 고려하지 못한 것으로 보인다. 중국 입장에서는 한국에 대한 경제제재가 오래 갈 것으로 생각하지 않았다. 한국이 이전 마늘분쟁때와 같이 중국의 제재에 깜짝 놀라 일찌감치 손을 들 것이라 생각한 것으로 보인다. 중국은 자국 국민들에게 사드에 대한 부정적 인식을 확산시켜 놓았는데, 이제 와서 쉽게 철회하기도 힘든 상황에 놓여있다.

중국의 사드 문제로 인한 한국 제재에 실패한 것으로 보인다. 그 이유는 첫째, 중국의 경제제재에도 불구하고 한국 경북의 성주에는 여전히 사드가 배치되어 있다. 사드 문제의 해결은 오직 사드를 한반도에서 철수할 때만 가능하다. 미국이 사드를 한반도에서 철수할 때까지 한국에 대해 경제보복을 취한다고 하지만 실효적이지 않을 뿐만 아니라, 여전히 한국은 사드를 유지하고 있고 앞으로 철수시킬 생각도 갖고 있지 않다.

둘째, 중국의 한국 여행 단체관광 금지가 아직도 지속되고 있다. 중국은 단체관광을 막고 압박수단을 동원하고 있음에도 불구하고, 이에 대해 미련을 갖고 있는 듯하다. 명동에는 요우커(遊客)는 없어도 산커(散客), 즉 개별관광객은 여전히 많다. 중국인들은 한국에 오면 편안함을 느낀다. '맛집'에서 음식을 주문하는데 불편함이 없다. 그리고 면세품점에 들러 물건을 산다. 자국 내에도 면세품점도 많고 국제사회에서 인정받는 명품도 많지만, 여전히 중국에서 판매하는 것을 신뢰하지 않기 때문이다.

셋째, 한국에 대한 의도적인 의전(儀典) 도발이다. 한국 대통령은 취임 후 특사를 파견한다. 이명박 대통령 때는 당시 한나라당 박근혜 前대표를 파견했고, 박근혜 대통령 때는 당시 새누리당 김무성 前원내대표가 파견되었다. 문재인 대통령 취임 후 이해찬 前국무총리를 파견했다. 그러나 당시 의전은 이총리에 대한 의도적인 하대로 귀결되었다. 과거와 달리 좌석배치를 시주석과의 상하관계를 반영하는 모양새로 만들어 놓은 것은 시진핑 주석 본인이 문재인 정부에 대하여 불만이 있다는 것을 일부러 보여주려는 행태였다. 문재인 대통령은 2017년 12월 방중 당시 혼밥을 했다. 이 외에도 중국 경호원이 한국 기자를 폭행하는 등 중국은 의도적으로 여러 의전문제를 일으켰다. 중국 외교 특징 중 하나는 상징외교(Symbolic Diplomacy)이다. 상대국에 대한 자신의 인식을 자리배치나 인테리어에서 나타내곤 한다.

넷째, 한국의 대중국 인식 변화이다. 이는 중국에게 큰 손실이라고 볼 수 있다. 사드사태 이후 많은 한국 기업들이 중국을 탈출하였다. 그중 대표적인 기업은 롯데라고 할 수 있다. 사드로 인한 제재로 가장 피해를 많이 입은 롯데는 중국 내 99개의 '롯데마트'가 문을 닫았다. 사드 배치를 위한 부지로 경북 영주의 골프장 땅을 내줬다는 이유에서였다. 롯데는 '이해하기 때문에 기다리겠다'고 했지만 결국 2조 원의 피해를 입었다. 롯데마트는 중국에서 거의 다 퇴출되었고 심양과 충칭의 롯데월드만이 남아있다.

롯데는 아파트와 상가, 롯데마트를 함께 실내에 집어넣는 거대한 규모의 타운 건설을 2015년부터 시작한 바였다. 롯데는 2조 원을 들여 땅을 매입하고 타운건설을 시작하려 했으나, 중국정부의 허가가 나오지 않아 몇 년을 허비하였다. 이미 손해를 볼 만큼 본 상태에서 2020년에 와서 중국당국의 허락이 떨어졌다. 이를 완공하는 데에는 2조 5천억에서 3조 원 가량이 더 소요될 듯하다. 롯데 신동빈 회장은 중국에서 나온 후 미국 남부 루이지애나에 3조 원을 투자하여 에탄올 공장을 만들었으며, 이를 긍정적으로 평가하는 트럼프 대통령과 백악관에서 만났다. 이 공장은 셰일가스를 에탄올로 바꾸는 공정을 하는 공장이며, 중국에서 미국으로 비즈니스를 옮긴 롯데의 상황은 미국에게는 큰 광고와도 같다. 미국 입장에서 보면 많은 기업들이 중국에서 빠져나와 미국으로 다시 가고 있는 것을 보여주는 것이기 때문이다. 한국의 삼성 등 다양한 기업들도 중국에서 탈출하여 미국으로 향하고 있다. 현재 중국에 남아있는 삼성 기업은 시안에 있는 삼성전자의 반도체 외에 전무하다.

다섯째, 안미경중(安美經中)의 탈피와 한국인의 대중국 인식 변화이다. 이제 더 이상 안보는 미국, 경제는 중국이 아니라는 얘기다. 안보는 당연히 여전히 미국이지만 경제는 아니다. 2014-2016년까지만 해도 경제는 중국이었는데, 사드 문제 이후 점차 미국으로 바

꿔고 있다. 이에 따라 한미동맹을 더욱 강화해야한다는 인식이 자리 잡고 있다.

3. 한중관계의 뉴노멀

그렇다면, 앞으로 한중관계는 어떠해야 하는가? 중국 관련 업무만을 담당하는 새로운 기구도 필요하고, 다양한 국가들과 대중국 정책도 논의해야 한다. 그러나 중요한 것은 당당한 대중국 외교가 필요하다는 것이다.

첫째, 한국은 대중의존도를 감소시켜야 한다. 아직까지 한국의 기업 중에서 대중의존도를 낮추지 않은 기업들이 있다. 그러나 이런 기업들도 중국의 리스크에 대한 대비는 하고 있을 것이라고 본다. 이들 기업들이 앞으로도 지속적으로 대중의존도를 낮추기 위한 노력을 할 것이라고 본다.

둘째, 국익을 반영하는 현실적이고 실용적인 대중외교가 필요하다. 중국과의 협력도 필요하지만, 먼저 중국의 실체를 정확하게 파악하고 있어야 한다. 한국과 달리 사회주의 국가인 중국과 동반자적 관계를 유지한다는 것이 쉽지만은 않다. 어떤 면에서 보면 중국과의 원만한 관계유지가 불가능할지도 모른다. 가장 중요한 것은 국제관계의 기본은 자국의 국익이 우선이라는 점을 명심해야 한다.

셋째, 할 말을 하면서 중국에 전략적 가치를 강조해야 한다. 일본의 경우, 역사적으로 볼 때 결코 중국과 좋아질 수 없는 관계지만 양국관계는 원만하다. 일본은 미국과의 동맹을 유지하면서도 중국과의 관계를 잘 이어가고 있다. 우리가 미국과의 동맹을 유지하면서

중국과의 관계를 잘 설정하기 위해서는 우리의 입장을 확실히 중국
에 전달하고 그 바탕 위에서 우리의 입장을 중국에 지속적으로 관철
시켜나가야 한다.

넷째, 한미동맹 강화가 건강한 한중관계를 만든다는 점을 명심
해야 한다. 한미동맹과 한중관계는 제로섬(zero-sum) 관계가 아니
다. 한미동맹을 파기한다고 해서 중국이 한국과 친하게 지낼 것으로
판단하면 오산이다. '한국이 이제 갈 곳이 없으니 우리에게 오겠지'
라고 중국은 생각하지 않는다. 오히려 한국의 지위는 점차 하락할
것이기 때문에 그 가치는 점차 하락할 것이다. 한미동맹이 있기 때
문에 중국이 계속 한국에 접근하는 것이다. 문재인 대통령이 미국으
로 가 트럼프 대통령에게 '우리 잘 해보자'고 한다면, 중국은 그 다음
날로 곧바로 한국을 방문하여 문대통령과 만날 것이다. 시진핑 주석
은 지난 6월 북한을 방문했으며, 2020년 연내 한국 방문을 고려하고
있는 것으로 전해진다. 그러나 개인적으로 볼 때 시진핑 주석은 한
국에 오지 않을 것이다. 사드를 철수시킨다고 한다면 모를까, 한국
방문을 통해 얻을 수 있는 것이 없기 때문이다.

한국이 중국에게 가치가 있는 국가가 되기 위해선 튼튼한 한미
동맹이 요구된다. 한국은 미국과의 동맹을 강화하되 중국과의 동반
자 관계도 소중하게 발전시킬 수 있는 방안을 모색해야 한다.

제8장
북한 핵문제

● ● 신범철 박사(경제사회연구원 외교안보센터장)

1. 새로운 북핵 환경의 도래

바이든(Biden) 행정부의 출범 이후 북핵 문제는 또 다른 전기를
맞고 있다. 트럼프 대통령 기간 중 전개되었던 '정상 간의 신뢰를 통
한 북핵 문제의 타결'이라는 탑-다운(top-down) 방식은 더 이상 유
효하지 않게 되었다. 바이든 행정부는 '실무자 간의 만남으로부터 대
화를 시작해서 구체적인 비핵화 조치가 이루어진 이후 고위급이 만
나는' 바텀-업(bottom-up) 방식의 비핵화 협상을 추구하고 있다.
이를 위해 북한에게 조건 없이 대화에 복귀할 것을 요구하며, 단계
적 비핵화 협상을 수용할 수 있다는 대안을 제시하고 있다. 외교적
관여를 지속하겠지만 그 방향성만큼은 북한 비핵화에 초점을 맞추고
있는 것이다.

이러한 미국의 태도에 북한은 자력갱생과 도발로 응답하고 있
다. 북한은 비핵화 협상을 재개하기 전에 미국이 대북제재를 완화하
거나 연합군사훈련을 중단해야 한다고 주장하고 있다. 만일 미국이
이러한 조건을 충족시키지 않을 경우 북한은 자력갱생을 통해 경제
적 어려움을 돌파하겠다는 의지를 펴고 있다. 또한 북한은 핵능력
강화를 보여주며 한국과 미국을 압박하려는 행동도 병행하고 있다.

단거리 탄도미사일, 순항미사일, 극초음속미사일, 그리고 신형 잠수함발사탄도미사일(slbm) 등 다양한 미사일을 연이어 발사하고 있다. 이러한 북한의 속내를 들여다보면 자신들에게 유리한 협상이 재개되지 않는다면 '사실상의 핵보유국 지위'를 굳히기 위한 시간을 버는 것이 유리하다는 판단을 한 것으로 보인다.

바이든 행정부는 대화의 공백이 이어지고 있는 현 상황의 책임을 북한에 돌리고 있다. 미국은 조건 없이 외교적 관여를 할 준비가 되어 있는데, 북한의 대화 거부가 문제라는 것이다. 그 결과 북한과의 대화 재개는 요원한 상황으로 보인다. 대북인도적 지원이 지연되고, 종전선언에 대한 한미간의 논의가 제자리걸음을 걷고 있는 상황에서, 미국은 전략적 관여를 이야기 하고 있지만, 사실상 전략적 인내가 지속되는 상황이다.

만일 북한이 사실상 핵보유국으로 인정받게 된다면 이는 한미 양국의 커다란 전략적 손실로 귀결된다. 따라서 북핵 불용의 원칙을 견지하고, 북한 비핵화 정책을 일관되게 추진해야 한다. 문제의 해법은 한미공조를 통해 북한을 비핵화 대화로 끌고 나와야 하는 것인데, 북한의 대화 거부와 미사일 도발로 인해 한치의 앞도 내다보기 어려운 상황이다.

한반도의 지속가능한 평화를 구축하기 위해서는 북한 핵문제를 풀어야 한다. 비핵화가 이루어지지 않는다면 한국 국민은 핵공포 속에서 살아야 하고 진정한 평화는 요원해지기 때문이다. 이를 위해 현시점에서 북한 비핵화 협상 의제는 무엇이고, 북한은 어떠한 비핵화 조치를 해야 하는지, 그리고 미국은 어떠한 상응 조치를 제공해야 하며, 남아 있는 비핵화 협상의 변수들은 무엇인지 하나씩 짚어보기로 한다.

2. 북한 비핵화 협상 의제

2019년 하노이 정상회담을 끝으로 미북간 그리고 남북간 대화
는 사실상 얼어붙은 상황이다. 그 해법이 현재로서는 보이지 않고
있지만, 어려운 상황일수록 문제를 단순하게 바라봐야 한다. 비핵화
협상은 결국 북한의 비핵화 조치와 미국의 상응조치가 될 것이다.
하지만 비핵화 협상은 2018년 미북 싱가포르 정상회담 합의문에서
언급한 바와 같이 △미북 관계 개선, △평화체제, △그리고 북한 비
핵화라는 세 가지 의제를 동시에 진전시켜 나가야 한다.1)

첫째, 미북관계 개선은 결국 양측이 어떻게 관계를 정상화 해
나갈 것인가에 관한 문제로 볼 수 있다. 북한은 이를 비핵화 조치 이
전에 해결해야 할 문제로 주장해 왔고, 과거 미국 트럼프(Trump) 행
정부도 이러한 접근을 싱가포르에서 수용한 바 있다. 만일 북미관계
개선이 이루어진다면 한국전쟁 참전 미군 유해송환이 재개되는 것부
터 실질적인 협력이 이루어지고, 나아가 미북간 연락사무소 설치도
논의될 가능성도 있다. 이러한 관계 개선을 통해 북한은 국제적 위
상을 높여갈 수 있고, 미국은 북한을 비핵화 협상에 묶어두려 할 것
이다. 문제는 북한이 대화에 복귀하지 않는 것이다. 미국은 조건 없
는 대화 재개를 주장하고 있음에 반해, 북한은 적대시정책 철회를
주장하고 있다. 다시 말해 제재완화나 연합군사훈련 중단을 미국이
먼저 이행하라는 것이다. 하지만 미국의 비핵화 협상 파트너는 북한
만 있는 것이 아니다. 중동에서는 이란과 지루한 핵협상을 벌이고

1) 미북 간의 싱가포르 합의는 (1) 미북 간 새로운 관계 수립, (2) 한반도의 지속
적이고 안정된 평화체제 구축, (3) 한반도의 완전한 비핵화, (4) 전쟁포로, 전
쟁실종자의 유해 수습 등 4개항으로 구성되어 있다.

있다. 만일 북한에게 제재완화를 해주며 끌려간다면 이란도 같은 대우를 요구할 것이다. 그 결과 미국이 먼저 양보하기는 어려운 상황이고, 북한과의 대화 재개는 점점 어려워지고 있다.

둘째, 평화체제 논의와 관련해서는 당장 종전선언 문제를 살펴보아야 한다. 한반도 평화체제는 긴 프로세스로 구성된다. 남북미중간 합의를 통해 평화를 회복하는 문제 외에도 실질적 긴장완화와 신뢰구축 조치가 이행되어야 하기 때문이다. 하지만 현재 한국의 문재인 정부는 종전선언을 적극적으로 추진하고 있고, 북한 역시 자신들의 미사일 도발을 도발로 부르지 말라는 소위 '이중기준' 철폐 시 종전선언에 관심을 보일 수 있다는 입장이다. 하지만 미국 바이든 행정부의 입장을 불투명하다. 설리번(Sullivan) 국가안보보좌관은 2021년 10월 26일 기자간담회에서 종전선언을 추진하는 한국과 '순서(sequence), 시기(timing), 조건(condition)' 등에 차이가 있다는 점을 적시했다.[2] 한미간에 서로 이견이 있다는 점을 분명히 밝히고 있는 이례적인 상황이 조성되고 있는 것이다. 그 결과 종전선언은 북한이 비핵화 대화로 복귀하기 전에는 이루어지기 어려운 상황으로 보인다.

셋째, 북한 비핵화의 문제는 협상이 재개되면 어떠한 순서로 비핵화를 진행하고 어떠한 보상을 해주어야 하는가의 문제다. 하지만 그보다 먼저 바이든 행정부가 트럼프 행정부의 성과물을 계승할 것인지 문제가 되고 있다. 바이든 행정부는 2021년 5월 한미 정상회담 합의문을 통해 2018년 4.27 남북 정상회담과 6.12 싱가포를 미북 정상회담을 계승할 것을 밝힌 바 있다. 현실적으로 미북간 새로운 합

---

2) 미 안보보좌관 "미한, 대북조치 시기·조건 등 관점 다를 수도…핵심 전략·신념은 일치," VOA 뉴스(2021.10.27.). https://www.voakorea.com/a/6286390.html 참조.

의를 만들고 출발하는 것보다는 기존의 합의를 존중하면서 비핵화 협상을 발전시켜 나가는 것이 필요하기에 바람직한 조치였다고 본다. 하지만 싱가포르나 2019년 하노이 미북 정상회담에서도 구체적인 조치의 교환은 없었다. 낮은 단계의 비핵화 조치와 낮은 수준의 상응조치가 교환될 것인지, 아니면 높은 단계의 비핵화 조치와 높은 수준의 상응조치 까지 교환될 수 있을 것인지 현재로서는 예측이 어렵다.

북한으로서는 낮은 수준의 비핵화 조치와 높은 수준의 상응조치를 얻길 바라고 있을 것이다. 하노이에서 주장했던 것처럼 영변 핵시설을 포기하는 대신 중요한 대북제재 해제를 교환하고 싶어 할 것이다. 하지만 이 경우 북한의 남아 있는 핵능력을 포기시킬 수단이 없게 된다. 따라서 미국으로서는 가급적이면 높은 수준의 비핵화를 이끌어 내고 싶어 하는 것이다. 동시에 이러한 협상을 단계적으로 갈 것인가, 아니면 포괄적으로 일괄타결 할 것인가도 문제가 된다. 과거 트럼프 행정부는 포괄적인 일괄타결을 시도했다. 하지만 북한의 거부로 실현되지 못했고, 현재 바이든 행정부는 단계적 비핵화 협상의 문을 열어두고 있다. 그 결과 다음 <표1>과 같은 수준에서 서로의 조치들이 단계적으로 교환될 가능성이 높아 보인다.

•• 표 1 북한의 비핵화 조치와 미국의 상응조치(예시)

북한의 비핵화 조치	미국의 상응 조치
• 영변 핵시설 신고/검증/폐기 　※ 구체적 검증방식 미언급 • 기타 미공개 우라늄 시설 신고/검증 　※ 구체적 검증방식 미언급 • WMD 전체 신고 • WMD 전체 검증/폐기	• 초기 단계 　– 인도적 지원 재개 　– 연락사무소 개설 　– 종전선언 　– 한미 연합군사훈련 중단 • 중간 단계 　– 원유공급량 확대 　– 철도 연결사업 개시 　– 금강산 관광 재개 　– 개성공단 재개 • 최종 단계 　– 제재 단계적 해제 　– 주한미군 감축 　– 평화협정

　　비핵화 협상이 안정적으로 진행되기 위해서는 상호주의적이며 대칭적인 방식으로 진행되어야 하며, 북한의 실질적인 비핵화 조치가 이행되어야 한다. 북한의 약속 파기 및 불이행에도 불구하고 한국과 미국만 약속을 이행하는 것은 비대칭적이며 상호주의에 어긋나며, 궁극적으로 북핵을 용인하는 길로 가게 될 것이다. 따라서 어떠한 구체적인 행보가 북한과 미국에 남아 있는지 살펴볼 필요가 있다.

3. 북한의 비핵화 조치

　　북한이 취할 수 있는 비핵화 조치의 첫 단계로는 풍계기 핵실험장의 폐기 참관과 시료채취와 같은 실질적 검증의 수용이 있을 수 있다. 풍계리 핵실험장은 6차례의 핵실험을 통해 충분히 관련된 자료를 확보한 북한에게 그 쓸모가 사라진 상황이다. 그래서였는지 북한은 미국과 합의도 하기 전인 2018년 5월에 이를 폭파했다. 그럼에도 불구하고 풍계리 핵실험장의 검증은 의미가 있다. 기술적인 의미에서 제대로 된 검증이 보장된다면 이를 통해 북한이 개발한 핵무기의 종류와 성능을 확인할 수 있기 때문이다.

지금까지 인류가 개발한 핵무기의 종류는 플루토늄방식과 농축우라늄방식 두 가지다. 시료를 채집할 수 있다면 이를 분석해서 북한이 어떤 방식의 핵무기 개발을 시도했는지 알 수 있다. 동시에 핵실험장의 붕괴된 모습이나 지형을 정밀 분석하면 북한 핵무기의 성능을 파악할 수 있다. 북한이 주장하는 대로 수소폭탄급 실험이 있었는지, 원자탄을 넘어선 증폭핵분열탄 수준인지를 파악하는 데 큰 도움이 된다.

동창리 미사일 엔진실험장의 폐기 참관이나 실질적 검증도 북한이 취할 수 있는 비핵화 조치다. 다만 미사일 엔진실험장의 경우 미사일이나 관련 엔진 개발의 수준을 파악하는 정도의 의미를 지니기에 그 중요성은 풍계리 핵실험장에 못 미친다. 2018년 북한은 풍계리와 동창리 시설에 대한 단순 참관을 약속한 바 있는데, 단순한 참관이었을 뿐 실질적인 검증을 받아들이지는 않았다. 따라서 실질적으로 이 시설들을 검증할 수 있는가는 북한이 취할 수 있는 가장 낮은 단계의 비핵화 조치가 될 수 있다.

풍계리 핵실험장과 동창리 미사일 실험장을 검증한다면, 그 다음 단계로는 영변 핵시설에 대한 신고, 검증, 폐기 문제가 제기될 수 있다. 영변 핵시설은 플루노튬을 생산해 내는 5MW 원자로와 재처리 시설 등은 물론이고, 북한미 미국 과학자인 해커(Hecker) 박사에서 공개한 농축우라늄 시설을 포함하고 있다. 따라서 영변 핵시설에 대한 제대로 된 검증을 할 수 있다면 북한 핵능력 수준 및 핵물질 확보와 관련하여 상당히 의미 있는 진전을 이루어 낼 수 있다. 과거 6

자회담 역시 영변 시설에 대한 검증의정서 채택 과정에서 논의가 진전을 보지 못한 채 오늘에 이른 만큼, 그간 도달하지 못했던 북한 비핵화의 새 장을 연다는 측면에서 의미가 크다.

하지만 북한이 시료 채취와 같은 의미 있는 검증을 수용할 것인지 여전히 의문이다. 북한은 자신들이 보유한 핵물질의 총량을 추적당하지 않기 위해 스스로 시설을 폐기하고 이를 참관하는 수준의 검증을 요구할 가능성이 높기 때문이다. 따라서 영변 핵시설에 대한 철저한 신고 및 검증을 얻어낸다면 이는 상당히 의미 있는 비핵화 조치를 수용한 것으로 평가할 수 있다.

북한이 신고한 핵활동 일지와 시료 채취를 통한 확인작업이 일치될 경우 북한 비핵화의 진정성을 확인할 수 있는 첫 출발점이 된다. 이러한 철저한 검증 방식은 다음에 있을 미공개 농축우라늄 시설에 대한 검증에도 일관되게 적용될 가능성이 있기 때문에 그 의미가 상당하다. 반대로 북한이 실질적인 비핵화 조치를 여전히 거부할 경우에는 영변 핵시설의 가동 중단, 즉 동결만을 합의할 가능성도 배제할 수 없다. 하지만 이 경우 북한 비핵화 조치의 실질적 진전이 이루어졌다고 보기 어렵다. 따라서 실질적인 검증이 필요하다.

영변 핵시설 이후는 높은 수준의 비핵화 문제이기에 그 합의나 이행이 매우 어려운 영역이 될 것이다. 영변 핵시설 이후의 비핵화 조치는 미공개 농축우라늄 시설을 포함한 모든 핵시설의 활동 동결, 신고 및 검증, 폐기, 핵물질 및 핵무기 폐기, 기타 생화학무기 폐기 등을 들 수 있다. 완전한 북한 비핵화를 위해서는 반드시 포함되어야 할 중요한 과정이다. 북한이 이들 조치를 모두 합의해 줄 가능성은 매우 낮을 것으로 보이기에 협상을 잘 이끌어 내야 하며, 상응조치를 잘 구상해야 한다. 그렇지 못할 경우 높은 단계의 비핵화를 이끌어 낼 상응조치가 소진될 수 있기 때문이다.

4. 미국의 상응조치

북한의 비핵화 조치에 대한 미국의 상응조치는 미북관계 개선과 경제적 지원, 그리고 안보적 차원의 양보가 본질적 내용을 구성한다. 특히 북한이 원하는 제재완화나 한미동맹, 그리고 주한미군 문제가 그 본질을 이룬다. 미북관계가 개선돼서 연락사무소가 설치된다 해도, 궁극적으로 제재완화나 한미동맹 문제가 다루어지지 않으면 북한은 비핵화 조치 이행을 거부할 것이기 때문이다.

미국이 상응조치로서 가장 쉽게 해줄 수 있는 조치는 인도적 지원이다. 블링컨(Blinken) 국무장관이나 설리번 국가안보보좌관 역시 인도적 지원과 관련해서는 유연한 입장을 피력한 바 있다. 따라서 북한에 대한 인도적 지원 재개는 북한이 대화에 복귀하거나 복귀하기 이전에라도 가능한 상응조치가 될 수 있다. 물론 북한은 인도적 지원만으로 만족하지는 않을 것이므로 대화 복귀나 영변 핵시설 신고·검증·폐기에 앞서 더 많은 미국의 상응 조치를 요구할 것으로 보인다.

현재 미국은 북한의 대화 복귀에는 인도적 지원 이외의 어떠한 상응조치도 해주기 않겠다는 입장이다. 북한과의 길고 긴 비핵화 협상을 고려하면 바람직한 입장이다. 자칫 초기에 보상을 많이 해주다 보면 나중에 높은 수준의 비핵화 조치에 보상을 해줄 내용이 없게 되고, 이 경우 북한은 주한미군 철수와 같이 터무니없이 높은 수준의 보상을 요구할 것이기 때문이다. 이때 미국이 이를 거부하면 북한은 비핵화 조치를 거부하며 다시 협상을 원점으로 돌릴 수 있다. 따라서 상응조치의 설계는 매우 중요한 일이다.

미국이 북한의 대화 복귀나 영변 핵시설의 신고·검증·폐기를 유도하기 위해 사용할 수 있는 상응조치로는 미북 연락사무소 개설, 한미연합군사훈련 중단, 종전선언, 부분적인 경제제재 완화 등이 될 수 있을 것으로 보인다. 이미 미북간에는 정상회담도 두 차례나 한 만큼 미북 연락사무소를 개설하는 일을 어렵지 않은 일이다. 다만 북한이 연락사무소 개설을 실질적으로 얼마나 환영할 것인지는 알 수 없다. 그렇지만 그간 북한이 미국과의 관계 개선을 줄곧 주장한 만큼 이러한 제안에 반대하기는 어려울 것이다. 한미 연합군사훈련 중단은 미국 행정부가 원하는 바는 아니지만, 북한의 추가적인 비핵화 조치를 유도할 수 있다면 수용할 수 있는 대안이 될 것이다. 종전선언의 경우 과거 미국 행정부들이 쉽게 내주지 않으려 했던 협상카드지만 바이든 행정부는 북한의 실질적 비핵화 조치가 있다면 유연하게 접근하려 들 것이다. 물론 미국이 동의할 수 있는 종전선언은 정치적 선언으로 주한미군이나 유엔군사령부와 무관하다는 조건이 붙어 있을 것이다.

북한이 영변 핵시설 시료 채취를 포함한 신고 및 검증을 수용할 경우 미국은 경제제재의 일부를 면제 또는 완화해 줄 것으로 보인다. 미국이 생각할 수 있는 경제제재 면제 및 완화는 원유공급량 확대, 철도 연결사업 개시, 금강산 관광 재개, 개성공단 재개 순으로 고려할 것이다. 원유공급량 확대는 유엔 안보리 결의 2397의 내용에 대한 수정을 요한다. 동 결의는 북한에 정제유 연간 50만 배럴, 원유 연간 400만 배럴로 제한하고 있다. 이러한 제한을 풀기 위해서는 새로운 유엔 안보리 결의가 필요하다.

철도 연결사업 개시를 승인하는 것은 유엔 대북제재위원회의 승인만으로 가능하다. 유엔 안보리 결의 2375호 18항은 "비상업적이고 이윤을 창출하지 않는 공공인프라 사업"은 사전에 사안별로 유엔 대북제재위원회에 승인을 받을 경우 이를 진행할 수 있도록 하고 있다. 따라서 새로운 유엔 안보리 결의 없이도 추진할 수 있는 장점이 존재한다. 만일 북한이 영변핵시설의 검증을 수용할 경우 미국은 원유공급량 확대나 철도 연결사업 개시를 상응조치로 제안할 가능성이 크다.

금강산관광이나 개성공단 재개는 남북관계와 밀접한 연계성을 지니고 있다. 금강산관광의 경우 실제로는 북한에 대한 관광을 하지 못하게 하는 대북제재가 없다는 점에서 일견 사업이 용이할 것으로 보이지만, 대량현금이 지원된다는 점에서 유엔 안보리 결의 2270호와 직결된다. 따라서 현금지원을 하지 않고 다른 방식의 지원 형식을 찾아야 한다. 개성공단의 경우 유엔 안보리 결의 2375호가 금지하고 있는 북한과의 합작사업이다. 따라서 유엔 안보리 결의를 개정해야 한다. 북한에 대한 합작사업 금지는 북한이 저렴한 임금의 우수한 노동력으로 외화벌이에 국제경쟁력이 있는 만큼, 이를 막아 북한 경제를 압박하기 위한 대북제재의 핵심과도 같은 내용이다. 따라서 개성공단만을 대상으로 예외적인 허용을 할 가능성이 크다.

유엔 안보리 결의 2375호의 해제는 적어도 미공개 농축우라늄 시설의 신고·검증·폐기가 확보되어야만 허용되어야 할 것이다. 유엔 안보리 결의 2371호, 2375호, 2397호의 경우 북한 경제를 실질적으로 압박하는 조치들이 대부분 담겨 있기에, 높은 수준의 비핵화 조치에 상응해서 해제되어야 한다. 원유공급량 확대, 금강산 관광과 개성공단 재개가 이루어지면 안보리 결의 2397과 2375가 사실상 무

력화 되는 것이고, 이후 북한의 해산물 수출 등을 금지한 안보리 결
의 2371이 해제되면 사실상 유의미한 경제제재는 모두 해제됨을 의
미한다.

그밖에도 미국은 북한의 핵무기와 핵물질 폐기 및 기타 생화학
무기 폐기에 대한 상응조치로서 유엔 대북제재의 완전한 해제, 주한
미군 감축 등을 제안할 수 있을 것이다. 유엔 안보리 결의가 해제될
경우, 이와 관련한 미국의 독자제재도 해제되어야 할 것이다. 유엔
안보리 결의 이행을 실질적으로 담보하는 것이 미국의 독자제재이기
때문이다. 주한미군 감축의 경우 북한이 핵무기나 핵물질 폐기와 맞
물려 요구할 경우 미국이 이를 수용할 것으로 보이며, 평화협정도
비핵화 조치의 완료와 함께 사인할 것으로 전망된다.

5. 북한 비핵화 협상의 변수

(1) 미중 전략경쟁과 북중 밀착

미중 전략경쟁과 북중관계의 회복은 북한 비핵화 협상을 더욱
어렵게 만들고 있다. 미중 전략경쟁이 치열해지면 질수록 중국에게
있어 북한의 전략적 가치가 상승하기 때문이다. 그 결과 중국은 북
한을 감싸게 되고, 중국이라는 후원자를 얻은 북한은 미국과의 협상
에서 고자세를 유지할 수 있다. 최근 북중 밀착은 미중 전략경쟁의
결과로 볼 수 있고, 비핵화 협상 재개를 어렵게 만들고 있다.

미중 전략경쟁은 더욱 치열해지는 상황이다. 한때 미국은 중국
을 '책임 있는 이해당사국(responsible stakeholder)'라고 부르며, 세계
질서를 함께할 파트너 국가로 기대했다. 하지만 중국 시진핑 체제가

출범한 이후부터 미중관계는 악화일로를 걷고 있다. 중국이 경제 강국으로 성장하며 자기 나름의 질서를 구축하려 하고 있기 때문이다. 시진핑 정부가 추진하고 있는 일대일로(BRI)는 결국 중국을 해양세력으로 변모시키며, 자신들의 지역권을 형성하겠다는 전략이다. 그 결과 남중국해에서 인도양에서 미중은 서로 충돌할 수밖에 없는 운명적 상황이 조성되었다. 실력을 기르며 칼 빛을 숨긴다는 의미의 도광양회는 더 이상 중국의 전략이 아니며, 이제는 미국과 전면적으로 맞서겠다는 행보를 보이고 있으며, 이는 2021년 3월 알래스카 미중 전략대화에서 나타난 양제츠 국무위원의 대미 강경 발언에서 잘 드러난 바 있다.[3]

중국의 공세적 행보는 지난 20년간 비약적으로 발전해온 경제력과 나름대로 발전시켜온 군사력에 대한 신뢰에 기반해 있다. 구매력 기준의 국내총생산(GDP)은 이미 미국을 추월했고, 단순 GDP도 머지 않아 미국을 추월할 것으로 보인다. 남중국해에 인공섬을 짓고 군사력을 배치하고 있으며, 그 서쪽으로는 미얀마, 스리랑카, 지부티 등을 연결하는 진주목걸이 전략도 차근차근 실현해 나가고 있다. 북한에 관한 중국의 입장도 미국을 염두에 두고 전개되고 있다.

북한도 중국의 전략에 호응하고 있다. 북한의 경우 2018년의 대화 재개를 명분으로 핵 능력을 포기하지 않으면서도 중국과의 관계를 복원해 내는 기민함을 보였다. 핵무기를 개발함으로써 악화된 관계를 실질적 비핵화 조치 없이도 북중관계를 복원해 낸 것이다. 이후 북한은 철저한 친중 행보를 보이고 있다. 코로나 19로 인해 북중

---

3) 블링컨 vs 양제츠, 시작부터 '으르렁,' 아주경제(2021.3.19.).
   https://www.ajunews.com/view/20210319072422457 참조.

국경을 봉쇄하고 있는 금년에도 시진핑 주석과 여러 차례 친서를 교환하고 북중 우호관계를 과시하고 있다. 물론 중국이 북한이 원하는 만큼의 경제적 지원을 해주지는 않을 것이다. 경제적으로 회복된 북한은 역설적으로 중국의 말도 잘 듣지 않을 가능성이 크기 때문이다. 하지만 중국은 북한 체제가 붕괴되는 것을 막고자 할 것이므로 최소한의 대북 지원을 해줄 것으로 보인다. 북한으로서는 경제위기를 막을 수 있는 보험에 가입한 셈이다.

이로 인해 당분간 미국이 원하는 방식의 북한 비핵화 협상의 재개 가능성은 높지 않아 보인다. 북한은 대화에 복귀하기 전에 미국이 먼저 양보할 것을 지속적으로 요구할 것이다. 미국이 이러한 북한의 요구에 끌려가면 북한 비핵화는 더욱 어려워질 것이다. 반면 미국이 중국과의 전략경쟁에서 승리하거나 중요한 타협점을 찾는다면 다시금 북한 핵문제 해결에 주도권을 쥘 수 있다. 북한 비핵화 문제에 중국이 역할을 하도록 만들 수 있기 때문이다. 이 경우 북한은 다시금 절대적인 고립으로 회귀할 수밖에 없기에, 비핵화 협상에 보다 진진하게 임하게 될 것이다. 이처럼 미중 전략경쟁과 북중 밀착은 북한 비핵화 협상에 중대한 변수로 떠오르고 있다.

(2) 작은 거래(small deal), 큰 거래(big deal), 나쁜 거래 (bad deal)

향후 비핵화 협상이 재개된다 해도, 북한과 어떤 협상을 전개할 것인가는 중요한 문제가 아닐 수 없다. 현재까지 미국 내에서는 작은 거래와 큰 거래 두 가지 접근이 논의되고 있다. 먼저 작은 거래는 북한 비핵화 단계를 잘게 나누어 협상하는 방식이다. 북한 비핵화 협상이 정체되어 있는 현 상황에서 작은 거래는 북한이 영변 핵시설의 신고·검증·폐기 이전 단계에서 관련 핵시설 동결만을 약속하고 미국도 낮은 단계의 경제제재 완화라는 상응조치를 제공하는 합의를 의미한다. 미국이나 북한 누구도 큰 손해를 보지 않는다는 점에서 나쁜 거래는 아니지만, 비핵화의 진전이 더뎌진다는 점과 경제성장의 계기가 멀어진다는 점에서 각각 미국이나 북한에게 아쉬운 합의가 될 것이다.

큰 거래의 경우는 적어도 북한이 영변이나 비공개 핵시설의 철저한 신고·검증·폐기를 수용하고 미국도 그에 상응하는 조치를 제공하는 것을 의미한다. 이 경우 협상 성공의 기준은 영변 핵시설에 대한 철저한 검증이 이루어지는가에 있다. 이 경우 비록 속도가 느리더라도 북한 비핵화가 달성될 수 있다는 기대를 이어갈 수 있다는 장점이 존재한다. 따라서 어느 정도의 상응조치를 주더라도 큰 거래로 방향을 틀면 성공적인 회담이라고 평가할 수 있을 것이다. 미국도 북한도 서로 윈-윈(win-win)할 수 있는 협상이지만, 북한 비핵화로 가는 과정이기 때문에 북한이 이러한 결단을 할지는 아직 미지수다.

한편, 북한과의 협상에서 나쁜 거래도 유의해야 한다. 북한 비핵화 협상에서 나쁜 거래란, 북한이 제대로 된 비핵화 조치를 하지 않는데도 경제재재가 완화되거나 북한의 비핵화 조치에 너무 많은 경제제재 완화가 보장되어 다음단계의 비핵화 조치를 이어갈 동력을 상실하는 것을 의미한다. 예를 들면 북한이 영변 핵시설에 대한 철저한 신고·검증을 거부하고 관련 시설 가동 중단이라는 동결 카드나 참관 수준의 검증을 제안하는 대신, 미국에 대해 대륙간탄도미사일(ICBM)을 포기하는 거래를 제안할 수 있다. 다른 유형의 나쁜 거래는 북한이 낮은 단계의 비핵화 조치만을 취하는데 미국이 중요한 경제재재를 해제하는 경우를 가정할 수 있다. 북한에 대한 실질적 제재가 완화되어 북한이 다음 단계의 비핵화 조치에 나설 동인이 약해지게 될 것이기 때문이다. 이러한 거래가 이루어지면 북한 비핵화는 사실상 어려워진다는 점에서 나쁜 거래로 볼 수 있다.

6. 바람직한 대응 방향

한국은 일관되게 대화를 통한 북한 핵문제 해결을 추구해야 한다. 긴장이나 무력충돌이 가져올 피해를 감내할 수 없기 때문이다. 일관된 대북정책을 통해 북한을 변화시키고, 비핵화와 평화체제를 구축해 나갈 수 있다면 가장 바람직한 대응이 아닐 수 없다. 이를 위해서는 한미동맹과 주변국 공조, 그리고 일관된 대북정책을 위한 국론 통합이 우선되어야 한다.

바람직한 북한 비핵화 협상을 위해서는 '포괄적 합의 단계적 이행'이 필요하다. 대화 복귀를 거부하는 북한의 입장을 고려할 때, 향후 비핵화 협상은 단계적 접근이 불가피한 측면이 있다. 하지만 '완전한 비핵화'를 목표로 하고 각 단계에서 어떤 비핵화 조치와 상응조치를 교환할 것인지에 관한 로드맵을 만둘 수 있다면 가장 바람직한 협상 형태가 될 것이다.

북한의 비핵화 조치 이행과 관련해서는 신고와 검증이 반드시 필요하다. 그렇지 않고서는 완전한 비핵화를 담보할 수 없기 때문이다. 동시에 북한이 실질적인 비핵화 조치에 나선다면, 이에 상응하는 보상조치도 신의성실하게 이행해야 할 것이다. 시기적으로 보상이 늦어진다거나, 약속된 규보의 보상이 이루어지지 않는다면 북한은 또다시 원점으로 회귀할 수 있고, 이 경우 북한에게 시간만 벌어다 주는 결과를 낳을 것이다.

비핵화 협상의 구체적 내용과 관련해서는 유연한 접근이 필요하다. 다만, 가급적 큰 거래를 추구하는 것이 바람직하다. 작은 거래의 경우 북한의 시간 끌기 전술에 이용될 수 있기 때문이다. 다만 나쁜 거래의 경우 그 부정적 파급효과에 대해서 미리 경고할 필요가 있다. 북한 비핵화 조치에 대한 과도한 보상이나, 전체가 아닌 부분적인 비핵화를 시도하는 것은 결국 한반도를 더욱 위험하게 만든다는 점을 인식해야 할 것이다.

끝으로 북한이 끝내 비핵화 협상을 거부할 경우, 장기적으로 체제 유지 비용이 증가할 수 있음을 경고해야 한다. 북한이 핵무장을 고집한다면, 국제사회로부터 더욱더 고립되고, 경제적으로도 암울한 상황이 지속되어 궁극적으로는 김정은 정권의 안전을 해칠 정도가 될 것임을 깨닫게 해야 한다. 다만 외교적 방법을 중심으로 압박을 전개해야 하며, 군사적으로는 자제할 필요가 있다. 북한을 압박하는 과정에서 군사적 긴장이 고조될 경우 핵을 보유한 북한의 강점이 부각될 가능성이 크기 때문이다.

제9장

한국의 대(對)동남아 정책

● ● 유현석 교수(경희대학교 정치외교학과)

1. 한국에게 동남아시아란?

한국의 '대(對)동남아 정책' 이라는 주제는 한국외교정책 관련 교재나 연구서를 집필하는데 있어서 쉬운 주제는 아니다. 기존에 나와 있는 한국외교정책 관련 책들을 살펴보아도 대 동남아 정책이라는 주제로 집필된 장은 찾기가 어렵다. 논문 검색을 해 보아도 한 손가락에 꼽을 정도의, 그것도 아주 오래된 논문들을 찾을 수 있을 뿐이다. 동남아 개별 국가에 대한 연구들은 꽤 있고 한국과의 관계를 다른 논문들도 찾을 수 있지만 지역으로서의 동남아에 대한 한국의 대외정책을 다루는 연구와 저서 등은 많지 않다. 이러한 현상은 몇 가지 요인으로 설명할 수 있을 것이다. 하나는 기본적으로 동남아시아라는 지역에 대한 관심이 여타 지역에 비해 낮기 때문이다. 한국에게는 꽤 가까운 나라라고 생각 되지만(아마도 최근의 여행지로서의 동남아시아가 지닌 매력 때문일 공산이 크다) 이 지역과 한국과는 개별 국가 차원의 관계를 넘어서는 외교 현안은 많지가 않다. 두 번째는 한국이 동남아시아에 대한 지역 차원의 정책이 없기 때문이다. 동남아시아의 몇 몇 국가들, 예를 들어 베트남이나 인도네시아 등과는 양자관계의 측면에서 가까운 관계이지만 동남아시아라는 지역 자체에

대한 관심이나 정책이 과연 한국에 있었는가, 그리고 있었다면 핵심
적인 정책은 무엇이었는가에 대해 대답하기 어렵다. 문재인 정부의
신남방 정책이 의미가 있는 것도 아마도 이러한 대 동남아 지역 정
책이 부재했던 한국의 외교정책에서 신남방 정책이라는 대 동남아
지역정책이 갖는 의미 때문일 것이다.

2. 한국의 대(對)동남아 정책: 개념적 이해

이 장의 첫 번째 질문은 '과연 대한민국에 대(對)동남아 정책이
라는 것이 있는가?'이다. 좀 더 근원적인 질문은 '과연 대한민국에게
지역전략이란 것이 있는가? 동남아는 물론 중남미와 유럽과 같은 특
정 지역에 대한 지역전략이 존재하는가?'이다. 물론 우리에게 지역전
략이 없었다고 할 수는 없다. 특히 4강(强)에 둘러싸인 한국에게 동
북아시아는 너무 중요하기 때문에 이 지역에 대한 지역전략이 분명
히 존재해 왔다. 대 동북아전략은 세력균형적 정책으로 나타나기도
하고, 한미일 삼각관계를 강화하는 전략으로 나타나기도 하고 노무
현 정부의 동북아 균형자론, 박근혜 정부의 동북아 평화협력 구상,
노태우 정부 혹은 문재인 정부의 북방정책으로 나타나기도 했다. 그
렇다면 우리에게 너무나도 중요한 동북아시아 말고 동남아시아라는
지역에 대한 대(對)동남아 정책 혹은 전략을 가져본 적이 있었느냐에
대해서는 긍정적인 답을 하기 어렵다.

'한국만 없는 것이 아니라 동남아시아가 중요하지 않은 지역이
어서 모든 나라가 대(對)동남아 정책이 없는 것 아닌가?'라고 반문 할
수 있지만 그 답은 '아니다'이다. 예를 들어 일본은 1977년 '후쿠다

독트린(Fukuda doctrine)' 등 분명한 동남아시아 정책을 가지고 있었다. 이것이 만들어질 당시 일본은 동남아시아에 진출하여 무역과 투자를 통해 경제적 이득을 얻고 있었다. 그러나 이 지역에서 일본이 돈만 벌어가는 경제적 동물이라는 인식이 생겨나고 반일 감정이 심해지자 이에 대한 대응책으로 후쿠다 다케오 수상은 '동남아시아 사람들의 마음을 얻고 진정한 친구가 되겠다'는 내용의 '후쿠다 독트린'을 발표했다. 이후로 일본은 동남아시아에 엄청난 인프라 투자와 교육 투자를 하게 된다. 단순히 동남아시아를 일본 경제와 기업의 시장으로 개척하려는 경제외교로부터 동남아시아를 자기의 진정한 파트너로 삼겠다는 전략으로 전환한 것이다. 40여년이 지난 지금은 어떠한가? 지금 일본의 대(對)동남아 정책은 무엇일까? 일본의 대 동남아정책 키워드는 아마 '중국 견제'를 위한 대 동남아 관여일 것이다. 중국이 동남아시아에서 경제적, 정치적 영향력을 확대하자, 자기의 영향권이라고 생각한 동남아시아가 경제적, 정치적으로 중국에 넘어가는 것을 보면서 일본이 갖는 위기감이 커지면서 대 동남아 정책의 핵심은 이 지역에서 중국의 영향력 확대를 견제하는 것으로 자리 잡았다. 중국도 대(對)동남아 전략이 분명히 있다. '일대일로(一帶一路, One Belt, One Road)'의 한 부분으로, 미국의 '인도−태평양 전략' 혹은 '민주주의, 안보 다이아몬드 전략'을 깨기 위한 하나의 출구로서 동남아시아의 영향력을 확보하려는 전략을 중국은 열심히 추진하고 있다. 시진핑 시대에 들어와서 중국의 경제발전을 위한 안정된 환경 조성과 주변국을 우방으로 만드는 '주변국 외교'에 힘쓰고 있고 동남아시아는 이러한 주변국 외교의 중요한 대상으로 볼 수 있다.

그렇다면 한국은 왜 대 동남아 정책이 없을까? 첫 번째로 한국은 지역 강대국이 아니고 세계의 강대국이 몰려 있는 동아시아 지정

학적 환경과 분단 상황에서 생존의 문제에 매몰되어 살다 보니 동남
아시아에 대한 명실상부한 지역정책을 정립하지 못한 것이라고 생각
된다. 지금까지 동남아에 대한 한국의 외교정책은 동남아시아 지역
에 대한 맞춤형 지역전략이라고 보기는 어렵고 한국 외교의 더 큰
전략을 구성하는 한 부분으로서의 성격이 강하다. 한국은 개발도상
국에 대한 대 개도국경제외교, 비동맹권에 대한 비동맹외교 그리고
정통성 확보외교, 체제경쟁 외교 등을 해왔고 동남아시아는 그러한
외교전략의 한 대상이었던 것이다. 이처럼 한국은 동남아시아에 대
한 지역전략을 가지고 있었다기보다는 더 큰 외교 전략의 하나의 대
상으로서 동남아시아를 상정하고 있었다고 볼 수 있다. 두 번째로
동남아시아는 지역전략을 만들어내기에는 지역적 특성보다는 국가
별 다양성이 더 큰 지역이기 때문에 지역정책을 만드는 것 자체가
적절하지 않았을 수도 있다. 인종적, 종교적 다양성은 물론 경제적
수준, 이념적 지향에서도 동남아시아는 너무나 다양하다. 이런 지역
에 대한 하나의 목표 그리고 그를 위한 전략과 정책을 갖는 다는 것
자체가 쉬운 일은 아니다.

하지만 한국의 대 동남아 정책이라는 것이 있다면 그것은 어떤
것인가? 대(對)동남아 정책은 무엇을 의미하는 것일까? 우리가 한국
의 대(對)동남아 정책이라는 용어를 사용할 때 대부분은 동남아 국가
와의 양자관계에 포커스가 맞추어져 있었다. 다시 말해 아세안 10개
국과의 양자외교의 집합체가 대 동남아 정책인 것이었다. 특정 지역
에 존재하는 국가들과의 양자관계를 그 지역의 정책인 것처럼 '대
동남아 정책'이라고 불러왔던 것이 사실이다. 두 번째로는 한국의 대
동남아 정책은 'ASEAN(동남아시아국가연합, Association of South East
Asian Nations)'이라는 지역협력기구에 대한 정책이라고 인식되어 왔

다. 동남아시아 10개국이 모여 있는 ASEAN은 양자관계와는 다른 차원에서 다른 형태로 우리의 국익에 영향을 미친다. 이것은 10개의 양자관계의 집합체로서의 대 동남아정책과는 전혀 다른 차원의 정책이다. 아세안과 대화상대국이 되려 했던 노력, '아세안 + 1'이라고 부르는 아세안과 한국의 협력 메커니즘의 구축 등이 이런 의미의 "대 동남아 정책"의 주요 부분일 것이다. 셋째는 동아시아 지역협력 차원에서 아세안에 대한 정책이 한국의 대 동남아 정책의 한 측면이다. 동아시아 지역협력에서 아세안의 영향력이 너무 중요하기 때문에 한국의 동아시아 지역협력 전략 안에는 아세안을 대상으로 하는 전략이 존재한다는 것이다. 아세안은 동아시아 지역협력의 대주주이다. 이들은 driving force(추진자), driver's seat(운전자) 등의 표현을 사용하면서 아세안이 동아시아 지역협력의 주인공이라는 것을 지속적으로 강조하고 있다. 이것은 단순히 레토릭 차원에서 끝나는 것이 아니고 다양한 동아시아 협력체의 운영에 반영되어 있다. 예를 들어서 동아시아 지역협력체에 가입을 하기 위해서는 아세안과 대화 파트너가 되어야 하고 동남아우호협력조약(Treaty of Amity and Cooperation)에 가입을 해야 하는 등 자신들이 협력국가를 선별하려는 정책을 가지고 있다. 종합하면 대(對)동남아 정책은 이 3가지 측면(동남아 국가들과의 양자관계, 대 아세안 정책, 동아시아 지역협력 차원에서 대 아세안 정책) 측면이 있다는 것을 인식해야 한다.

3. 한국의 대(對)동남아 정책의 역사적 전개

(1) 한국 정부 수립 이후 1989년/1991년 이전의 양자 외교 중심 시기

• 정부수립 이후부터 1960년대까지

이 시기의 대(對)동남아 정책은 대개 초보적인 수준이고 양자관계에 집중되어 있었다. 한국이 정부수립 이후 외교관계를 맺기 시작하면서 1960년대까지 대(對)동남아 외교에 지니고 있던 특징은 바로 '반공외교'이다. 말하자면, 동남아시아에서 공산주의에 반대하는 나라와의 수교외교를 말한다. 예를 들어 필리핀과는 49년에, 태국과는 58년에, 월남과는 56년에 수교하는 등, 반공국가들과 빠른 속도로 수교를 했다. 이러한 양자 차원의 반공 외교 이외에도 다자차원의 반공외교도 이루어졌다. 'ASPAC(아시아 태평양 각료 이사회, Asian and Pacific Council)'은 1966년에 한국이 주도해서 만든 기구로서 말레이시아, 태국, 베트남 등 총 9개 나라로 구성되어 있는데, 이들은 모두 공산주의와 싸우는 국가들이었다. ASPAC의 목표 자체가 공산주의의 침략에 대응하는 아시아 국가들의 협력을 도모하는 것이었다. 요컨대, 이 시기 한국의 대동남아시아 외교의 목표는 반공(反共)으로써 수교를 통해 또는 다자기구를 통해서 외교관계를 맺으면서 반 공산주의 연대를 강화하는 외교를 펼쳤던 것이다.

• 1960-70년대: 체제경쟁외교와 비동맹외교

1960-1970년대의 대 동남아 외교의 핵심은 정통성확보외교, 체제경쟁외교로 볼 수 있다. 이 시기에는 남북경쟁외교로서 남북이 누가 더 많은 나라와 수교하는지를 두고 경쟁했다. 수교는 상호간에

유일한 주권국가로 승인하는 것이기 때문에 한반도에서의 합법적 정부가 북한이냐 남한이냐의 정통성을 놓고 남북이 한 나라라도 더 많은 국가와 수교를 맺기 위해 경쟁한 것이다. 이러한 외교는 80년대까지 지속되다가 1988년 노태우 정부시기에 종료된다. 이때 이미 한국이 모든 면에서 북한을 완전히 앞섰기 때문에 더 이상의 소모적인 체제경쟁을 할 필요가 없게 되었기 때문이다. 이러한 정통성 확보 외교에 동남아시아 국가들도 중요한 대상이 되었다. 이 시기 대 동남아 외교의 또 다른 특징은 비동맹외교이다. 1961년 '비동맹운동'이 창설된 이후 한국은 외교다변화를 위해서 비서방국가들과 외교관계를 강화했는데 특히 1973년 '6·23 선언'이 중요한 계기를 제공하였다. 1972년부터 비동맹운동에서 한반도 문제가 거론되기 시작하였고, 1973년 3차 비동맹운동에서 미군이 한반도와 세계평화에 위협이 된다는 비난성명이 나왔다. 한국은 당연히 비동맹운동의 회원국이 아니었고, 이 성명은 북한의 입김과 의견이 반영된 것이었다. 25개국으로 시작한 비동맹운동에서 북한은 활발한 프로파간다 활동을 하고 있었고 이러한 상황을 좌시할 수 없었던 한국은 결국 비동맹권 외교를 강화하게 되었다. 그 결과물이 1973년 '6·23 선언'이다. 6·23 선언은 냉전의 데탕트 시기로 미소 간에 화해 분위기가 조성되자 한국도 북한과 적대적인 관계를 지양하고 공산권 국가에게도 문호를 개방하겠다는 선언으로써 한국 냉전 외교의 큰 전환으로 볼 수 있다. 이러한 전환에는 냉전의 데탕트도 영향을 주었지만 비동맹권이 생겨 영향력이 커지자 북한이 이를 활용하는 것을 막기 위한 한국의 외교적 대응의 결과였다. 당시 아시아의 많은 국가들이 비동맹운동에 중요한 구성원이었고 한국은 버마, 인도네시아, 파키스탄, 라오스 등과 양자관계를 수립하고 수교를 하였다. 이때의 양자외교의 관심은 비동맹권과의 관계 강화, 이들 나라에 대한 북한의 영향력 견제로 요약 할 수 있다.

- **1980년대: 경제외교의 등장**

1980년대 초반부터 동남아에 대한 경제적 관심이 증대되었다. 그 전까지는 동남아시아는 소득수준이 낮고 구매력이 매우 미미하여 우리의 상품시장을 개척할 수 없었다. 필리핀처럼 한국보다 잘 사는 국가들이 있었지만, 그렇다고 해서 한국 제품의 수출시장은 아니었다. 주로 질 좋은 일본 제품을 썼기 때문이다. 그래서 이 시기 한국의 대 동남아 경제적 관심은 수출이라기보다는 이들 국가로부터 천연자원을 수입하는 원료 공급처 확보의 성격이 강했다. 그러나 1980년대에 미국이 보호무역정책을 펼치자, 한국은 이에 대응하기 위해 다른 시장을 찾으면서 가까운 동남아시아 시장에 눈을 돌리게 되었다. 본격적으로 1980년대 후반이 되어서야 무역량이 증가하기 시작하였다. 우리가 일반적으로 동남아를 이야기 할 때 동남아시아가 경제적으로 '잠재력이 있다'고 말해왔지만, 얼마 전까지만 해도 무역규모는 크지 않았다. 한국이 아세안과 부분별 대화상대국이 된 1989년의 통계를 보면 1989년 한국의 아세안 국가 대상 수출은 39억 9천 200만달러, 수입은 41억 9천 200만 달러에 불과했다. 그러나 30년이 지난 2019년에는 수출·수입 규모는 각각 800억 1천 200만 달러와 474억900만 달러로, 약 326억 300만 달러의 무역수지 흑자를 내었다. 한국과 아세안의 교역규모가 30년 만에 20배로 증가한 것이다. 현재 아세안은 중국에 이어 한국의 제2위의 교역대상국이다. 한국과 아세안의 경제관계가 매우 중요해졌음을 보여주는 통계이다. 2019년 통계로 보면 한·아세안 무역액 중 나라별로는 베트남이 46%인 703

억 달러(약 86조 원)로 가장 많았고 싱가포르 195억 달러(약 24조 원), 말레이시아 184억 달러(약 22조 원), 인도네시아 167억 달러(약 20조 원) 등 순이다.

(2) 대(對)아세안 정책의 본격적 시작(1989년)

한국에게는 1989년이 대(對)아세안 정책의 본격적인 시작으로 볼 수 있다. 1989년 전까지 아세안 정책을 아무것도 하지 않은 것은 아니지만, 사실상 공식적으로 보면 한국과 ASEAN 간에는 아무런 외교 관계가 없었다. 아세안은 자신들과의 외교관계를 '대화파트너'의 형태로 규정하고 '대화파트너'로 인정하는 방식으로 외교 관계를 확대해 왔다. 한국이 1989년에 처음으로 아세안의 부문별 대화파트너가 되면서 대(對)아세안 정책이 본격적으로 시작되었다. 한국 외교문서에 따르면 한국은 1977년부터 아세안과 가까이 지내야하는 필요성을 느끼면서 대화파트너가 되기 위해 아세안과의 대화 체제를 추진하였다. 그러나 아세안은 한국의 제안에 소극적이었고 한국이 대화파트너가 되고 싶다는 의사를 밝힌 지 12년 지나고 나서야 한국과의 대화파트너십을 받아들인 것이다. 이러한 아세안의 소극성은 우선 제안 당시 한국의 경제적 지위가 높지 않아 경제적으로 얻을 것이 없다고 판단했기 때문이다. 또한 북한 문제도 아세안의 판단에 영향을 미친 것으로 보인다. 당시 아세안 국가들 중에는 북한과 먼저 수교하고 친밀하게 지내는 국가가 많았다. 이러한 친밀한 관계는 비동맹권의 일원으로서 갖는 동질감이 있었기 때문이기도 하다. 아세안 회원국들이 한국의 외교적 접근을 소극적으로 대응할 수 밖에 없었던 이유는 한국과 외교적으로 가까워지면 북한과의 관계에서 미묘한 문제가 발생할 것을 우려하였기 때문에 여러 가지 다른 이유들을 들어 한국과의 대화파트너 관계를 미루어 온 것이다.

결국 한국은 1989년에 처음으로 통상, 투자, 관광 등 비정치적인 영역에서 아세안의 부문별 대화파트너가 되었다. 국제정치적 시점에서 보았을 때, 1989-1991년은 냉전이 끝나는 시기이고 냉전이 끝났기 때문에 아세안 국가들에게 남북한문제가 훨씬 덜 예민한 문제로 전환된 것이다. 냉전이 끝나면서 이념을 축으로 한 대결구도가 사라지고 부담이 사라지고 한국과 북한과 동시수교하는 국가들도 늘어나게 되었다. 현재 아세안 10개국은 모두 한국, 북한과 동시 수교한 나라들이다. 또 한편으로는 한국도 경제적으로 성장하면서 아세안은 한국과의 경제관계 강화가 가져다줄 이익들을 보게 되었고 이를 위해 한국에게 대화파트너 지위를 부여하게 된 것이다.

이후 한국과 아세안 외교관계의 주요 플랫폼을 보면, 한-아세안 대화가 1993년에는 차관보급, 2010년에는 차관급으로 격상되었고, 지금은 정상회담으로 격상되어서 가장 높은 단계에 와 있다. 그리고 한국은 2004년에는 'TAC(동남아우호협력조약, Treaty of Amity and Cooperation in Southeast Asia)'에 가입을 하였다. TAC은 아세안이 외교관계에서 자기들의 우위를 지키기 위해 활용하고 있다고 볼 수 있다. 1967년에 다섯 나라가 조약을 맺으며 아세안을 만들었는데 그 당시 다섯 나라는 현재처럼 우호적인 관계가 아니었지만, 베트남 공산화에 대한 우려와 그러한 물결이 자신들에게 확산되는 것을 막기 위해서 공동체, 즉 아세안을 만들었다. 그리고 서로 주권, 영토 등을 상호 인정해주고 분쟁을 평화적으로 해결하며 내정을 불간섭한다는 등의 내용으로 TAC을 체결했다. TAC은 그 후 아세안과의 관계를 맺기 원하는 나라들에게 아세안의 평화를 위한 원칙들에 동의한다는 의미로 가입해야 하는 조약으로 자리잡았다. 그리고 현재에도 아세안이 중심이 되어 운영되고 있는 동아시아정상회의(East Asian Summit)에 가입하기 위해서는 이 조약에 가입을 해야 한다.

한국이 TAC에 가입한 이후 한국-아세안 관계는 2004년에 '포괄적 동반자관계'가 되었고, 2010년에 '전략적 동반자관계'로 승격되었다. 그리고 2011년에는 '한-메콩 외교장관회의'를 개최하게 되었다. 한-메콩 외교장관회의는 어떠한 의미가 있는가? 아세안 열 개의 나라 중에 메콩강이 지나가는 국가들, 소위 메콩 그룹에는 태국, 라오스, 캄보디아, 미얀마, 베트남이 있다. 이들의 특징은 태국을 제외하고는 경제적 발전 정도가 낮다는 것이다. 그럼에도 불구하고 일본과 중국 등은 메콩 국가들의 미래의 잠재력을 보고 메콩 그룹들과 관계를 강화해왔다. 현 시점에서의 메콩 국가들과의 협력은 사실상 일방적 자금, 기술 등의 지원이라고 볼 수 있다. 예를 들어 메콩 국가들과의 협력의 형태는 '한국이 기술과 돈을 가져와서 이들 국가에서 실행해보는 것이다. 한국이 2011년 한-메콩 장관 회의를 시작한 것은 메콩 국가들과 미래를 보고 장기적인 관점에서 관계 강화를 위한 외교적 노력을 시작한 것이다. 그리고 8년이 지난 2019년에 한-메콩 외교장관회의가 정상회의로 승격되었다. 정상회의로 승격되었다는 의미는 여기에서 이 합의 사항이 최고의 우선순위를 갖는다는 것이다. 이는 차관이 차관급 회의에서 합의를 해서 장관에게 보고하고 청와대로 올리는 것이 아니라 바로 국가 정상 차원에서 약속을 하기 때문에, 예산이 허락하는 한 다른 정책에 우선순위가 밀리지 않고 빨리 이행된다는 것을 의미한다. 한-메콩 프로세스는 기본적으로 협력 기금을 만드는 것인데 약 110만(약 13억) 달러가 투자되었다. 2020년에는 두 배로 증액될 예정이지만 중국이 메콩 국가들과의 협력에 6천억 정도 투자한 것에 비해 너무나 적은 액수로 향후 더 적극적인 투자가 필요한 것으로 보인다.

(3) 동아시아 지역협력과 대(對)동남아 정책

아세안은 1997/8년 동아시아 금융위기 이후 진전을 보이기 시작한 동아시아 지역협력에서 중요한 역할을 하고 있다. 이러한 이유에서 한국은 동아시아 지역협력에 대한 대외 정책 차원에서 아세안과의 외교적인 노력을 강화 해왔다. 1997년 아세안 정상회의 30주년 특별회의에 아세안이 한·중·일을 초청했는데 이것은 1997－1998년에 아시아 경제위기가 발생했고 그런 위기를 해결하기 위한 지역 차원의 공동의 노력이 필요하다는 인식이 있었기 때문이다. 당시 IMF(국제통화기금, International Monetary Fund)는 위기에 빠진 동아시아 국가들을 도와주기보다는 주로 채권국의 이익을 대변 한다는 비판을 받고 있었고 이런 이유에서 동아시아 국가들은 향후 지역 차원의 경제위기가 왔을 때 대응할 수 있는 지역적 차원의 방안을 마련하고자 한 것이다. 1997년 아세안, 한, 중, 일 특별정상회의는 1998년에 '아세안 + 3'으로 정례화되었고 이후 2005년에는 'EAS(동아시아 정상회의, East Asia Summit)'이 창설되었다. 아세안 + 3의 13개 국가를 기본으로 해서 인도, 호주, 뉴질랜드가 가입해 16개국이 되었고, 2009년에 미국과 러시아도 TAC에 가입하면서 EAS의 회원국이 18개국이 되었다. 아세안은 EAS가 만들어지는 과정에서 특정국, 특히 강대국이 EAS를 좌지우지하지 못하도록 강대국들 간의 균형이 이루어지는 방향으로 참여국을 결정하였다. 애초에 아세안이 아세안 + 3로 확대하고 제도화 한 이유도 아세안이 동아시아의 세 강국과 대등한 차원에서 협력을 할 수 있는 틀이 필요했기 때문이다. 아세안이 동아시아 지역협력의 추진 과정에서 지속적으로 강조하고 있는 것은 아세안이 동아시아 지역협력의 주인공이자 동아시아 공동체 건설의 주체라는 점이다. 동아시아 공동체 건설에 있어서 핵심 주체는 EAS가 아니라 아세안 +3이고 이러한 틀에서는 아세안이 계속적으로 주도권을 유지할 수 있다고 판단하고 있는 것이다.

EAS와 같은 동아시아 지역협력체의 운영에 있어서도 아세안의 영향력은 분명하다. 원래 아세안은 합의에 의한 결정, 자발주의, 비공식성을 강조하여 모두가 합의 하지 않는 결정은 하지 않으며 어떤 약속에서도 이를 원하지 않는 나라가 있으면 제외해주는 ASEAN Way라는 독특한 방식을 고집하고 있다. 이러한 방식은 10개의 유사성 보다는 상이성이 많은 아세안 회원국들이 지역협력체를 유지할 수 있는 유일한 방법이기도 하다. 그러나 이러한 운영방식으로는 의미있는 결정을 만들어내기가 불가능하기 때문에 효율성 면에서 비판의 대상이 되어 왔다. 아세안이 중심적 역할을 하고 있는 EAS 역시 이러한 운영 방식을 유지하고 있다. 이 때문에 EAS에서 동아시아 지역의 중요한 전략적 이슈를 다루고 싶어하는 미국은 EAS가 가시적 성과를 낼 수 있고 더 큰 위상을 갖기 위해서는 의사결정 방식을 비롯한 운영방식을 개선해야 한다고 주장하고 있다.

한국은 김대중 정부 시기, 'EAVG(동아시아비전그룹, East Asia Vision Group)', 'EASG(동아시아연구그룹, East Asia Study Group)'를 제안하고 주도적인 역할을 하면서 동아시아 지역협력 프로세스에 적극 참여하였다. 김대중 정부 이후 우리나라 지역 전략의 지리적 범위가 줄어들어 노무현 정부는 동북아중심국가 외교를 펼치게 된다. 그러나 이 시기에 한국은 'CMI(Chiang Mai Initiative)', 'CMIM(Chiang Mai Initiative Multilateralisation)' 등 통화 스왑, 그리고 다자화 기금 등 동아시아 금융협력에 적극 참여하였다. 지역안보협력 분야에서는 1994

년 아세안 지역안보포럼(ARF: ASEAN Regional Forum)이 창설되어 동
아시아 지역 차원의 다자안보협의체로서 기능하고 있다. 북한도 여
기에 참여하고 있기 때문에 한국은 북한 핵 문제나 북한의 군사적
도발 등에 대한 압박을 위해 ARF를 활용해 왔고 우리 대북정책에
대한 지지를 얻을 외교적 목적으로 활용해 왔다.

4. 신남방정책: 대(對)동남아 지역전략의 등장

　문재인 정부는 출범과 함께 신남방정책의 추진을 선언하였다.
신남방정책이 무엇인가에 대해서는 여러 이야기를 할 수 있지만 결
국은 아세안과의 관계를 전략적 동반자관계를 넘어서 '더불어 잘사
는 사람 중심의 평화공동체'로 발전시킨다는 비전을 세우고 이들
국가와의 관계를 4강 수준으로 격상시키자는 지역전략이다. 신남방
정책이 추구하는 '3P 공동체가 신남방정책의 목표를 잘 보여주는데
그것은 인적교류를 강화하는 사람 공동체(People), 상생번영의 공동
체(Prosperity), 평화공동체(Peace)이다. 정부는 신남방정책을 위한
제도적인 조치로 '신남방정책특별위원회'를 발족하고 정부 15개 부
처가 참여하는 '신남방정책추진단'을 만들었으며 아세안 대표부를
국장급에서 차관급 공관으로 격상하고 인력도 5명에서 14명으로
확대하였다.
　신남방정책의 성공 여부는 좀 더 장기적인 관점에서 평가해야
할 것이다. 그러나 현 시점에서도 정책 자체의 의미를 생각해 볼 수
는 있을 것이다. 첫째, 한국도 동남아시아 지역에 대한 본격적인 지
역전략을 갖게 되었다는 점에서 큰 의미를 갖는다. 동남아시아 지역

과의 관계를 4강 수준으로 끌어올린다는 것은 미·일·중·러의 수준
으로 격상한다는 것을 말한다. 물론 이것은 외교적 수사이다. 한국에
게 동남아시아와의 관계가 한일·한미관계 만큼 중요할 수는 없지
만, 이런 목표를 가지고 지역전략을 수립했다는 점과 이를 위해 16
가지의 행동강령이 마련되었다는 점은 분명히 의미가 있다. 둘째, 기
존 외교전략에 대한 성찰과 반성을 바탕으로 한다는 점에서 의미가
있다. 기존의 한국외교는 너무 4강에만 매몰되어 있었다. 남북분단
상황에서는 핵을 가진 북한과 대치했기 때문에 그럴 수밖에 없었으
나, 세상은 조금씩 변화하고 있다. 냉전시기에 형성된 질서 속에서
우리의 정책 방향을 만들어가는 것의 적절성은 이미 떨어지기 시작
했고 또 빠르게 그 효용성을 잃게 될 수도 있다. 한 국내 일간지와의
인터뷰에서 미국 외교관이었으면서 지금은 민간안보기업에서 일을
하고 있는 피터 자이한(Peter Zeihan)이 미국은 이제 한미동맹에 대한
애정이 식었다고 단언했다. 미국은 2005년 본격적으로 셰일오일과
가스를 생산하면서 세계 1위의 산유국이 되었고, 에너지에 대한 중
동의존을 거의 해소하게 되면서 미국 대외정책의 방향이 완전히 바
뀌었다는 것이다. 미국에게 중동에 대한 중요성도 크게 떨어졌고 더
이상 세계의 경찰 역할을 할 동기도 크게 저하되었다. 자이한 박사
의 말처럼 동아시아의 중국, 일본, 한국, 대만 등이 새로운 질서에서
가장 큰 피해를 볼 수도 있다. 피터 자이한의 예측이 정확한가에 대
한 논의와는 별개로 한국의 대외전략도 보다 다양한 도전을 상정하
고 복합적으로 대응하는 방향으로 가야한다. 4강외교와는 별개로 새
로운 에너지 외교, 그리고 아세안이나 인도와 같이 전략적, 경제적으
로 매우 중요한 나라들에 대한 지역외교도 마련해야 한다. 마지막은
상생번영이라는 방향성에 대한 중요성이다. 한국이 인프라 사업을

가장 많이 수주하는 지역이 동남아시아이다. 지금까지 한국은 아세안을 시장, 투자기회, 생산거점 등의 경제적 국익의 측면에서만 바라보았지만 이제는 이러한 관점을 넘어서 아세안 국가들의 비경제적 관심도 고려하기 시작했다. 3P 중의 하나인 평화공동체의 비전은 대개 비전통안보와 관련된 것들이다. 동남아시아 국가들은 해적, 전염병, 재난, 해킹 등 비전통안보에 관심이 많다. 이러한 새로운 아젠다를 통해 한국과 아세안 국가들 간의 관심의 접점을 넓히고 새로운 협력 메뉴들을 개발할 수 있을 것이라는 점에서 의미가 있다.

5. 결론: 신남방정책에 대한 제언

신남방정책의 시점과 방향성에 대해서는 이의가 없지만 정책의 실행 차원에서는 여러 가지 제언을 할 수 있을 것이다. 첫 번째, 한국이 대(對)동남아 정책, 심지어 신남방정책에서도 나타나는 관심의 불균형을 개선할 필요가 있다. 여전히 베트남, 인도네시아 등에 대한 관심이 다른 동남아 국가들에 대한 관심을 압도한다. 캄보디아, 라오스, 브루나이 등등에게는 큰 관심이 없다. 베트남이 한국 투자의 49%, 수출의 50%를 차지하고 있는 상황은 개선이 필요하다. 두 번째, 신남방정책이 성공을 거두기 위해서는 아세안에 대한 정확한 이해를 바탕으로 한 명확한 목표 설정이 필요하다. 아세안은 사실 구속력 있는 결정을 내릴 수 있는 기구가 아니다. 공동선언문조차도 회원국간 작은 차이가 있으면 발표하지 못 하는 게 현실이다. 예를 들어, 남중국해 문제와 관련해서 필리핀이 중재재판소에 중국에 대해 제소하고 승리했지만 아세안 정상회담에서 이 판결을 언급하는 공동 선언문을 내지 못하는 경우가 있었다. 중국과 친한 몇 나라들이 반대하기 때문이다. 이처럼 아세안은 구속력 있는 결정을 내리지 못하기 때문에 한국이 아세안과의 관계에서 성취할 수 있는 것이 있고 할 수 없는 것이 분명하다. 한반도 문제는 아세안과의 관계에서는 별 다른 성과를 낼 수 없다. 아세안의 몇몇 나라가 북한에 동정적이기 때문이다. 이러한 이유들 때문에 아세안과의 협력에서는 우리가 얻을 수 있는 것을 좁게 설정하고 현실적인 목표를 세우고 나아가야 한다. 세 번째는 동아시아 지역협력 강화의 차원에서 대(對)아세안 외교 부분의 보강이 필요하다. 최근에는 동아시아 지역협력에 대한 한국의 관심이 예전만 못하지만 이 협력 메커니즘은 한국이 활용할 수 있는 중요한 지역협력 메커니즘이기 때문에 지속적인 관리가 필요하며 이러한 차원에서 아세안이 갖는 중요성을 인식하고 그러한 아젠다를 중심으로 아세안과의 관계를 강화해 나갈 필요가 있다. 네 번째, 신남방정책이 지속가능하기 위해서는 국민의 지지가 있어야 한다. 국내정치와 연계되어 있는 외교정책은 국민의 지지가 없으면 지속가능하지 않다. 2018년 정부가 동남아시아 국가들에 대한 비자 발급을 완화하겠다는 계획을 발표해서 국내적으로 문제가 된 적이 있다. 태국인 불법체류 문제가 심각한데, 베트남에게까지 비자 발급을 쉽게 해주면 동남아시아 사람들이 한국으로 밀려들어온다는 불평이 나온 것이다. 이처럼 신남방정책은 잘못하면 인적교류의 강화는커녕 국민들 간 갈등만 심화시킬 수 있다. 왜 이들 국가 국민들과의 인적교류를 강화해야 하는지 국민들에게 자세하고 솔직하게 설명하고 설득해야 한다. 마지막으로, 한국의 대(對)동남아 정책의 궁극적 목표를 정립하는 계기가 되어야 한다. '동남아시아에서 우리가 추구해야 할 국익은 무엇인가?'를 정립해야 한다는 것이다. 아세안과 함께 공동체를 만든다는 것은 너무나 현실성이 없는 수사 차원의 목표이다. 그 보다는 동남아 국가들이 보다 가깝게 생각하고 실제로 가까운 관계를 맺는 나라가 되는 것이 중요하다. 경제적으로는 중국이 너무 크기 때문에 중국에 필적할 수는 없지만, 중국보다는 매력적이며 일본 수준의 실질적 협력이 가능한 동남아시아의 외교파트너가 되어야한다는 정도의 구체적이고 달성 가능한 동남아시아 전략을 가져야 한다. 신남방정책이 문재인 정부를 넘어서 한국의 중요한 대동남아 정책으로 자리 잡기 위해서는 현실적인 목표를 제시하고 작지만 모두가 공감할 수 있는 성과를 내는 것이 중요하다.

제10장
한국의 중견국 외교

●● 김우상 교수(연세대학교 정치외교학과)

1. 서론

우리나라는 왜 중견국 외교를 필요로 하는가? 대한민국, 한반도, 동아시아는 격변하는 국제정세에 휩싸이게 되었으며, 이러한 안보환경의 변화 속에서 국가생존을 확실히 하고 국가이익을 확보하기 위해서 중견국 외교는 우리나라 외교의 중요한 하나의 기둥이 된다. 중국의 급부상에 따른 미국의 전략, 일본의 전략 변화와 북핵 위협의 고조 등을 볼 때 더욱 그렇다. 일본은 이미 2000년대 초부터 중국의 급부상을 '중국 위협론'으로 인식하고 이에 대한 여러 가지 대책을 20여 년간 준비해 왔다. 중국은 2010년경부터 공세적 외교를 취하기 시작했다. 그 전만 하더라도 도광양회(韜光養晦)의 기치 하에 국력을 쌓아가며 자국의 힘을 드러내지 않고 때를 기다리고 있었는데, 2010년 전후로 남중국해에서 공격적 외교를 펼치기 시작했다. 남중국해의 영유권, '하나의 중국'(one China) 등을 핵심이익으로 간주하며 공세적으로 변한 중국은 더 이상 과거 도광양회를 내세우는 그런 외교정책을 추진하지 않는다. 비동맹 원칙을 지켜오던 중국은 '일대일로'(一帶一路)를 추진하는 동시에 중국 중심의 동맹체제를 구축하려는 행태를 보이고, '아시아 교류 및 신뢰구축 회의'(CICA) 등 새로운 아시아 다자안보체제를 주도적으로 구축하고자 한다. 게다가 국제통화기금(IMF)과 유사한 역할을 하는 아시아인프라투자은행(AIIB) 등을 설립하여 중국 주도의 아시아 경제 질서를 추구하려는 의지가 확실히 보인다. 이러한 경제적 급부상과 함께 변하는 중국의 외교 행태는 미국뿐 아니라 주변국들에게 위협적인 공세적 외교로 보인다.

(1) 미국의 전략

이에 미국은 어떻게 대응해 왔는가? 중국이 기존 자유무역 체제에서 급부상을 해오고 있으니까 미국이 중국에 대해서 포용정책(engagement policy)을 추진하다 보면 언젠가는 중국도 미국 중심의 기존 경제질서, 즉 자유시장경제 체제 속에서 자유무역을 통해서 이해관계를 추구하며 결국은 '책임있는 이해당사자'(responsible stakeholder)로 변모할 것이라는 가정 하에서 대(對) 중국 정책을 펼쳐왔다. 그러나 미국은 2017년 국가안보전략(NSS) 보고서에서 처음으로 중국을 수정주의 국가, 전략적 경쟁자로 지칭하기 시작했다. 트럼프 정부는 더 이상 맹목적 포용(blind engagement) 정책을 추진하지 않을 것을 공언했다. 지금 트럼프(Trump) 미국정부 하에서 진행되고 있는 미·중 무역전쟁이 바로 새로운 대 중국 정책의 일환이라고 볼 수 있다. 그래서 한편으로는 미국이 중국을 봉쇄하고 견제하는 정책으로 완전히 선회한 것처럼 보인다.

미국의 인도·태평양 전략을 보자. 미국은 하와이에 본부가 있는 미군 태평양사령부를 인도·태평양사령부로 개칭하고 인도·태평양 전략을 주장하기 시작했다. 그러나 트럼프 정부의 인도·태평양 전략이 과거 미국의 전략과 뚜렷하게 바뀐 것이 별로 없어 보인다.

한편으로는 중국을 견제하려고 하는 전략인데, 그 내용은 오바마 (Obama) 행정부 시절의 '재균형'(rebalancing) 또는 '아시아로의 회기'(Pivot to Asia) 정책과 별 차이가 없다. 그때나 지금이나 미국 외교정책은 중동 문제에 연루되어 중동에서 주둔하고 있는 미군을 완전히 철수하지 못하고 있다. 트럼프 정부가 들어선 후 변화한 것은 지역 동맹국들에게 방위비 분담을 눈에 띌 정도로 증액하려고 하는 것이다. 중국을 견제하기 위해서는 아시아 지역 국가들과 동맹과 협력 관계를 더욱 강화해야 하는데도 불구하고 트럼프 정부의 동맹정책은 거꾸로 가는 듯 보인다. 이러한 상황은 트럼프라는 특이한 대통령 때문이고, 다음 대선에서 민주당 출신 대통령이 당선되면 미국의 동맹정책, 대 아시아정책은 트럼프 행정부와 달라질 것이라고 생각하기 쉽다. 그러나 정말 트럼프라는 특별한 지도자가 미국을 이끌고 있기 때문에 미국의 정책이 특별한 것일까? 미국 유권자들이 트럼프를 선택했지, 트럼프가 미국인들을 자신처럼 생각하고 행동하게 만든 것은 아닌 게 사실이다. 미국인들이 새로운 변화를 원해서 트럼프를 대통령으로 선택했으니까 앞으로 등장하는 미국 대통령들은 트럼프의 노선과 유사하거나 좀 더 미국적인 사고방식으로 미국 우선주의로 회기할 가능성이 높아 보인다.

미국의 전략은 무엇인가. 오슬린(Auslin)은 『아시아 세기의 종언』에서 이렇게 말한다.[1] 중국을 견제해야 한다. 때를 놓치면 더 이상 중국을 견제할 수 있는 가능성이 없다. 한국, 일본, 호주, 베트남, 필리핀, 태국 등 아시아 국가들과 관계를 강화해서 대 중국 공세정책

---

1) Michael R. Auslin, *The End of the Asian Century* (New Haven: Yale University Press, 2017).

을 추진해야 한다고 주장한다. 한편 미어샤이머(Measheimer)는 역외
균형(offshore balancing)정책을 주장한다.[2] 일단 분쟁 가능성이 높은
지역에서 철수한다. 책임전가(buck passing) 전략을 통해서 아시아 문
제는 아시아 지역의 강대국이 책임지고 문제를 해결하도록 유도하
고, 그 이후에 적절한 시기에 개입해서 미국의 이해관계를 챙기면
된다는 주장이다. 즉, 일본, 한국 등이 중국의 공세정책을 책임을 지
고 막으며 피를 흘리고 나면, 미국은 적절한 시기에 개입하여 일본,
한국 등을 도우며 중국의 공세를 수월하게 꺾을 수 있다고 암시하는
것 같다. 자이한(Zeihan)은 『초강대국의 부재: 셰일혁명과 미국 없는
세계』에서 향후 미국의 고립주의 정책을 예견하고 있다.[3] 이제 미국
에게 중동지역의 중요성이 과거와 같지 않다. 지하자원의 부족을 걱
정할 필요가 없다. 과거에는 중동지역에서 원유를 수입하다 보니 미
국이 경찰국가 역할을 수행하며 호르무츠 해협부터 말라카 해협, 남
중국해, 동해를 거쳐 알래스카와 미국 본토로 가는 바닷길을 보호해
야 했다. 그러나 이제는 그 바닷길을 보호하는데 비용도 많이 들고,
동맹국들과 공동분담하기도 쉽지 않은데다 미국에서 셰일가스 매장
량이 풍부하여 더 이상 미국이 나서서 신경 쓸 필요가 없다. 아마도
10년, 20년 후에는 주한미군도 철수할 것이라고 주장한다. 이와 같
이 미국의 수도 워싱턴 주변에서는 이러한 논의가 지속되고 있다.
미국은 중국의 부상과 그로 인한 중국의 공세정책에 어떻게 대비할
것인지 고민하고 있는 것이다. 결국 미국은 자국 우선주의 정책을

---

2) John J. Mearsheimer, *The Tragedy of Great Power Politics* (New York: W.W. Norton & Company, 2001).

3) Peter Zeihan, *The Absent Superpower: The Shale Revolution and A World Without America* (Zeihan on Geopolitics: Austin, 2016).

바탕에 두고 동맹국들과 합심하여 대 중국 견제정책을 추진할 것이 틀림없어 보인다.

(2) 일본의 전략

일본이야말로 중국의 급부상을 가장 두려워하고 있다. '중국위협론'도 일본에서 시작되었다. 현재 미국이 추진하고 있는 인도·태평양 구상도 사실은 아베 일본 총리의 대 중국 전략에 근거하고 있다. 2006년 1기 아베 정부 때 인도·태평양 구상이 등장했다. 일본은 인도, 호주, 한국, 미국과의 안보협력을 중요시 여기기 시작했고, 인도, 일본, 미국을 연결하는 '자유와 번영의 호' 전략을 구상했다. 특히, 인도의 중요성을 재평가하여 기존의 미·일동맹과 연결시키는 구상이었다. 2012년 2기 아베 정부가 시작되면서 '민주주의 다이아몬드 안보협력'을 주장하며 호주를 포함시켰다. 물론 한국도 미국, 일본, 인도, 호주 안보협력체제에 포함되기를 기대했으나 한국이 참여를 꺼렸다. 아베 총리의 '자유롭고 열린 인도·태평양' 전략도 이러한 대 중국 견제전략의 일환으로 구상되어졌다. 2017년 11월 도쿄에서 트럼프 대통령과 정상회담을 하면서 아베 총리는 자신의 인도·태평양 구상을 미국과 함께 추진할 수 있도록 트럼프 대통령에게 소개했다. 트럼프 대통령은 아베 총리와 '미·일 자유롭고 열린 인도·태평양 비전'의 추진에 합의했다. 이와 같이 인도·태평양 구상은 아베 총리의 아이디어였다. 인도, 호주와 안보협력을 강화해서 미국과 함께 중국을 견제하고자 했던 것이다.

일본은 한국과도 함께 안보협력을 강화해야 한다고 생각했다. 동아시아 지역에서 한국보다 일본과 이해관계를 더 많이 공유하는 국가는 없다고 생각했다. 미국과의 동맹, 자유민주주의, 시장경제,

문화 등 다양한 측면에서 일본과 공유하는 것이 많은 이웃국가가 한
국이기 때문에 한국과의 안보협력은 일본에게 아주 자연스러운 구상
이었다. 그러나 과거사 문제에 관해 진정한 사과를 할 의사가 별로
없는 아베 정부로서는 미국과 중국 사이에서 우왕좌왕하는 한국의
외교정책, 한국과 일본 모두 과거사 문제의 국내정치적 활용 등으로
인해 더 이상 한국과의 안보협력을 추진해서 성공할 가능성이 없다
고 판단하기 시작한 듯했다. 이제 더 이상 한국을 일본이 신뢰할 수
있는 파트너로 고려하지 않기로 결정한 듯했다. 한일군사정보보호협
정(GSOMIA)의 파기, 백색국가 리스트에서 한국 제외 등은 이제 한국
을 포기한 채 인도·태평양 전략과 같은 대 중국 견제전략을 추진할
것이라는 의지를 보여주고 있는 것이다. 이웃 우방국가 한국에 대한
일본의 전략이 근본적으로 바뀌고 있는 것이다. 지난 20여 년간의
일본의 행태를 볼 때, 일본은 대 중국 정책에 있어서 함께 이해관계
를 공유할 수 있는 신뢰할 만한 이웃국가 리스트에서 한국을 제외하
기 시작했다는 느낌이 들어서 걱정스럽다. 얼마 전까지만 하더라도
어쨌든 한국과 함께 가야한다는 것이 일본의 입장이었다면, 지금은
한국이 중국과 가까워질 가능성이 높아지니까, 심지어 한국이 미국
보다 중국과 더 가까워질 가능성이 높아지니까 한국을 더 이상 신뢰
할 만한 이웃국가로 간주하지 않기 시작하는 분위기로 변하고 있는
듯하다.

(3) 북핵 위협

북한은 이미 사실상(de facto) 핵보유국이 되었다. 북한 김정은
정권은 절대 스스로 핵무기를 포기하지 않을 것이다. 그래서 북한이
어쩔 수 없이 핵무기를 포기하게 만들어야 한다. 전쟁 가능성을 낮

추면서 북한 핵을 포기하게 압박하는 방법은 대북 경제제재를 계속 유지하는 것 이외에 뾰족한 수가 없다. 그러기 위해서 중국과 러시아뿐 아니라 한국을 포함한 모든 나라가 미국이 주도하고 있는 유엔(UN) 안전보장이사회의 대북 경제제재에 적극적으로 동참해야 한다. 사실 북한은 핵무기를 보유하고 있는 반면, 우리 대한민국은 핵무기를 보유하고 있지 않다. 현재 한국은 미국과의 군사동맹을 통해서 미국으로부터 핵우산을 제공받고 있다. 그래서 당장 북한의 핵무기가 우리에게 직접적으로 위협적이지 않은 것처럼 착각할 수도 있다. 그러나 가까운 미래 최악의 상황을 상상해보자. 북한은 핵무기를 보유한 채 1만 달러 정도의 일인당 국민소득에 달하는 경제력을 회복한 반면 한국은 비록 5만 달러 정도의 일인당 국민소득에 달하는 경제력을 확보하고 있지만 핵무기는 보유하지 않고 있는 상황에서 한·미 관계와 한·일 관계가 악화되어 주한미군이 철수하고 일본도 한국에 등을 돌리기 시작했다고 상상해보자. 한국의 안보는 누가 보장할 것인가? 북한의 핵무기 위협을 자력으로 방어할 능력을 확보하지 못한 한국은 어떻게 북한의 무력 사용 위협에 대처할 것인가?

　이러한 최악의 상황에서 한국의 유일한 희망은 중국이 될 수도 있다고 생각하는 이들이 있을 것이다. 미국과 중국 사이에서 눈치만 보며 줄타기 외교를 추진해오던 한국정부가 중국과 손을 잡고 중국으로부터 안전보장을 제공받으면 문제가 없다고 생각할 수도 있을 것이다. 하지만 그러한 상황은 한국이 중국 주도의 위계질서에 자발적으로 참여하게 될 때만 가능하다. 그럴 경우 중국 주도의 위계질서 속에서는 중국이 가장 높은 자리에 있고, 핵무기를 보유한 북한은 핵무기가 없는 한국보다 더 높은 위치에 자리 잡을 것이다. 만일 중국의 위계질서 체제가 과거 조공제도와 유사하다면 한국은 중국에게 조공을 바쳐야 될지도 모른다.[4] 만일 북한이 한국보다 서열이 더 높다면 북한에게도 조공을 바쳐야 하는 최악의 상황이 벌어질 수도 있는 것인가? 그래서, 중국 주도의 위계질서에 참여하는 결정을 내리는 데 신중할 필요가 있다. 그 대신 한·미동맹을 유지하여 북한의 핵위협에 대한 확장억지를 미국으로부터 제공받으려고 하니 미국 트럼프 정부는 비정상적으로 높은 방위비 분담금의 증액을 요구한다. 미국과 중국 사이에서 원칙 없이 눈치 보는 한국은 어찌해야 될지 걱정이 태산이다.

(4) 대한민국의 국가생존 3대 대전략은?

이와 같이 대한민국에 불리하게 전개되는 주변 안보환경 변화 속에서 한국의 국가생존 전략은 바로 주변국들이 한국의 정책을 예측 가능하게 하는 기본원칙에 바탕을 둔 정책을 펼쳐 나가는 것이다. 이러한 대원칙, 즉 대전략(大戰略)으로 세 가지를 들 수 있다.[5] 무엇보다도 먼저, 한·미동맹 대전략이다. 사실 동맹조약이라는 것은 그 동맹조약의 내용이 조약을 체결한 쌍방에 의해 지켜지지 않을 때는 종이조각에 불과하다. 동맹조약이 실질적으로 효력을 발휘하게 위해서는 조약체결 쌍방 간의 신뢰가 제일 중요하다. 한·미동맹이 실질적으로 최대한도의 효과를 내기 위해서는 한국은 미국에게, 미국은 한국에게 서로 신뢰를 바탕으로 한다는 것을 정책으로, 그리고

4) 옌쉐퉁은 조공체제라는 표현 대신 위계질서라는 표현을 사용한다. 조공체제라는 표현은 시대에 뒤떨어진 비호감적 표현이기 때문이다. Yan Xuetong, *Ancient Chinese Thought, Modern Chinese Power* (princeton: Princeton University Press, 2011).
5) 김우상, 『중견국 책략: 미－중 사이 한국의 스마트 외교』 (서울: 세창출판사, 2016) 참조.

정책의 이행으로 보여줘야 한다. 무엇보다도 한·미 간 소통하면서 신뢰를 강화해 나가야 한다. 그런 신뢰를 바탕으로 한·미동맹이 각자 자국의 외교, 안보 이해관계에 도움이 되도록 활용해 나가야 한다. 한국은 한·미동맹을 통해서 북한의 핵위협을 억제해야 한다. 중국이나 러시아, 심지어는 일본이 한국을 자국과 대등하게 상대하지 않고 약소국으로 무시할 가능성을 한·미동맹의 신뢰를 통해 미연에 방지해야 한다. 그렇지 않으면 누가 한국의 안보를 지켜줄 것인가? 중국이나 러시아가 북한의 핵위협으로부터 한국을 보호해 줄 것인가? 한국은 핵을 보유한 북한을 억제할 수단, 즉 핵무기가 없다. 그러니 핵을 보유한 강대국으로부터 확장억지력을 제공받지 않고는 불안할 것임에 틀림없다. 한·미동맹을 당연시 하고 그냥 던져두어서는 안 된다. 상호 간에 신뢰를 바탕으로 한·미동맹을 잘 관리해 나가야 할 것이다.

둘째, 한국이 추구하는 자유민주주의, 시장경제 원칙에 피해를 주지 않는 그 어떤 국가와도 자유무역을 통한 경제교류 및 협력을 추진할 수 있을 것이다. 한국의 일인당 국민소득이 5만 달러가 넘는 시대가 온다고 하더라도 한국 국민이라면 그 누구도 독재체제 하에서 자유의지를 상실한 채 살고 싶지는 않을 것이다. 게다가 자유무역을 통해서 상호간에 이윤을 추구할 수 있는 상대라면 그 나라가 공산주의 국가나 사회주의 국가인 중국이든, 러시아든, 쿠바든 상관없을 것이다. 자유무역, 시장경제 원칙에 따라 경제교류, 경제협력을 추구할 수 있을 것이다. 그러나 한국기업들이 상대하는 중국기업들이 모두 중국 공산당의 통제하에 있는 기업들이라면 자유무역, 시장경제 원칙하에 교역할 환경 조성이 희박해질 수도 있다. 그런 상황에서는 미국, 일본과 같은 자유민주국가들이 더 나은 교역 상대국임을 명심해야 할 것이다.

셋째, 중견국 외교 역시 한국의 대전략 중 하나가 되어야 한다. 사실 상대적 약소국이 강대국을 홀로 상대할 때는 벅차지 않을 수 없다. 그럴수록 유사한 상황에 처한 상대적 약소국 몇몇 국가들이 합심하여 강대국과 소통하고 설득할 수 있을 것이다. 예를 들어, 중국이 추진하는 일대일로 정책에 중국의 이웃국가이면서 미국과 동맹 관계나 우호적 관계를 유지하고 있는 국가들이 동참하고자 하는데 미국이 이에 반대하고 나설 수 있다. 그런 경우에는 한국, 호주, 인도네시아, 필리핀 등과 같은 유사한 환경에 처한 국가들이 합심하여 미국을 설득할 수 있을 것이다. 이 국가들은 모두가 한편으로 중국의 급부상에 대해 안보적 위협을 심리적으로 받고 있는 국가들이다. 그래서 미국과 동맹을 유지하거나 최소한 미국과 우호적 관계를 유지하여 자국의 안전보장에 신경을 쓰는 국가들이다. 이와 동시에 급부상하는 중국을 거대한 시장으로 활용하여 경제적 이해관계를 추구해야 하는 중국의 이웃국가들이다. 한 쪽으로는 미국과, 다른 쪽으로는 중국과 손을 잡고 동시에 양쪽과 협력을 추구해야 하는 상대적 약소국들이다. 이들은 각각 자국이 처한 상황에서 강대국의 압력이나 횡포 가능성을 최소한도로 낮추고자 한다. 또한 기회가 있을 때 몇몇 전 세계적 이슈에서 다자협력을 통해 그 분야에서 주도적 역할을 할 수 있는 중견국 외교를 추진하고자 할 것이다. 이와 같이 '뜻을 같이하는' 몇몇 상대적 약소국들이 다자협력을 통해서 강대국의 횡포를 미연에 저지하고, 강대국이 주도할 수 없는 여건에 있는 몇몇 글로벌 이슈에서 주도적 역할을 하는 중견국 외교를 추진하는 것을 한국의 세 번째 외교 대전략으로 채택해야 할 것이다.

2. 중견국 외교

'중견국'(middle power)이라는 단어가 국제정치학 교과서에 등장하기 시작한 것은 비교적 최근의 일이다. 우리가 여태까지 공부해온 국제정치학은 강대국 중심의 시각에 바탕을 두고 있다. 국제정치 현상은 강대국들이 주도로 만들어낸다는 것이 대다수 이론가들의 주장이다. 물론 그 이론가들이 대개 강대국 출신 학자들이다. 그들에게 국제사회는 너댓개 강대국 외에는 모두 별 차이 없는 약소국들로 구성되어 있다. 국제사회에서 강대국들이 질서를 만들어 나가고 약소국들은 그 질서 속에서 살아가는 것이다. 강대국의 시각에서는 모든 약소국들을 다시 조금 강한 약소국, 즉 중견국과 아주 약한 약소국으로 구별할 이유가 전혀 없다.

중견국 외교론에서는 호주, 캐나다를 전통적 중견국으로 지칭한다. 호주, 캐나다에 거주하는 학자들이 90년대 전후로 중견국 관련 이론을 발전시키기 시작했다. 물론 중견국 개념은 그 이전부터 논의되어 왔다. 제1차 세계대전, 제2차 세계대전, 심지어 1815년 나폴레옹 전쟁이 끝난 후 평화조약을 체결하는 과정에서도 전쟁의 승리에 공헌한 바가 있는 약소국들이 승전 강대국들에게 화평조약 체결 과정에 참여할 수 있는 권리를 요구하기도 했다. 제2차 세계대전 종전 후 호주와 캐나다는 승전에 공헌한 자국의 특별한 지위, 즉 약소국과는 다른 중견국의 지위를 인정받기를 원했다. 미국의 주도로 UN이 창설되고 강대국들이 안전보장이사회 상임이사국이 되어 거부권을 행사하게 되었을 때, 이들은 중견국으로서 안보리 비상임이사국의 지위라도 확보하기를 원했다. 최소한 경제사회이사회 상임이사국이 되기를 원하기도 했다. 그러나 강대국들로서는 약소국들을 다시 중견국과 약소국으로 구분할 필요성을 전혀 느끼지 못했다. 호주, 캐나다, 남아프리카공화국 등 상대적으로 약소국이지만 대부분의 약소국에 비해 훨씬 국력이 강한 국가 출신 학자들은 중견국이라는 특별한 지위를 이론적으로 연구하기에 이르렀다.

(1) 중견국의 개념과 특징

중견국의 개념에 관해 가장 잘 정리된 연구가 1993년에 단행본으로 출판되었다.[6] 쿠퍼, 히곳, 노설(Cooper, Higgot, Nossal)은 중견국 개념을 네 가지로 구분해서 설명한다. 첫째 위계적인 접근 방법에 의하면, 덩치가 크고 국력이 강한 나라, 인구, 경제력, 군사력에서 종합적으로 강대국보다는 약하지만 약소국보다는 훨씬 강한 나라들을 중견국으로 간주한다. 둘째 기능적인 측면에서 보면, 강대국들 사이에 있어서 지정학적으로 중요한 요충지에 있는 나라를 중견국으로 간주한다. 중국, 러시아, 일본 및 미국의 영향력에 둘러싸여 있는 한국은 지정학적으로 요충지에 있는 중견국이다. 물론 지경학적으로 매우 중요한 나라도 중견국으로 간주한다. 예를 들어 호주는 남반구 오세아니아 주에 홀로 떨어져 있어서 강대국들과의 거리가 멀긴 하지만 중국을 포함한 여러 국가들이 호주의 지하자원 수입을 위해 의존하는 정도가 아주 높다. 한국에서 수입하고 있는 지하자원 전체의 30% 정도가 호주로부터 수입되는 것만 보아도 호주가 지경학적으로 얼마나 중요한지 알 수 있다. 중국, 일본의 호주에 대한 의존도 역시 아주 높다. 그래서 호주는 지경학적으로 중요한 위치에 있는 중견국

---

6) Andrew Cooper, Richard Higgot and Kim Nossal, *Relocating Middle Powers: Australia and Canada in a Changing World Order* (Vancouver: UBC Press, 1993).

이다. 셋째 규범적 측면에서 볼 경우, 덜 이기적인(less selfish) 나라,
신뢰할 수 있는(trustworthy) 한 나라를 지칭한다. 상당히 주관적이라
애매모호한 개념일 수도 있지만, 평화를 애호하는 나라, 국제체제의
기존 질서를 안정적으로 유지하는데 동참하는 나라, 약소국들을 돕
기 위해 공적개발원조(ODA)에 적극 참여하는 나라, 평화유지군을 파
병하는 나라, 지속가능한 발전을 위해 공헌하는 나라 등을 중견국으
로 간주한다. 넷째 행태적 접근법으로 볼 경우, 국가들 간의 이해관
계의 충돌을 항상 평화적으로 타협해서 해결하려는 나라, 항상 다자
적으로 타협해서 해결하려고 하는 나라, 그리고 선량한 국제시민의
행태를 보이는 나라를 중견국으로 간주한다.[7]

쿠퍼, 히곳, 노설은 중견국의 특화외교(niche diplomacy)를 강조한
다. 국제사회의 모든 어젠다(agenda)에서 중견국이 주도적 역할을 도
맡을 수는 없다. 전반적으로 중견국의 국가 능력이 강대국만큼 되지
는 않는다. 그러니까 중견국이 강대국에 비해 더 잘 준비된 몇 개 분
야를 특화해야 한다는 것이다. 그 분야에서는 강대국보다 더 능력을
발휘하며 주도할 수 있는 그런 외교를 하는 것이 특화외교이다. 중견
국이 특화외교를 성공적으로 추진하기 위해서는 특정 분야에 정통한
관료사회가 받쳐 주어야 한다. 이를 바탕으로 뛰어난 외교력을 발휘

7) 쿠퍼, 히곳, 노설의 중견국 개념 정의 이외에도 레이븐힐, 조르단의 중견국 개
  념을 참조할 필요가 있다. 레이븐힐은 중견국 개념으로 5Cs를 중요시 여긴다.
  여기서 5C는 역량(capacity), 집중(concentration), 창의력(creativity), 연합형
  성(coalition building), 신뢰(credibility)를 의미한다. 조르단은 전통적 중견국
  과 신흥 중견국을 구별하기도 한다. John Ravemnhill, "Cycles of Middle
  Power Activism: Constraint and Choice in Australian and Canadian Foreign
  Policies," *Australian Journal of International Affairs*, vol.52, no.3, 1998,
  pp. 309-327; Eduard Jordaan, "The Concept of a Middle Power in
  International Relations: Distinguishing between Emerging and Traditional
  Middle Powers," *Politikon*, vol.30, no.2, 2003, pp.165-181.

할 수 있어야 한다. 튼튼한 관료사회는 기업가적 재능과 기술적 능력
을 보유하고 있어야 한다. 뛰어난 외교력을 바탕으로 촉매가, 촉진자,
관리자 역할을 담당할 수도 있어야 한다. 특정 어젠다를 발굴하고,
이 분야의 중요성을 부각시켜서 많은 국가들이 관심을 가질 수 있도
록 하는 촉매 역할을 수행할 능력이 있어야 한다. 게다가 특정 이슈
의 중요성이 부각되어 국제사회가 동참할 수 있도록 촉진자 역할도
하고, 더 나아가 상설기구를 설립하여 관리할 수 있는 능력도 확보해
야 한다.[8) 예를 들어 한국정부가 녹색성장(green growth) 어젠다를 국
가 주도 어젠다로 선정했을 경우, 녹색성장 이슈의 중요함을 알리는
학술회의를 개최하고 학술적 논의를 주도하는 촉매역할을 담당해야
한다. 더 나아가 녹색성장 관련 정기적 포럼을 설립하기도 하고, 국
가간 공식적 또는 비공식적 다자모임을 주도하기도 하는 촉진자 역
할도 담당해야 한다. 또한 글로벌녹색성장연구소(GGGI) 창설에 주도
적 역할을 담당하고 녹색기후기금(GCF)을 창설하고 자국에 유치하는
관리인 역할도 할 준비가 철저히 되어 있어야 할 것이다. 이를 뒷받
침하기 위해 녹색성장 분야 학자들, 전문가들이 충분히 있고 이들의
연구 및 활동 등을 지원하는 관료사회가 요구된다. 게다가 정권이 바
뀌더라도 녹색성장 어젠다를 지속적으로 관리하고 GGGI, GCF를 주
도적으로 관리하려는 국가 지도자의 의지도 필수적이다.

    그런데 쿠퍼, 히곳, 노설의 네 가지 개념을 활용하여 중견국과
약소국을 구분할 경우 몇 개 국가가 중견국으로 간주될 수 있을까?
사실 구별하기가 쉽지 않다. 전 세계에 200여개 국가가 있는데 여기

....

8) 쿠퍼, 히곳, 노설, *Relocating Middle Powers: Australia and Canada in a Changing World Order* 참조; 김우상, 『중견국 책략』, 제2부 제3장 참조.

서 G2국가, G7국가를 강대국이라고 가정한다면 나머지 190여 개 국가들이 약소국들이다. 규범적 개념, 행태적 개념이 상당히 주관적이라 190여 개 국가에 대한 약소국 대(對) 중견국의 지위를 평가하는데 이견이 있을 소지가 다분하다. 그래서 중견국 연구학자들 중에는 '자칭'(self-identified) 중견국의 문제를 해소할 수 있는 개념 정의가 잘 되어 있지 않다고 지적하기도 한다.9)

중견국의 특징을 보면 전통적인 안보 어젠다에 있어서는 주로 '제1 동행자'(first follower)의 특징을 보인다. 즉, 기존 국제체제의 안정을 위해 국제체제의 질서를 주도하는 초강대국의 정책을 지지하고 초강대국과 동맹을 유지하려고 한다. 이러한 제1 동행자 역할은 초강대국 간 경쟁구도, 즉 기존 패권국 미국과 급성장하는 도전국 중국 간 경쟁구도가 심화될 때 보다는 미국과 중국의 관계가 협력적일 때 더욱 두드러진다.

1990년대로 들어서면서 인간안보에 대한 관심이 증대하기 시작했을 때 중견국은 전통적인 제1 동행자 역할뿐 아니라 인간안보와 관련된 새로운 규범을 만드는 과정에서 중요한 역할을 한다. 강대국이 국제사회에 필요한 대부분의 규범을 만드는 데 주도적인 역할을 하는 것이 아니라 '뜻을 같이하는' 몇몇 중견국들이 합심하여 지역체제나 국제질서를 안정적으로 유지하는 데 도움이 되는 규범, 규칙, 국제법 등을 만드는 과정에서 주도적인 역할을 할 수 있다. 국제체제 또는 지역체제에서 국제규범이나 지역규범을 만드는 과정에서 주도적인 역할을 하는 규범 제작자(norm maker)가 되기 위해서 중견국

---

9) David Cooper, "Challenging Contemporary Notions of Middle Power Influence: Implications of the Proliferation Security Initiative for Middle Power Theory," *Foreign Policy Analysis*, vol.7, 2011, pp. 317-336.

들은 연합형성을 통해서, 다자체제를 통해서 심혈을 기울여야 한다.
강대국들이 자국의 이해관계를 주로 반영하는 규범이나 원칙이 아니
라 중견국, 약소국의 이해관계를 적극 반영하는 규범이나 원칙을 만
드는 과정을 주도하기 위해서는 관여하고자 하는 특정 이슈에 대해
서 특화외교를 추진해야 한다.

특정 중견국의 지도자가 특정 인간안보 이슈에 대해 특화외교
를 추진함에 있어 열정, 야망, 이해관계가 있어야만 특화외교를 성공
적으로 추진할 수 있다. 중견국의 대통령이나 총리, 외교부 장관이
특정 이슈에 대한 개인적 열정이나 야망이 있을 경우를 말한다.
1990년대 호주 외무장관을 지냈던 가레스 에반스(Gareth Evans),
2000년대 후반 호주 총리 케빈 러드(Kevin Rudd)가 대표적인 예라고
할 수 있다. 에반스 장관은 호주가 '특화외교'(niche diplomacy)를 추
진해야 함을 강조하였고, 케언즈 그룹(Cairns Group)이라는 다자체제
연합을 형성하여 강대국의 보호무역주의에 맞서 자유무역체제를 옹
호하였다. 러드 총리는 호주가 '창의적 중견국' 역할을 수행해야 함
을 강조하고 전 세계가 2008년 경제위기에 봉착했을 때 한국의 이명
박 대통령과 협력하여 'G20 정상회의'를 세계경제위기 극복을 위한
정례적 정상회의로 자리매김하는데 공헌한 바 있다. 에반스 전 장관,
러드 전 총리는 지금도 국제사회에서 인간안보 관련 특정 이슈를 주
도하는 데 적극 동참하고 있다.

(2) 중추적 중견국 이론

그런데, 기존 중견국 개념의 정의에 문제점이 있다. 쿠퍼, 히곳,
노셀의 중견국 개념에 의하면 약소국과 중견국을 명확하게 분리하기
어렵다. 이러한 중견국 개념의 모호성을 극복하기 위해서 '중추적 중

견국'(pivotal middle power)이라는 새로운 개념을 정의할 필요가 있
다. 특정 상대적 약소국이 중추적 중견국의 지위를 확보하기 위해서
는 중견국 필요조건과 중견국 충분조건을 동시에 만족해야 한다. 특
정 상대적 약소국이 필요조건만 만족한다면 이는 '불만족한 중견국'
으로 정의한다. 이에 반해 충분조건만 만족한다면 '일반적 중견국',
즉 쿠퍼, 히곳, 노설의 개념 정의에 근거한 중견국과 유사한 국가로
정의한다. 필요조건과 충분조건을 동시에 만족시키는 중추적 중견국
이야말로 약소국과 뚜렷하게 구별되는 명실상부한 중견국으로 간주
될 수 있을 것이다.[10]

여기서 중견국 필요조건이란 쿠퍼, 히곳, 노설의 정의 가운데
위계적 접근이나 기능적 접근을 포함한 것이다. 즉, 특정 국가의 국
력이 강대국보다는 약하지만 대부분의 약소국보다는 월등하게 강한
국가, 지정학적, 지경학적으로 전략적 요충지에 있는 국가들이 필요
조건을 만족시키는 국가들이다. 여기서는 이 두 가지를 다 만족시키
는 개념을 '물리적' 개념이라고 정의한다. 또한 규범적 개념이나 행
태적 개념을 만족시키는 국가를 충분조건을 만족시키는 국가로 정의
한다. 여기서 충분조건을 '외교 스타일' 개념으로 정의한다. 그래서
군사력, 경제력이 대부분의 약소국에 비해 훨씬 강한 나라 또는 강
대국 사이 지정학적 요충지에 있는 국가, 게다가 덜 이기적인 외교
정책을 표방하며 국제사회에서 신뢰를 확보한 국가 또는 국가 간 분
쟁을 평화적으로 해결하고 다자체제를 통해서 해결하려고 노력하는
국가, 이 모든 것을 만족시키는 국가야말로 대다수의 약소국과 뚜렷
하게 구별되는 중추적 중견국으로 간주된다.

....

10) 중추적 중견국 개념을 처음 정의한 『중견국 책략』, 제2부 제3장 참조.

아시아 지역에서 중추적 중견국으로 간주될만한 국가로는 대한
민국, 호주, 인도네시아, 필리핀, 태국 등을 들 수 있을 것이다. 이에
반해 필요조건만 만족시키는 불만족한 중견국으로는 북한을 대표적
으로 지목할 수 있을 것이고, 충분조건만 만족시키는 일반적 중견국
으로는 싱가포르를 들 수 있을 것이다.

(3) 중추적 중견국 대한민국

언제부터 한국은 국제사회에서 중견국으로 인정받기 시작했나?
중견국 이론가들 중에는 1990년대 후반 김대중 정부가 출범한 이후
부터 한국을 중견국으로 간주한다. 이미 대단한 경제성장을 이룩하
고 막강한 군사력을 보유한 한국이 김대중 정부가 출범하면서 '햇볕
정책'을 통해 북핵문제를 타협적으로 해결하려는 모습을 보인 것이
중견국의 특징을 드러낸 것이라고 설명한다. 그러나 한국에서 중견
국 연구가 본격적으로 시작된 시기는 2000년대 후반 이명박 정부가
출범한 때로 볼 수 있다. 그때 즈음에 처음으로 중견국 외교에 관한
연구가 국내 학자들 사이에서 시작되었다. 2008년 필자가 호주에 대
사로 부임했을 때 전통적 중견국가에서 중견국의 특징, 중견국 외교
의 역사, 중견국 특유의 외교술을 직접 경험할 수 있었다. 필자는 호
주에서 한국과 호주가 중추적 중견국 협력외교를 추진할 수 있도록
하는데 몰두했다. 이명박 정부가 아시아 지역에서 중견국 리더십을
발휘할 수 있는 어젠다를 개발하고 정책적 아이디어를 제공하기 위
한 노력도 했다. 당시 한국정부의 '신아세아 외교' 역시 한국이 인도
네시아와 함께 중추적 중견국 리더십을 발휘하기 위한 정책이었다.

'G20 정상회의'가 세계경제위기를 극복하기 위한 정례적 세계경
제포럼으로 안착한 것도 당시 한국과 호주의 두 지도자가 중추적 중

견국 협력을 통해서 이루어 낸 성과였다. 2008년 리먼 브라더스 파산 사태가 발생하여 경제위기가 전 세계로 펴져 나갔을 때 강대국들은 이를 극복하기 위해 'G8 정상회의'를 정례화하여 세계경제위기를 극복하고자 하였다. 하지만 호주와 한국의 두 지도자가 중심이 되어 아시아 경제위기를 성공적으로 극복한 호주와 한국의 금융구조개혁과 같은 경험을 공유하기 위해서라도 강대국들만의 모임이 아닌 중견국도 포함된 정상회담의 필요성을 강조하였다. 이에 일본과 프랑스 등 강대국들은 유럽국가 중심의 G14 정상회의의 창설을 논의하기도 했으나 아시아 경제위기를 성공적으로 극복한 경험이 있었던 호주와 한국의 두 지도자는 미국 대통령을 설득하여 G14 대신 G20 정상회의를 정례화 하도록 하는데 주도적인 역할을 하게 되었다.

한국 정부가 '중견국 외교'를 대한민국의 외교 어젠다로 공식적으로 표방한 것은 박근혜 정부 때부터라고 할 수 있다. 박근혜 정부의 동북아평화협력구상(NAPCI)은 중견국 외교정책의 일환으로 이해될 수 있다. 문재인 정부도 중견국 외교를 추진하는 것처럼 보인다. 신남방정책, 신북방정책 등은 모두 중견국 외교 전략에 근거하고 있다. 어느 정부든 간에 성공적인 중견국 외교를 추진하기 위해서는 인적자원을 잘 활용해야 한다. 그러나 한국정부는 외교 인적, 물적 자산의 대부분을 북한 핵문제, 남북통일 문제에 집중한다. 그러다 보니 미국, 중국, 일본, 러시아를 중시하는 주변 4강 외교와 더불어 대북정책을 추진하는데 거의 모든 외교자산을 소진해버리고, 그 외에 중요한 지역이나 국가들에 대해서는 외교적으로 등한시하는 경향이 자연스레 발생하게 된다. 예를 들어 문재인 정부가 신남방정책, 신북방정책 등을 언급하지만 실제로 외교부처에서는 아세안국가, 유럽국가들에 대한 신경조차 쓸 여력이 별로 없어 보인다. 실제로 주한외교사절단에서 불평하는 목소리가 자주 들리기도 한다. 심지어 유럽 강대국 출신 대사조차도 한국정부의 고위 관료를 만나는 것이 하늘의 별따기만큼 어렵다고 불평하는 목소리도 들린다.

3. 결론: 중견국 '스마트 외교'

중추적 중견국은 '스마트 외교'를 해야 한다. 대한민국은 이제 '30·50 클럽'의 7대 회원국이다. 즉, 1인당 국민소득 3만 달러 이상, 인구 5천만 명 이상을 보유한 전 세계에서 7개 국가 중 하나다. 우리 마음 같아서는 대한민국이 세계 7대 강대국이라고 주장하고 G7 회원국에 한국이 당연히 포함되어야 한다고 주장하고 싶을 것이다. 그러나 국제사회에서는 다른 나라들이 인정 또는 승인(recognition)을 해주는 것이 중요하다. 다른 G7 회원인 강대국들이 한국을 G7 회의에 정례적으로 초청해주지 않으면 G7 또는 G8 회원국이 될 수 없는 게 현실이다. 그래서 한국이 중추적 중견국에 걸맞는 역량을 발휘하기 위해서는 '스마트 외교'를 추진할 수 있어야 한다. 스마트 외교의 핵심에는 대원칙에 입각한 예측 가능한 외교, 새로운 규범을 만들어내는데 주도적 역할을 하는 외교, 뜻을 같이하는 중견국들과 함께 소다자체제(mini-multilateralism or minilateralism)를 활용하는 외교 등을 지칭한다.[11]

기능적으로 보더라도 미국, 중국, 러시아 사이 전략적 요충지에 한반도가 있다. 미국과 중국이 언제 무력충돌을 할지도 모르는 상황

---

11) 스마트 외교에 관해서는 『중견국 책략』, 제1부 제3장 참조.

이 더 빈번해지고 있다. 얼마 전 남중국해에서는 미국 함정과 중국 함정이 충돌할 뻔했다. 그런 상황에서의 지역질서의 안정을 추구하는 데 주도적인 역할을 해내기 위해서라도 규범 만들기에 적극 동참하는 역할을 잘 해내야 한다. 그러기 위해서라도 한국 나름대로의 대전략에 입각한 예측 가능한 외교를 수행해 나가야 한다. 강대국에 비해 상대적 약소국은 예측 가능한 외교를 하는 것이 유리하다. 한국이 중국을 상대할 경우에도 군사안보 문제에 있어서 대한민국은 한·미동맹을 가장 중시한다는 것을 명백히 밝혀야 한다. 사드 (THAAD) 도입 문제도 국가안보를 위해서 필수적인 것이기 때문에 중국이 어떻게 반응하든 간에 한국정부는 확고한 입장으로 사드의 배치를 눈치 보지 않고 흔들림 없이 추진할 수 있어야 한다. 중국에게 한국의 사드 배치는 예측 가능한 행위가 되어야 한다. 북핵 위협에 대응하기 위한 한국정부의 외교, 안보정책, 한·미동맹 정책에 관해서 한국이 일관성 있게 예측 가능한 행태를 보일 경우, 중국이 처음에는 한국에 대해 공세적, 보복적 정책을 추진할지 모르지만 시간이 흐름에 따라 한국의 입장을 이해하고 한국과 경제협력 등을 추진하지 않을 수 없게 될 것이다. 그러나 안보문제든 무역문제든 한국이 미국과 중국 사이에서 아무런 원칙 없이 양쪽의 눈치를 살피기 시작할 경우에는 한국정부의 행태는 예측 불가능하게 되고 중국이나 미국으로부터 보복을 당하게 되는 경우가 빈번하게 일어날 수 있는 것이다.

중견국들 간 소다자체제 협력 역시 중요하다. 중견국 홀로 강대국을 상대하기는 벅차다. 그러나 뜻을 같이하는 몇 개 중견국이 함께 목청을 높일 때 그 효과는 배가될 수 있다. 그러나 다자체제 참가국의 수가 너무 많아도 곤란하다. 예를 들어 25개 국가가 한 테이블에 둘러 앉아 무슨 심각한 논의를 할 수 있으며 어떤 효과적이고 효율적인 합의를 도출해 낼 수 있겠는가? 게다가 합의가 도출된다고 하더라도 무임승차 문제를 어떻게 해결할 수 있겠는가? 그래서 소다자체제 협력이 중요하다. 최대한 5개국, 6개국을 넘지 않는 수준에서 다자협력을 통해서 중견국 리더십을 발휘하는 것이 스마트 외교의 핵심 중 하나인 것이다.

중추적 중견국 한국이 동맹국 미국과의 관계를 잘 관리할 때 일수록 중국, 러시아, 심지어 일본조차 한국을 함부로 대할 수 없게 된다. 한·미동맹 관계가 더욱 강화되면 될수록 한·중 관계나 한·일 관계는 더욱 대등한 입장에서 개선될 수 있다. 마찬가지로, 한·일 관계, 한·중 관계가 더욱 대등한 입장에서 개선될수록 한·미동맹 관계 역시 더욱 대등한 입장에서 강화될 수 있는 것이다. 게다가 한국의 북핵 위협에 대비하기 위한 군사력 강화는 한국의 안보를 강화시키는 동시에 미국의 대 아시아 정책에도 도움이 될 것임에 틀림없다. 사드의 한반도 배치가 중국에게는 주한미군의 군사력 강화로 인한 위협이 될지언정 한국의 안보에는 필수적이다. 이럴 경우 한국은 중국의 눈치를 볼 필요가 없다. 한국의 국가안보보다 더 중요한 것은 없기 때문이다.

이에 반해 한국은 중국의 불만을 조금이나마 완화할 수 있는 외교를 펼칠 수도 있다. 세력전이이론에 의하면, 급성장하는 도전국가가 기존 질서에 대해 불만이 많아지면 많아질수록 기존 패권국과 급성장하는 도전국 간에 패권다툼이 일어날 가능성이 높아진다. 그런데 중국의 기존 질서에 대한 불만족도를 미국이 자발적으로 낮추기 위해서 노력한다면 분쟁 가능성이 낮아지겠지만 그런 상황이 아닐 경우에는 한국과 같은 중추적 중견국이 중국의 불만족도를 낮추는 역할을 할 수 있다. 중국이 국제통화기금(IMF)에서의 자국 지분율에 불만이 클 경우 한국을 위시한 중견국들이 나서서 미국, 일본 등을 설득하여 중국의 지분율을 높이는 데 공헌할 수도 있다. 중국이 자유시장경제 원칙을 유지하는 한 한국은 중국과 얼마든지 경제협력을 추진할 수 있을 것이다.

　마지막으로 스마트 외교를 성공적으로 추진하기 위해서는 관료사회의 재정비 및 강화가 시급하다. 춘추전국 시대 중국의 철학자들이 주장하는 공통분모가 하나 있다. 공자, 맹자, 손자, 한비자 등 할 것 없이 모두 한 국가의 흥망성쇠는 국가 지도자가 얼마나 훌륭한 고위관료들을 잘 등용하는 가에 달렸다고 설파한다. 다시 말해 용인술이다. 총리, 장관 등 고위관료로 어떤 인물들을 등용하는가에 달렸다는 것이다. 대한민국이 중추적 중견국 외교를 성공적으로 추진해 나가기 위해서 역시 관료사회를 잘 정비하고 뛰어난 외교관들을 더 많이 배출해야 한다. 그리고 뛰어난 외교관들을 잘 받쳐줄 수 있는 세력들, 다시 말해 중국을 잘 아는 사람, 일본을 잘 아는 사람, 미국을 잘 아는 사람, 인도네시아를 잘 아는 사람 등을 많이 키우는 데 국가가 직접적으로 나서기도 하고, 옆에서 도와주는 역할도 해야 한다. 그래야만 대한민국이 3대 대전략을 바탕으로 국가생존과 국가발전에 이바지할 수 있을 것이다.

제11장
한국의 국방 정책

● ● 홍규덕 교수(숙명여자대학교 정치외교학과)

오늘 특강에 남다른 감회를 갖고 이 자리에 섰다. 현인택 교수님을 지난 40년간 근처에서 모시면서 훌륭한 선배를 갖는다는 것이 후학으로써 얼마나 큰 행운인지 새삼 느낀다. 특히 현 장관님은 통일부 장관으로서 성공적으로 일하신 분이다. 많은 교단 출신 공직자들이 있지만 조직 장악력 뿐 아니라 균형감을 갖춘 정책을 입안하고 또 집행하셨다는 점에서 모범을 보이셨다. 오늘 현 교수님의 고별강연에 참석하게 된 점 영광으로 생각하며, 특히 정외과 후배들에게 국방정책을 소개할 수 있어 큰 보람이 아닐 수 없다. 오늘 제 강의에서는 파병정책에 초점을 맞춰 한국의 국방정책을 설명하고 바람직한 국방정책의 방향에 관해 설명하고자 한다. 강의자료 속 첫 화면의 탱크는 T-80 러시아제 탱크이다. 이 탱크는 우리나라 주력인 K1A1이나 미국 에이브람스 탱크에 전혀 손색이 없으며 오히려 장점도 많다. 특히 관통력과 연발 사격능력 등 타격력 측면에서 매우 뛰어나다. 우리가 러시아제 무기라고 해서 무조건 우습게 생각하면 안 된다. 도대체 왜 우리가 러시아제 무기를 군에서 운용하고 있을까? 수수께끼가 아닐 수 없다. 노태우 대통령 때 북방외교 차원에서 러시아와 국교를 맺으면서 무상원조를 해줬고, 그들이 현금으로 상환할 수 없었기 때문에 당시 신무기로 이를 대신 받았기 때문이다. 자유

진영에서 유일하게 대한민국 군이 러시아제 탱크와 장갑차를 운용하는 기갑여단을 갖고 있다 보니 미국 등 서방세계의 기갑요원들이 부대를 방문하면 매우 신기해한다. 적진의 대표적 무기체계의 성능을 사전에 파악할 수 있다는 점에서 많은 이점이 있다. 이러한 일이 가능하게 된 점도 북방외교에서 비롯된 결과이며 외교에서 국방과 안보의 중요성은 아무리 강조해도 지나치지 않다. 국방정책은 외교의 한 부분이며 외교와 안보는 결코 분리될 수 없다. 오늘은 국방·안보정책의 중요한 패턴을 찾아볼 예정이며, 특히 파병과 같은 중요한 결정에 이르는 과정들을 자세히 조명해보고자 한다. 지난 11월 22일 정부가 지소미아 파기의 유예를 결정했다. 이러한 결정이 향후 한미관계 및 한미일 안보협력 과정에 많은 영향을 미치게 될 것이다. 이러한 중요한 결정들이 왜 다른 방향으로 이루어지지 않았는지, 어떤 결정요인들이 작동하고 있는 지를 살펴볼 필요가 있다. 또한 국방개혁은 우리 정부가 정부 수립이후 지속적으로 추진해오고 있는 것이다. 특히 2006년 국방개혁에 관한 법률안이 만들어 진 이후, 후속정부가 매 임기 중간마다 계획안을 만들어 대통령의 승인을 받고 있다. 과연 국방개혁은 성공할 것인지, 만약 문제가 있다면 어떻게 방향을 수정해야 하는지, 이러한 노력들이 향후 한국의 안보역량에 어떤 긍정적 효과를 가져다 줄 수 있으며, 흔들리지 않는 군사력을 확보한다는 것이 우리의 선택권에 얼마나 긍정적 요인이 될지 살펴보고자 한다. 마지막으로 현 정부가 추진하고 있는 PKO선진화 전략에 대해 간단히 언급하고자 한다.

외교정책과 국가안보의 연계 선상에서 여러분이 관심을 가질 필요가 있는 다섯 명의 유명 인사들의 주요 발언들을 소개하고자 한다.

Richard N. Haass(전 미국 외교협회 회장): Foreign policy begins at home. 외교정책은 국내정치적 고려에서 출발한다는 의미이다. 이번에 문제가 된 지소미아(GSOMIA) 파동을 분석해 볼 때, 모든 외교정책이 국내정치에서 시작한다는 말이 사실이며, 이를 부인하기 어렵다.

Arthur Vandenberg(전 미 상원의원): Politics stops at the water's edge. 국가 간 이슈 즉 중요한 외교 사안에 관한 한, 정쟁을 멈추라는 의미이다. Water's edge는 물가의 끝 즉 국경을 의미한다. 지소미아 파기로 인해 미국의 주요 동맹인 일본과 한국이 결별하게 된다면 이는 미국의 중대한 이익이 침해되는 것으로 미국의 경우 공화당과 민주당이 한결같은 입장으로 하나가 됐다. 한국이 반드시 이를 유예해야 하며, 한미일 안보협력을 지속해야 한다고 주장하고 있다. 마찬가지로 북핵 문제나 사드 문제에 있어서 여야의 구분, 진보 보수의 차이가 있을 수 없다.

Harold Lasswell(전 예일대 교수): Politics are defind as who gets what, when, and how. 정치란, 누가 무엇을 언제, 어떻게 갖는지의 게임이다. 이보다 정치의 정의를 더 잘 설명하기 힘들다. 동일 이념을 가진 사람들이 정권을 확보하게 되면 그들 주류 집권세력이 세계관을 공유하며 권력을 잡은 후 이를 유지하는데 도움이 될 수 있는 외교정책을 당연히 선호한다. 지금은 586세대가 정권을 잡았고, 그들의 세계관을 실천하기 위해 외교적 선택을 진행하고 있다. 누가 정권의 핵심을 잡고 있는가가 외교에 반영이 된다.

Robert D. Putnam(전 하버드대 교수): Diplomatic Negotiation largely depends on two level game. 외교적 협상의 대표적 이론으로 세계화로 하나의 지구촌을 이룬 오늘날 현대 정치에서 국내정치와 외교정책간의 연계가 매우 밀접하다. 따라서 효과적인 외교정책을 전개하기 위해서는 상대편 국가의 국내정치까지도 미리 감안을 해야 한다. 무역협상이 되건, 방위비 협상이 되건 국내정치적 요소가 외교적 선택의 결과에 영향을 미치지 않을 수 없다.

Peter Trubowitz(전 시카고대 교수): Why do states behave as they do? 왜 국가들은 그렇게 행동할 수밖에 없는가? 이는 매우 원초적인 질문이자 외교정책 연구에 있어서 가장 중요한 질문이다. 미국, 유럽 등 외부 시각에서 볼 때, 한국정부의 지소미아 포기 선언 및 유예 과정을 살펴보면서 유독 일본에 관한한 민감하게 반응하는 한국의 결정에 대해 매우 의아하게 생각할 수 있다. 북한의 비핵화 포기 결정도 마찬가지이다. 빅딜을 거부하는 북한을 이해하기란 쉽지 않다. 왜 한국인들은 그렇게 행동할 수밖에 없는지? 우리는 비교 관점에서 위의 질문에 답하기 위해 외교적 선택에 대해 보다 폭 넓게 연구하고 공부해야 하는 것이다.

한국군의 전략문화에 대해서 여러분들과 얘기를 해보고자 한다. 전략문화란 무엇인가? 1995년에 Alastair Iain Johnston이 Thinking About Strategic Culture라는 논문을 International Security에 기고했

는데 그야말로 세계적인 각광을 받았다. 그 후 전략문화란 무엇인지에 대한 국제정치 및 안보분야 전문가들의 관심이 집중됐다. 쉽게 말해 한 국가가 왜 파병을 결정하고, 언제 싸우고, 어떤 전략으로 승리를 추구하는 지에 관한 답을 구하기 위해서 그들만이 갖는 전력문화를 이해해야 한다. 중국과 일본과 비교해서 대한민국이 어떻게 위협을 느끼고, 참전하며 또한 승리를 추구 하는지, 한국만의 고유한 전법이 있는지. 일본과 중국은 각각 싸우는 방법에 있어서 어떻게 다른지를 설명하자면, 그들의 역사와 독특한 문화로부터 접근해야 한다. 결과적으로 우리 안보환경에 적합한 how to fight을 어떻게 설계하고, 준비해야 하는지는 바로 국방개혁이 추구하는 가장 중요한 목표이기도 하다. 오늘날 국방부에서 국방장관, 합참의장, 국방개혁실장 등이 열심히 추진하고 있는 국방개혁도 바로 우리의 실정에 적합한 how to fight를 찾는 일이다. 어떻게 우리가 군을 설계하고, 미래를 위해 어떻게 준비해야 되는지를 공부하는 것이 국방정책의 핵심이기 때문이다.

한국의 전략문화를 알기 위해서는 우리 역사, 전쟁사를 자세히 살펴봐야 한다. 아쉽게도 우리는 우리의 전략문화를 자신 있게 설명하지 못하고 있다. 왜 그럴까? 이스라엘, 중국, 일본, 터키, 파키스탄, 인도, 영국, 프랑스, 이태리 등 세계 약 23개국이 자신들만의 전략문화에 대한 책들이 발간되어 있는데 비해 안타깝게도 한국에는 아직 없다. 이는 이 자리에 계신 청년학도들이 가져할 책임감이자, 의무이고, 또한 도전과제이기도 하다. 특히 국제사회에서는 중국이 언제 군사적 개입을 단행하는 지, 왜 엄청난 희생을 감수하며 초강대국 미국과의 일전을 불사했는지에 대해 관심을 집중해왔다. 알렌 화이팅

(Allen S. Whiting) 교수는 중국이 왜 압록강을 건넜는지(China Crosses the Yalu), 중국이 생각하는 억지에 관한 셈법과 개념(Calculus of Deterrence)이 서구와 어떻게 다른지에 대해 집중적으로 연구했다. 이러한 연구들이 체계화 될 수 있다면 향후 중국이 한반도에서 다시 개입할 조건과 가능성을 진단하는 데 매우 유용할 것이다.

그래서 여러분들과 함께 우리의 역사를 잠시 살펴보고자 한다. 우리나라는 역사 속에서 약 970회 정도 외침을 받아왔다. 횟수에 있어서 학자들마다 의견이 다르지만 적어도 900회 이상이라는 것은 공통된 의견이다. 반면 우리가 국경을 넘어 다른 나라를 공격한 횟수는 모두 12회 정도로 현격한 차이가 있다. 이중 대부분은 타국에 의한 요청에 의한 것이기 때문에 우리의 단독 작전의 경우 6차례에 불과하다. 우리만의 고유한 전략문화를 찾고 공세적 작전 운용의 패턴을 찾으려면 우리가 감행한 공세적인 기록들을 공부해야 한다. 타국을 공격하기 위해서는 그만큼 철저한 준비를 갖춰야 하며 우리만의 고유한 전략이 갖고 있어야하기 때문이다. 아쉽게도 우리가 어떻게 다른 나라를 대상으로 공세적 전략을 세우고, 이를 전개했는지에 대한 깊이 있는 연구들을 찾아보기 힘들다.

우선 여몽연합군이 일본을 공격했던 기록이 있다. 1274년 고려 충렬왕 1년 11월 일본을 침략하려 시도했다가 실패했다. 충렬왕 7년 2차 원정도 결국 태풍으로 실패했다. 여러분이 잘 아는 신풍 즉 가미가제에 관한 얘기이다. 몽골과의 연합전력 중 고려군의 역할과 작전 태세에 관한 자세한 연구는 찾기 힘들다. 반면 대마도에 대한 공격과 관련해서는 단독 공격으로 비교적 사례가 많이 있다. 1389년

고려시대 창왕 당시 최초로 정벌을 시도했다. 약 300척의 배를 가져
가서 적함을 파괴하는 등 매우 성공적인 작전을 감행했다. 당시 출
몰하는 왜구의 피해가 심각했다는 점에서 보기 드물게 군사적 원정
을 단행했다. 1393년에 김사양의 2차 정벌이 있었다. 마지막으로
1419년 조선 세종 원년에 3차 정벌이 있었지만, 이는 거의 실패했다
고 봐도 무방하다. 모든 병력이 다 투입된 것이 아니라 좌군만 상륙
을 했는데 그나마 매복에 걸려서 상당한 피해를 입고 퇴각했다. 3차
정벌에 대한 평가에 대해서는 일본사와 우리실록과 상당부분 차이가
난다. 당시 7월이 다가오면서 태풍이 불 것이라는 정보 판단 때문에
조기에 철군을 결정하고 퇴각했다. 세종 원년의 정벌은 사실상 상왕
인 태종의 결정이며 고려 말부터 왜구와의 전투가 전국에서 이어진
점을 감안한다면 이는 근거지를 타격함으로써 세종의 치세를 안정시
키고자 하는 상왕의 깊은 의도가 담겨 있다고 볼 수 있다. 역사의 기
록을 살펴보면 대마도 정벌의 가장 큰 원인으로 50여회 이상 진행된
왜구의 침략을 그 이유로 들고 있다. 전국이 도탄에 빠졌고 조정이
이를 방관할 수 없어 해적 및 침략행위에 대한 응징차원에서 대마도
원정을 기획했다. 흥미로운 것은 세종 1년 당시 원정에서 대마도 주
둔 주 병력이 중국으로 약탈을 떠나 대마도 본영이 비어있었기 때문
이라는 정보보고에 기인했다는 점이다. 전쟁을 준비할 때는 어느 정
부이건 최대한 전략을 세우고 철저히 전쟁을 준비하며 적의 동향에
대한 정보가 필수적이다. 그러나 전쟁을 준비하면서 식량조달 등 작
전지원 체계를 갖추고, 공격무기 및 장비와 기마 부대의 편성 및 건
초를 확보하는 등 많은 예산이 필요하며 작전계획, 동원계획 및 군
사훈련 등 치밀한 준비가 사전에 필요하다. 그러나 이를 다룬 상세
한 보고서나 전략서들을 아직 찾을 수 없다.

두 번째 사례는 여진에 대한 정벌이다. 이 역시 3차례 진행됐고 대부분이 청이 제국을 세우기 전 국경부분에서 활동하는 야인 즉 여 진족에 대한 정벌이다. 최윤덕이 세종 당시 1433년에 여진을 최초로 정벌했다. 파저강(婆猪江) 정벌에 동원된 병력을 보면 약 14,000명 정 도였다. 이어서 1434년에도 6진을 개척하기 위한 파병이 이루어졌 다. 세종은 김종서 등에게 두만강 유역의 여진족을 몰아내고 경원, 경흥, 온성, 종성, 회령, 부령 등에 6진을 개척하게 된다. 1467년 9월 세조 때 다시 여진을 정벌했다. 이는 국경 밖에 청이 세워지기 전의 일이다. 이때도 정벌의 이유는 유사하다. 많은 백성들이 잡혀가고 변 경지역에 대한 여진 부족의 출몰로 인해 피해가 속출했기 때문이다. 강순이 정벌에서 공을 세웠지만 성과들을 살펴보면 대규모 전쟁으로 보기 어렵다. 궁극적으로 단독 작전이라 할 수 있는 사례들은 대마 도와 여진을 상대로 한 매우 제한적인 공세작전이었으며 일본정부나 청나라 정부를 대상으로 한 국가 간 전쟁이라 평가하기 힘들다. 다 만 모든 경우에 1만 3천에서 5천 정도의 병력을 동원했으며 상비군 이기보다는 전국 각지에서 동원된 병력을 조합해서 원정에 임했다.

조선시대에 들어와서도 타국의 요청에 의한 연합작전 형태의 참전기록은 여전히 나타난다. 임진란 이후 명청 전쟁에 연루되면서 광해군은 명의 요구에 따라 병력을 차출해 후금을 치기 위해 출정하 게 된다.[1] 재조지은(再造之恩) 때문이다. 명나라 신종이 임진왜란 때 군대를 보내줘서 이에 대해 은혜를 갚아야 한다는 정서가 당시 조선

----

[1] 윤태옥, "명·조선 연합군 피 물든 사르후전투, 누르하치 '굴기'의 발판" 「중앙 SUNDAY」 2020.1.11.−12.

사회에 매우 강했기 때문이다.
1619년 1월 광해군은 보내고 싶지
않았지만 1만 5천 여 명 정도의 병
력으로 출정을 감행했다. 강홍립
장군을 지휘관으로 후금 원정에 임
했지만, 그 당시 우리의 주력은 대
부분 보병이고 일부 포수들이 소총
수 역할을 했다. 압록강을 건너 만

주 사르후(薩爾滸) 지방으로 가는 도중 네 번의 강을 하루에 건너야
할 정도로 무리한 일정이었다. 기록에 의하면 병사들은 모두 지쳤지
만 2일째 식량 배급 없이 강행군을 계속했고 명나라 지휘관 두송의
무리한 작전과 연패에 의해 사기는 떨어질 대로 떨어진 상태에서 명
군 기병의 후방지원 없이 푸순 들판에서 팔기병(八旗兵)의 기습을 받
고 거의 궤멸됐다. 우영은 진을 치기도 전에 당했고, 좌영은 장애물
을 설치하긴 했지만 후금군이 명군에게 빼앗은 말떼를 먼저 보내 이
를 무력화시켰고, 조선군 조총수들이 사격을 시도하는 순간 엄청난
흙먼지 바람이 불면서 사거리를 정확히 잴 수가 없게 됐다. 좌영장
선천군수 김응하가 전사하면서 좌익도 무너지게 됐다. 중군이 화포
를 간신히 설치했지만 좌우익이 무너진 상황에서 더 이상의 응전은
의미가 없었다. 당시 조선은 해서여진(海西女眞) 여허부의 2천 병력과
명군 등 10만 병력을 중심으로 남북 4로군으로 구성했고, 누르하치
의 후금은 4만 밖에 되지 않았지만 서로군이 먼저 야간기습에 걸려
궤멸 됐고, 북상하던 북로군과 동로군마저 4일 만에 4만 5천이 전사
하면서 참패를 당했다. 동로군 후위에 있던 조선군도 다호팡 저수지
동쪽 끝 철배산 앞 벌판에서 일격을 당하면서 결국 투항했다. 선양

에서 150km 떨어진 푸순시 신빈 만주족 자치현 근방이다. 최후의 전투에서 조선군은 1만 3천여 명 중 7천이 전사하고, 4천이 포로로 잡혔다. 그중 탈출자 900명이 추위와 굶주림에 사망하고, 나머지 500명은 전원 사살을 당했으며, 생환자는 2,700명에 불과했다는 내용이 이민환의 책중일록(柵中日錄)에 고스란히 남겨져있다.

그 외 마지막 원정은 나선정벌이다. 이전의 출정이 명나라의 강압에 의한 것이었다면 효종 때 이루어진 나선정벌은 청에 의한 원병요청으로 조총에 능통한 특수 부대로 구성했다. 병자호란 후에 효종이 북벌정책을 실시했지만 이는 명분에 불과하며 세계적 수준의 청의 군사력에 도전할 능력을 전혀 갖추지 못했다. 당시 러시아가 극동원정을 전개하면서 우수리 강 이남지역으로 남하를 시도했고 러시아 병력을 막기 위한 청의 요청에 따라 조선의 포수들이 동원됐다. 1차 150명, 2차 250명 정도가 참전했다. 작전권이 비록 우리에게 있었지만 현장에서 청의 주도로 이러한 협약이 제대로 지켜지지 않았으며 각종 병참지원을 받기가 매우 힘들었다. 오늘날 전시작전권 환수가 중요한 현안이 되고 있지만 국력이 급격히 차이가 나는 국가들 간의 연합작전에서 타국군의 지휘 하에 성공적인 작전을 구사한다는 것은 동서고금을 막론하고 매우 어려운 일이다.

물론 이러한 기록은 고려와 조선만을 포함한 것이고 삼국시대 특히 고구려의 대륙원정은 포함시키지 않았다. 이러한 제한된 사례에서 우리가 어떻게 작전을 전개했고, 싸우는 방법에 있어서 어떤 특징을 갖고 있는지를 설명하기 위해서는 한학자들과 역사학자, 특히 전쟁사학자, 일본사와 명나라 역사, 만주사를 전공한 다양한 전공의 학자들이 함께 노력해야 한다. 특히 국제관계사 전공자들 뿐 아니라 전략문화를 비교적 관점에서 연구할 수 있는 안보전문가 및 군사전략 전공자들이 융합차원의 노력을 함께해야 한다. 이 자리에 강의를 듣는 많은 청년학도들이 지속적인 관심을 갖고 우리의 전략문화를 널리 소개할 수 있기를 부탁드린다.

레이 클라인(Ray S. Cline)의 국력평가 분석 공식[2]

$$P(국력) = (C + E + M) \times (S + W)$$

* P : Power, C : Critical Mass(인구, 영토), E : Economy(경제력),
  M : Military(군사력), S : Strategy(전략), W : Will(국민의 의지)
유형국력(有形國力)이 아무리 강해도 무형국력(無形國力)이 '0'일 경우 국력은 '0'

'왜 어떤 나라는 그렇게 행동할 수밖에 없는가?' 라고 질문했을 때, 우리는 적어도 7가지의 변수들을 검토해야 한다. 무엇보다도 지정학적 특성이 가장 중요하다. 해당 국가가 어떤 지리적 위치에 속해 있는가가 결정적 변수가 될 수 있기 때문이다. 이러한 지정학적 특성은 독특한 역사를 만든다. 주변국과의 상대적 힘의 격차는 10번도 채 되지 않는 주변국 침공과 970여회의 피침의 역사라는 대조적 기록을 우리에게 보여준다. 이러한 장기간에 걸친 특수한 침략의 경험과 우리 군이 이를 격퇴하고 국민을 보호하지 못했다는 점은 주변국에 대한 불신과 배타적 행동을 보여주는 충분한 계기가 됐다. 또한 우리 군에 대한 신뢰가 그만큼 부족한 중요한 이유가 될 수 있다.

....

2) 『왜 부유한 나라가 가난한 나라에 패하였는가?』 p. 6, 「대한민국 국방부」 2012.7.17.

특정국가의 행동 패턴을 분석하기 위해서는 그 국가가 갖는 경제력과 군사력도 매우 중요하다. 레이 클라인(Ray S. Cline)의 국력평가 분석의 공식에 대입해보면 알 수 있듯이, 대한민국의 경우 경제력의 신장과 미국과의 동맹변수가 매우 크게 작용함을 알 수 있다. 또한 보이지 않는 변수가 중요하다. 국가의 크기나 인구수와 같은 눈에 보이는 지표도 중요하지만 특정 국가와 국가지도자들이 갖는 전략적 목표나 지도자들을 믿고 지지하고 그들을 중심으로 단결할 수 있는 국민들의 의지도 매우 중요하다. 결국 베트남이나 한국이 경우, 수많은 주변 강대국들의 침략에도 불구하고 생존할 수 있는 가장 큰 힘은 바로 이러한 소프트 파워 변수 때문이다. 강력한 의지와 전략적 목표, 지도자의 리더십들은 보이지 않는 요소들이며 수많은 전쟁의 역경 속에서도 국민들이 단결하고 이를 극복하고자 하는 용기가 작동했기 때문이다.

외교 안보정책을 검토할 때, 가장 중요한 변수 중의 하나가 바로 해당국 정부의 성격(regime type)이다. 아마 대한민국처럼 지난 50년간 정부의 시스템이 극심하게 변한 국가도 드물다. 이승만, 박정희 대통령 시절과 지금은 상당한 격차가 있다. 당시 권위주의 체제 하에서는 정책결정 과정에 개입하는 관료의 수가 매우 제한적이었다. 관료의 역할은 대통령의 지침을 이행하는 경우가 대부분이다. 특히 박정희 대통령 당시, 베트남 참전 과정을 보면 이동원 외무장관과 김성은 국방장관이 양대 축을 유지하며 대통령의 지침을 이행하는 매우 단순한 정책이 8년 반이나 유지 됐다. 그러나 지금은 놀라울 정도로 개방된 시대이며, 동시에 다양한 행위자들이 정책에 관여하고 있다. 특히 국방안보 정책 분야에서는 장교단의 영향력이 중요하

다. 과거 장교단은 우리 사회의 모든 행정부처 보다 선진 시스템을
일찍 도입해 사용했다. 6.25 당시 미국의 지원으로 박정희 전 대통령
을 비롯한 많은 장교단들이 미국의 선진 시스템을 연수를 통해 몸에
익혔고, 미국과의 협조체제 구축을 통해 많은 정보를 공유했고 물자
지원을 통해 가장 풍요롭고 앞서가는 엘리트로서의 역할을 충분히
해냈다. 특히 군은 일사분란하고, 효율적인 시스템을 갖춘 체계적인
조직이며, 특유의 단결심으로 개혁과 발전의 원동력이 됐다. 그러나
권위주의 시대를 지나 민주화가 진행되면서 국방안보 정책 분야에
대한 사회로부터의 개방요구가 그 어느 때보다 거세다. 정통 군 장
교단이나 외교 엘리트들이 차지하는 비중이 점차 줄어들고 그들만의
문화나 연대가 정책결정과정에서 차지하는 비중도 점차 줄어들고 있
다. 정당과 시민사회의 의견이 더 많은 비중을 차지하면서 외교정책
이나 국방정책의 비중이 군으로부터 청와대로 점차 이전하게 된다.
현시점에서 볼 때, 안보 정책결정의 방향은 청와대가 일단 정한 후,
외교안보 부서들은 상부의 지침을 구현하는 일방적 관계로 변모하고
있다. 이러한 변화가 시작된 것은 1970년대 후반기부터이다. 권위정
권이 독재로 비판 받게 되면서 정권 연장시도에 맞서는 시민사회가
급격히 성장했다. 민군관계도 이에 따라 변화하기 시작했다. 대한민
국 대통령들의 역사를 간단히 살펴보면 박정희, 전두환, 노태우 등
군인 출신 대통령이 도합 30년을 집권한 이후, 김영삼 대통령부터
박근혜 대통령까지의 민간인 출신 대통령이 나머지 30년을 집권했
다. 그 사이 주요 국방안보 정책을 결정하는 방식과 과정이 복잡해
지고 구성원 자체가 다양해졌다. 특히 시민사회의 영향력이 국방안
보에 관련한 중요 결정에 미치는 영향이 그 어느 때보다 확대되고
있다.

안보환경이 급격하게 변해도 지정학적 특성은 바뀌지 않는다. 특히 주변 강대국들은 스트롱맨들에 의한 지배가 보편화 되면서 강력한 군사력을 과시하고 있으며 군비 경쟁은 세계적으로 가장 치열하며 동북아가 세계 최고 수준의 군비증강을 기록하고 있다. 이러한 배경에는 미중간의 패권 대결이 작동하고 있다. 미중 패권 경쟁은 한국의 선택권을 극도로 제한하고 있다. 국제정치학의 오래된 명제 중 하나는 국경과 갈등의 함수관계이다. 국경을 맞대고 있는 나라가 많을수록 전쟁에 연루될 가능성이 높다. 중국은 약 14개의 국가와 국경을 맞대고 있다. 터키는 8개의 나라와 국경을 맞대고 있다. 국경이 많은 나라는 분쟁에 연루될 가능성이 크다는 명제는 대체로 맞지만 예외도 있다. 다만 접경을 이루는 이웃 국가들이 얼마나 힘이 큰 국가인지를 감안한다면 명제는 더욱 명확해진다. 우리는 4개의 국가와 국경을 맞대고 있다. 미국, 일본, 러시아, 중국 등 세계 초강대국들과 맞대고 있다는 점에서 독보적이다. 또한 수많은 침략의 경험과 전쟁의 피해에 따른 교훈을 항상 기억하면서 살 수밖에 없다. 그러다 보니 중국에 대한 두려움, 일본에 대한 반감이 뼛속까지 차 있다. 970여 차례의 피침과 6번의 단독 해외원정 뿐인 대조적 기록은 주변국들과의 힘의 격차를 극명하게 보여주고 있다. 주변 강대국들의 침략 상황에서 독자적으로 이를 격퇴하거나 이를 효과적으로 물리 친 성공한 작전의 경험이 부족하다. 이는 전략적 측면에서 아주 치명적인 약점이다. 외세에 대한 극도의 불신, 성리학적 획일주의, 외교적 융통성 부재, 최고 책임자의 판단력과 정책적 비전이 부재했지만 임진란과 병자호란 등 인구의 절반이 희생되는 엄청난 패전 뒤에도 왕권이 무너진 적이 없다. 중국에 대한 일방적 사대는 일제 식민지 직전까지 이미 명나라가 붕괴했고 청이 세계적 제국으로 성장했음에도 불구하고 그대로 유지됐다. 중국에 대한 과도한 사대적 행태는 21세기에도 여전히 사라지지 않고 있다. 냉혹한 국제 대결의 질서 속에서 반미, 반일, 친중, 친북의 정서는 합리적이기보다는 구성주의적 색체를 보여준다. 정치세력들의 간주관적 정서에 기대고 있으며, 이러한 지속성은 현실주의에 입각한 안보정책을 기획하고 구사하는데 있어서 중요한 걸림돌로 작동할 수 있다.

우리는 미증유의 인구절벽을 경험하고 있다. 전후 베이비부머들이 노년층에 진입하고 사회의 주류가 X세대를 지나 밀레니얼 Z세대로 급격하게 빠른 속도로 이동하고 있다. 한국사회는 수적으로 부족한 이들 젊은 세대가 자신들보다 많은 노년층 인구를 뒷받침하는 초고령화 시대로 진입 중이다. 이러한 시대의 가장 큰 특징은 세대 간의 정치적 견해가 다르며, 과거의 관행에 대한 거부감이 확대된다는 것이다. 세대 간 불신도 커지게 마련이다. 이러한 격차를 극복해 나가며 사회통합이 필요하지만 현재 50대가 주축인 정치 집권 세력과 노동계, 환경연합 등 일부 친여 성향의 NGO 그룹들이 한미동맹의 접근방식, 해외파병, 남북 군사대결의 해결 방법을 바라보는 시각에 있어서 자신들만의 새로운 접근법을 강력하게 요구하고 있다. 동시에 경제적 역량이 급격하게 축소되고 있다. 경제는 우리의 외교와 안보를 세계에서 가장 빠른 속도로 개도국 신분에서 탈출하게 만들어준 가장 큰 힘이었다. 과거 60년대부터 시작, 70년대를 거치면서 80년대까지 한국의 역동적 경제력이야말로 한국외교의 최대의 자산이자 국제사회에서 대외적 위상을 견인할 수 있는 최대의 동인이 됐다. 그러나 세계적인 경기 침체와 미중간의 무역 분쟁, 보호무역의 심화, 코로나 바이러스와 같은 전혀 예기치 않은 사태로 인한 경제

활동 축소가 과거와 같은 실질 구매력(PPP: Purchasing Power Parity)의 유지를 힘들게 만들고 있다. 최근 상호의존의 무기화(weaponization of the interdependence)로 인해 중국에 대한 지나친 의존은 더 이상 기회가 아닌 부담이 되고 있으며 기업의 피해가 속출하고 있다. 미중대결의 전략적 경쟁이 한국에 미치는 영향이 심각하다. 미국의 INF 탈퇴에 의한 중거리 미사일 개발과 배치는 중국을 자극하게 될 가능성이 매우 높다. 만약 이러한 상황이 발생할 경우, 중국은 미국 대신 한국을 목표로 보복할 가능성이 매우 크다. 사드 배치로 인한 보복이 일부 완화되기는 했지만 중거리 미사일 배치가 현실화 된다면 그 피해는 상상을 초월할 가능성이 크다. 따라서 21세기는 안보에 대한 도전이 안보이외의 측면에서 발생할 가능성이 매우 높다. 정부가 경제적 피해를 고려하여 미중 간 확실한 선택을 회피하면서 모호한 정책을 취하고 있지만 중국의 반감을 피하기 어렵고 동시에 미국과의 신뢰도 점차 약화되고 있기 때문이다. 국민의 여론이 한 목소리가 되어 국익에 관한 한, 같은 목소리를 내줘야 하지만 이미 지적한대로 정치가 합의를 모으기 보다는 누가 권력을 잡느냐의 게임으로 전락하면서 내편과 상대편 간의 힘겨루기가 되다 보니 효과적인 미래전략을 구사하기 어렵게 된다.

그럼에도 불구하고 한국의 실질국력이 여전히 세계 10위권에 남아 있다는 것은 유일한 위안이자 희망이다. G20 국가로 세계 무역량 10위권의 중견국가로 여전히 살아남아야 한다. 1970년대부터 시작한 자주국방은 수많은 위기 속에서도 꾸준함을 보여주고 있다. 현재 한국은 세계 7위권에서 10위권의 국방력을 유지하고 있다. 특히 과학기술이 바탕이 된 방산 수출 규모는 세계 7위 수준에 있고 잠수함과 전투기능을 탑재한 F−50과 같은 초음속 연습기를 해외에 수출하고 있다. 한국형 전투기 KF−21의 개발은 세계를 놀라게 하고 있다. 그러나 대한민국의 군사력은 독자적인 힘만으로 주변 강대국들을 억제할 수 없다. 중국과 러시아, 그리고 북한은 끊임없이 미국과 연합국 사이를 이간·분리하고 있기 때문이다. 시, 공을 초월 다양한 영역에서 다층적 분절(Multi−Layerd Stand Off)을 시도하고 있다. 다영역 작전(MDO)이 중심이 된 초연결 사회에서 한국은 우주와 사이버전 역량이 너무도 미흡하며, 주변국들과의 기술적 격차를 좁히기 힘든 상황이다. 주변국들과의 군사력 및 기술격차를 감안한다면 한미동맹에 의한 연합방위력에 의해 안전을 확보할 수밖에 없다. 미국이 다영역 억제를 구현하기 위해 많은 지원을 하고 있지만 그럼에도 불구하고 우리만의 상쇄전략이 필요하다. 동맹국 미국이 영원히 우리의 안전을 지켜줄 수 없을 뿐 아니라, 트럼프 행정부가 보여주고 있듯이 지원에 대한 대가를 요구하고 있기 때문이다. 미중패권경쟁 속에서 한미동맹에 대한 일방적 의존은 중국의 반발을 불러일으킬 가능성이 크다. 따라서 패권 경쟁의 틈바구니 속에서 어떻게 대한민국의 안전을 확보하고, 우리의 이익을 극대화 할 수 있는지, 심각한 지정학적 위기(Geopolitical Risks)를 극복하고 탈출할 수 있는 새로운 전략과 이를 구현할 수 있는 역량을 확보해야 한다는 것이 오늘 강연의 핵심 주제이다.

결론부터 얘기하지만, 우리의 전략적 목표가 여전히 북한의 위협에 고정돼 있다는 것이 우리의 최대 약점이다. 이로 인해 우리는 북한너머를 바라볼 수 있는 '빅 픽처'(big picture)를 그리지 못하고 있다. 우리 군이 나가야 할 세계전략이 부재하기 때문이다. 이러한 '북

핵 딜레마'에서 탈피해야 하고, 우리의 외교력을 복원해야 한다는 것
이 오늘 제가 여러분들에게 전달하고자 하는 가장 중요한 메시지이
다. 그동안 국민이 정부를 신뢰하고 따르게 되기까지 많은 충격과 고
통을 경험했다. 불과 50여년 만에 대한민국은 권위주의 정부에서 시
민참여형 민주주의 체제로 완전히 탈바꿈을 한 기적의 나라가 됐다.
그 결과 많은 시민단체들이 현재 국방부와 군의 정책결정 과정에 관
여하고 있다. 투명성은 아주 좋은 일이다. 거버넌스에 입각한 국방정
책, 안보정책이 집행되어야 한다는 사실에 누구도 이의가 없다. 과거
와 같이 제한된 엘리트들에 의한 결정이 민주적 절차를 확보하는데
미흡했다면, 지금은 정반대이다. 시민사회의 개입이 지나칠 정도로
확대되어 군이 갖는 고유의 문화나 가치들을 보존하기조차 힘든 실
정이 됐다. 또한 안보영역이 급격히 확대되면서 기존의 방책과 대응
으로는 해결하기 어려운 상황들이 새롭게 발생하고 있다. 또한 인권
과 민주화가 중요한 가치이지만 훈련과 교육이 상대적으로 취약해지
고 지휘관들이 병사들을 강군으로 육성하는데도 실질적인 어려움을
겪고 있다. 그래도 지난 50여 년 간 군의 프로페셔널리즘이 확고하게
정착됐다는 점은 큰 성과이다. 과거 전두환, 박정희 대통령 때는 쿠
데타에 의해 군 출신 지도자를 순식간에 민선 대통령으로 옷을 갈아
입혀 선출했고, 이들이 제3공화국과 제5공화국으로 새로운 정부를
출범시켰다. 오늘날과 같은 시민사회의 확대 하에서는 상상도 하기
힘든 일이다. 많은 제3세계 국가들의 경우 쿠데타는 연쇄적인 쿠데타
를 낳게 되고, 민주주의와 제도적 발전을 저해하며, 정치적 안정을
되찾기 어렵다. 다행히 국방부, 합참, 각 군 본부는 통수권자인 대통
령의 지휘 및 지침에 철저하게 순응하고 있으며, 군의 민주화와 인권
및 복지도 상당부분 개선되고 있다. 그렇지만 시민사회와 군의 교류

가 더 많이 확대될 필요가 있다. 군은 싸워서 이길 수 있는 강력한 역량을 극대화하되, 민간으로부터 유리된 독립된 섬에 안치되어서는 안 된다. 또한 군은 더 많은 개방이 필요하다. 경영 합리화 차원에서 민간 분야로 이양이 가능한 임무들은 과감하게 넘겨줘야 하고 전투가 아닌 부분은 군이 직접 맡지 않고 민간 위탁을 해야 한다. 유럽의 경우 안보영역의 개혁은 거버넌스를 구축하며, 발전시켜 나가고 있다. 우리 군이 좀 더 건강한 민군관계를 유지하기 위해서는 상부로부터 지침을 받아 움직이는 일방적 관계보다는 쌍방향 소통이 가능해져야 한다. 정책 기능이 더 살아나야 하며, 대통령에게 더 많은 정책적 옵션을 제공하는 창의적 기관이 되어야 한다. 군도 경쟁에서 살아남기 위해서는 끊임없는 혁신이 필요하다. 산학연 연대를 통해 민간의 우수인재들을 더 많이 영입하고 민간에 대한 개방의 폭이 지금보다 더 확장되어야 한다. 인권과 복지에 많은 관심을 투자하는 것은 바른 방향이지만 싸워서 이길 수 있는 강군몽(强軍夢)을 실천할 수 있으려면 강한 훈련을 피해서는 안 된다. 변화하는 새로운 전쟁양상에 따라 대처가 가능한 유능한 군대가 되려면 새로운 교리개발이 뒷받침 되어야 한다. 이러한 구체적 노력이 없이 장비의 현대화와 예산 증액, 복지 향상만으로 강군을 육성하기 어렵기 때문이다.

문재인 정부는 전작권의 전환에 가장 큰 역점을 두고 임기 내 전환을 목표로 강력하게 추진하고 있다. 이는 실로 오래된 숙제이다. 그러나 전작권 환수는 끝이 아니라 새로운 시작에 불과하다. 전작권 전환 이후의 우리 군의 역량과 한미동맹의 역할에 대한 토론과 합의 없이 단순히 공약 과제로써 전작권 전환을 이행한다는 것은 무책임하다. 미국은 세계 다양한 전구에서 축적된 경험과 지식이 풍부하다.

각종 데이터와 정보를 실시간에 운영할 수 있는 역량을 확보하고 있지만 우리는 전쟁 경험도 부족할 뿐 아니라, 위성 정보 등 감시 정찰 자산이 너무도 부족해 미측에 의존하지 않을 수 없다. 그래도 오랜 숙원이니 이를 진행해야 한다면 전작권 전환 이후에 대한 대비가 그 어느 때보다 충실해야한다. 우리 장교단이 미국 동료들을 이끌 수 있으려면 그들에게 더 많은 교육기회와 강도 높은 훈련기회를 제공해야 하며 이들이 세계 최강의 군대와 네트워크를 유지한 채, 리더십을 발휘할 수 있는 여건을 보장해야 한다. 돌이켜보면 한미상호방위조약은 1954년 이승만 대통령 재임시 체결했다. 1954년 디엔비엔푸 함락 직전에 미국의 합참은 베트남에 대한 병력 파병을 검토했다. 그러나 결국 아이젠하워 대통령은 미국의 추가파병에 반대했고 디엔비엔푸가 함락되면서 프랑스의 외인부대는 비참한 최후를 맞이했다. 당시 미국 합참이 한국 군 파병을 제안했고 이러한 상황 하에서 이승만 대통령이 3개 사단의 조건부 파병의사를 밝혔다. 물론 아이젠하워 대통령은 한국전이 바로 종전되자마자 베트남에 투입하게 되면 중국이 베트남에 개입할 것을 우려해 이를 반대했지만, 이승만 대통령의 입장에서는 한국의 3개 사단을 베트남에 파병하는 조건으로 20개 사단 이상으로 전방사단의 추가 병력 확보와 이에 대한 미국의 군원을 염두에 뒀기 때문이다. 당시 이러한 중요 결정은 대통령 혼자 결정하면 됐다. 누구도 이에 반대할 수 없고 대통령입장에서는 이를 확인할 필요도 없었다. 미국의 입장에서 이승만 대통령이 항상 북진통일을 원했기 때문에 추가 병력을 승인할 수 없었다. 그런데 베트남전 참전 아이디어는 그대로 사라지지 않았다. 육군 작전 참모 부장 출신 박정희 대통령이 쿠데타 이후에 케네디 대통령을 만나서 이러한 가능성을 다시 제시했다. 만약 미국이 베트남전에 불가피하게 참전하게 되면, 우리가 적극 돕고 싶다고 했다. 케네디는 매우 놀라며 베트남전에 참전할 계획이 없다고 답했고 민간으로 정권 이양을 신속하게 추진해달라고 부탁했다. 그러나 케네디가 불의의 총격사고로 사망하고, 존슨대통령이 정권을 잡자 기존 정책이 바뀌면서 박 대통령의 카드가 작동했던 것이다.

이승만, 박정희는 미국을 상대하는 데에 있어서 매우 적극적이었고, 많은 옵션을 가졌으며 이들로 인해 한미동맹에서 차지하는 주니어 파트너로서의 위상이 매우 커졌다. 그 결과 박정희 대통령이 추진한 파병 정책 8년 반 동안 미국의 많은 원조가 가능해졌고, 제3차 경제개발계획으로 인한 발전의 초석을 놓을 수 있게 됐다. 4천 4백명의 전사자와 수많은 고엽제 피해자 및 부상자가 속출했지만 국민들의 반전움직임은 없었고, 미국과의 협상 조건을 확대하기 위한 정부차원의 관재동원 반대 시위가 일부 있었지만, 8년 반 동안 세계적인 반전시위가 유일하게 없던 유일한 국가가 한국이었다. 대통령의 생각이 곧 정책결정으로 이어질 수 있는 마지막 시대였다.

그런 과정 속에서 경제의 비약적 성장뿐 아니라 자주 국방도 가시화 됐다. 우리는 끝까지 베트남전에 참전하려 했지만 국제사회의 여론이 점차 악화됐고 전 세계가 반대하는 전쟁에 한국 정부만 유일한 승자라는 비판이 작동하기 시작했다. 닉슨 대통령 취임 후, 1969년 미국은 베트남전 철수를 결정했고 미국의 주력사단은 대부분 다 빠지고, 한국의 주력 2개 사단만 남았다. 우리가 미국도 철수한 마당에 전투사단을 남기고 있다 보니 세계의 여론은 더욱 악화될 수밖에 없었다. 미국의 주한미군 철수에 충격을 받은 박대통령은 자주국방을 본격적으로 시작했고 미국에 의존하지 않는 독자행태가 지속되고, 미국의 정책변화를 반대하기 위한 로비동원에 힘쓰다 보니 코리아 스캔들로 확대되면서 카터행정부 당시 한미간의 관계가 최악으로 치닫게 됐다.

김영삼 대통령 때 문민정부가 출범하면서 새로운 신외교가 시작됐다. 동시에 북한의 2차 핵위기가 시작됐고 북한 핵문제를 해결하기 위한 노력은 많은 기대에도 불구하고 효과를 보지 못했다. 김대중, 노무현 대통령을 거치며 군은 새로운 변화를 모색하기 시작했다. 특히 역대 대통령 중 유일하게 12사단 현역병으로 근무한 노무현 대통령은 국방개혁을 통해 군의 병력을 줄이면서 능력을 확대하는 국방개혁을 출범시켰으며, 특히 2006년 12월 국방개혁에 관한 법률을 통과시켜 이에 따른 개혁 계획을 매 정부가 제출하도록 제도화했다. 노무현 정부는 북한이 핵을 갖는 이유는 북한에 대한 위협이 제거되지 않고 있기 때문이라는 시각을 갖고 있었지만 그럼에도 불구하고, 또한 시민사회의 반대에도 불구하고 미국이 요구하는 이라크파병을 결정했다. 시민사회의 반대는 극에 달했고 정부는 이러한 반대에도 불구하고 한미동맹의 관리 차원에서 결국 자이툰 부대를 이라크 북부 아르빌에 파병하는 큰 결정을 내리게 됐다.

베트남전 파병과 비교하면 너무나 대조적이다. 베트남 파병은 한국의 자발적 파병이며, 미국에서 전 비용을 부담했고 특히 개개 병사들의 파병수당을 미측이 부담함으로써 사이밍턴 청문회에서 논란의 대상이 되기도 했다. 도합 8년 반 동안 연인원 35만 4천 정도의 병력이 다녀왔다. 국민적 저항은 있을 수 없고 기회가 부족한 사회이다 보니 서울대를 포함 주요 대학생 출신 참전자들도 상당수 포함이 됐고, 대부분 자원자로 구성했다. 반면 이라크전은 미국의 요청에 의해 파병했고, 한국에서 전액 비용을 부담했다. 수많은 NGO 단체들이 연합을 결성해 반대했고 최대 420개까지 군소 단체들이 연합체를 만들어 활동했다. 우리 정부가 안보와 관련 파병을 결정하는 과정에서 시민사회의 영향이 급속도로 확대됐고 다양한 전략들을 구사했다. 이후 사회단체들이 조직력을 갖추게 됐으며 그들의 영향력이 상대적으로 확대되기 시작했다. 현재 한국에서는 평화임무를 수행하는 평화유지군의 경우도 국회의 동의하에 매년 임무를 연장해가고 있다. 파병이 민주사회로 갈수록 점점 어려워진다고 볼 수 있다.

이명박 정부 당시 2009년 미국과 동맹비전을 발표했다. 이 당시에 만든 공동비전에 의하면 지역사회에서의 한국군의 역할을 강조했다. 당시 글로벌 코리아를 목표로 삼은 이명박 정부는 아덴만 지역에 대한 안전보호 및 감시를 위한 해외 파병을 결정하고 해군 구축함 한 척을 정기적으로 순번에 따라 파견하기 시작했고, 이러한 임무를 수행하기 위해 청해부대를 창설했지만 이러한 변화에 대해서는 상대적으로 시민사회의 반대와 저항이 적었다. 결국 한미동맹을 활성화하기 위해서는 지역적 역할을 본격화해야 하고 한미가 새로운 위협에 힘을 합할 수 있다는 점을 보여줄 필요가 있다. 그러나 어떤 목표를 위해, 어느 장소에서, 어떤 임무를 수행할 지에 대해 국회와 시민사회를 설득하는 과정이 만만치 않을 것이다. 세계를 보다 안전한 지역으로 만들기 위한 대한민국 군의 역할에 대한 비전을 세우고 지금부터 국제사회의 안전을 관리할 수 있는 다양한 역량을 갖추는 것이 필요하다.

문재인 정부에 들어와서 4·27선언 및 9·19합의라는 역사적 합의가 있었다. 그럼에도 불구하고 북한은 비핵화를 포기하지 않고 있으며, 각종 미사일의 역량을 확대하고 있고 사드를 포함한 한국과 미국의 요격능력을 회피하기 위한 각종 실험을 계속하고 있다. 중국 역시 동풍-17과 같은 극초음속 미사일을 실전배치하고 있으며 한반도는 물론 하와이 소재의 인도-태평양 사령부를 사정권 하에 두고 있다. 중국은 사드 제재조치를 아직 해제하지 않고 있다. 2019년 6월 23일 오사카에서 열린 G20 회담 중 짧은 시간이지만, 문재인 대통령과 정상회담에서 만난 시진핑 주석은 다시 사드문제를 언급했다. 사드가 북한의 미사일 고도화와 핵 탑재 미사일을 대비한 유일한 방어수단임을 충분히 알고 있지만 미중 패권 경쟁 하에서 약한 고리인 한국을 압박하는 것이 한미 동맹을 분리하고 이간하는데 매우 유용한 도구라고 판단하기 때문이다. 또한 현재 일본과의 갈등이 확대되고 있다. 2018년 12월 발생한 초계기 사태이후 일본과의 안보협력이 급격하게 위축되고 있다. 결국 이러한 상황 하에서 미일간의 안보협력이 점차 확대되고 있으며 한미일 3각 협력이 이름만 남은 상태로 틈이 벌어지고 있다. 현재 한일관계가 역대 최악이라는 평가를 받을 정도로 원활치 못하다는 점은 우리에게 결코 도움이 되지 않는다. 2019년 7월 24일 중국과 러시아가 한국의 영공을 침해하고 한국의 항의를 인정하지 않는 자세는 한미일 공조체계가 취약해지고 있는 점을 의도적으로 활용하면서 약한 고리를 끊어내기 위한 목적이라고 볼 수 있다. 특히 러시아와 한국이 제반 안보문제에 대한 협의를 시작하기 하루 전 군용기 편대가 이어도까지 순회하고 갔다는 것은 한국의 주권에 대한 심각한 도전이 아닐 수 없다. 아직 지소미아 문제가 완전히 해소되지 않은 상태에서 다시 파기 결정을 내릴 수 있다는 주장이 나오고 있다. 그러나 이는 한국과 일본 미국과의 안보협력에 매우 부정적 결과를 초래할 수 있다. 지소미아는 군사정보보호협정(general security of military information agreement)을 의미한다. 지소미아는 군사정보의 제공, 보호 등에 대한 규정이다. 문자 그대로 일본과 한국이 서로 갖고 있는 정보를 유출되지 않도록 서로 간에 보호를 해주는 것이다. 그렇기 때문에 신뢰가 더 중요하다. 일부에서는 지소미아 체결이후 우리가 일본과 주고받은 정보가 38개 밖에 되지 않는다는 사실은 지소미아가 그다지 중요한 것이 아니라는 것을 증명한다고 주장한다. 그러나 이는 매우 편협한 해석이다. 한국의 입장에서 볼 때, 북한과 중국의 전력 증강에 대처하기 위한 일본과의 안보협력은 필수적이다. 특히 일본의 정보위성과 청음능력, 대잠수함 작전과 기뢰 위협에 대처할 수 있는 소해작전 능력 등은 한국의 안보에 매우 소중하다. 2010년 3월 천안함 피격 사태에서 볼 수 있듯이, 북한의 잠수함 공격에 대한 효과적인 대처 방법은 일본이나 미국과의 연합작전과 정보교류에 달려 있다. 우리는 2010년 이후 미국과 함께 각종 대잠훈련을 진행하고 있다. 북한은 잠수함이 모두 76척이나 된다. 그런데 세계에서 잠수함 청음을 가장 잘하는 국가가 바로 일본이다. 특히 일본은 기뢰를 탐지하고 처리하는 소해 능력에 있어서는 미국보다 우수한 전력을 갖고 있는 부동의 세계 1위 국가이다. 북한의 1,800톤 미만의 잠수함들은 기뢰와 어뢰 두 가지를 다 장착할 수 없다. 기뢰로 무장할 것인지, 어뢰를 달 것인지 선택해야 한다. 어뢰를 달게 되면 아군 함을 대상으로 공격을 감행하는 것이고, 기뢰를 달면 항구를 봉쇄해서 후방에서 전략물자가 한반도로 접근할 수 없도록 막는 임무를 수행하는 것이다. 우리 해군은 기뢰를 제거할 수 있는 함정이 매우 제한되어 있다. 만약 우리가 일본과의 협력대신 우리 스스로 모든 능력을 갖춰야 한다면 시간과 재원의 낭비와 중복이 불가피하다. 우리 스스로 자강을 강조하고 독자적 전력을 확보한다면 제일 좋겠지만 일본보다 좋은 인공위성과 로켓을 만들어 독자적으로 운영하고 자존심을 지키는 일은 명분상 가능하지만 실제로는 상상하기 힘들다. 일본의 영상정보의 해상도는 세계 1위이다. 특히 일본의 소재기술과 소프트웨어가 없는 미국의 우주력 1위 유지는 상상할 수 없다. 미국과 일본은 다영역 작전이 가능하도록 전 제대가 미국과 훈련을 강화해 나가고 있다. 이런 상황 하에서 우리가 독자적 기술을 갖추고 미일의 도움 없이 홀로서기를 시도한다면 많은 시간과 천문학적인 예산이 필요하다.

일본과의 안보협력은 미국과의 안보협력을 위한 조건이자 불가분의 관계이다. 그럼에도 불구하고 여전히 지소미아를 파기할 카드를 청와대가 검토하고 있다는 보도가 나오고 있다. 일본의 상응하는 무역제재 조치가 성의 있게 나타나지 않기 때문이다. 이는 단기간 일본을 위협할 수 있을지 몰라도 한일관계의 복원을 해치는 지름길이며, 한미관계까지 악영향을 미치는 악수이다. 따라서 청와대가 2019년 11월 22일 내린 유예 결정을 어떻게든 깨지 말아야 하며 이에 대한 감정적 대처를 하지 않아야 한다.

마지막으로 국방개혁의 정의와 방향에 대해 설명하고자 한다. 많은 분들에게 국방개혁의 정의에 관해 질문하면 국방개혁은 미완성이자 진행형이라고 답한다. 끊임없이 국방개혁을 실시해야 한다는 점에서 일부분 긍정적인 답변이다. 그러나 국방개혁이 일상화 되고 있다 보니 절박함도 사라지고 있다. 국방 개혁은 능률을 고려해야하며, 미래지향적이어야 한다. 하지만 이를 달성하기 쉽지 않다. 현 정부의 국방개혁을 검토해보면 국방 포퓰리즘의 색체가 매우 강하다. 군 복무 기간을 21개월에서 18개월로 단축했다. 18개월로 3개월을 단축하게 되면 병력이 4만 3천여 명이 감소하는 효과와 같다. 굉장히 큰 무리라는 것을 알아야 한다. 만약 병력을 불가피하게 줄여야 하고 병역 기간도 줄이게 된다면 예비군의 활동과 훈련을 더 늘려야 한다. 그러나 현실은 그렇지 않다. 국방비의 0.4%만을 투자하고 있고 오히려 훈련은 줄이고 있으며 대학생 부재자율도 너무 높은 실정이다. 병역 감축도 지상군 위주로 줄이다 보니 안정화 작전에 필요한 최소 필수 인력을 확보하기 힘들다. 해군과 공군, 해병은 현행대로 병력을 유지한다는 방침이지만 과연 해군의 경우 4만 1천명으로 잠수함 전력 및 특수전 전력, 경함모전단 운용 등 미래 인력수요를 충족시킬 수 있을지 자신하기 어렵다.

군 개혁의 가장 중요한 기준은 줄어든 병력을 기술을 통해서 만회한다는 것이다. 그러나 장비가 현대화되고 첨단기술을 개발한다 해서 강군을 만들 수 있는 것은 아니다. 현재 문제인 정부의 가장 큰 화두는 인권 존중과 복리 증진이다. 그러나 강한 훈련과 교육이 제대로 이루어지지 않는 다면 절대로 싸워서 이길 수 있는 군대를 만들 수 없다. 2006년 이후 매 정부마다 국방개혁 기본 계획을 제출하고 있다. 지난 15년간 4개의 정부가 5차례 국방개혁 계획서를 만들었다. 다 좋은 내용들이지만 문제는 주변국 위협을 차단하고 즉응태세를 갖출 실질 역량이 오히려 줄어들고 있다는 불안감이다. 현재 우리 군은 2개 군단과 7개 사단을 해체하는 큰 구조 조정 과정 중에 있다. 중국은 군 구조 개편에서 지상군 위주의 편제를 재조정함으로써 소위 지상군의 중심인 사단편제가 사라졌다. 군 구조를 합동작전이 가능한 체제로 전환하면서 다영역작전이 가능하도록 편조하여 훈련하고 있다. 우리도 현재 다영역작전을 염두에 두고 방향 조정을 시도하고 있지만 사단 편제를 바꾸는 모험은 하지 않고 있다. 북한과의 대치 상태에서 조직의 혼선을 피하면서 최대한 안정적 변화를 추진하고 있기 때문이다.

국방개혁의 한계에 대해 많은 전문가들의 지적하고 있다. 가장 중요한 비판은 너무나 범위가 넓고 개혁이 일상화 되고 있다는 점이다. 개혁이 15년 째 추진 중이지만 향후 15년을 더 해도 격차가 줄어들지 않는다면 군은 매너리즘에 빠지기 쉽다. 특히 너무나 많은 주제들을 다루다 보니 모든 주제가 개혁의 대상이 되면서 집중과 선택이 어렵다. 특히 현 정부는 기본적으로 남북 대화로 위기를 풀 수 있다는 전제 하에 국방정책을 추진하고 있지만 군의 대비태세 확보나 임전태세가 이완될 가능성이 있다. 현 정부가 과거 보수 정부보다 국방예산을 더 많이 투자하고 있다는 점은 다행이다. 국방 중기계획 20 – 24에 당장 필요한 인공위성 확보 등의 전력 증강 계획을 탑재한 것도 잘한 정책이다. 그러나 5년간 250.5조의 예산 중 방위력 개선비는 여전히 1/3 수준이며 그중 억제전력에 들어갈 비용은 34조에 불과하다. 이는 결코 작은 예산이라 할 수 없지만 주변국 군비증강 규모와 속도에 비교할 때, 우리의 위협을 차단할 정도의 충분한 예산이 되지 못한다는 데 근본적인 딜레마가 존재한다. 결국 부족한 예산을 어떻게 사용하느냐가 관건이다.

현재 우리 군은 국방예산을 과거와 같이 군별, 사업별로 우선순위를 정해 사용하고 있지만 새로운 변화가 필요하다. 얼마나 많이 갖는가도 중요하지만 얼마나 효과적으로 예산을 투입하고 집행하는

가가 더 중요하기 때문이다. 자주국방도 좋지만 동맹과의 연계 하에 확장억제를 가장 효율적으로 가져갈 수 있어야 한다. 미국의 확장억제를 신뢰하지 못한다면 우리 스스로 부족함을 메울 수 있어야 한다. 특히 다영역 시대가 도래 한 이상 육군, 해군, 공군 외에 사이버와 우주분야에 대한 집중 투자가 필요하다. 기술 격차가 매우 심각한 현 상황 하에서 민간과의 협력을 확대하고, 4차 산업 혁명 기술들을 습득해야 한다. 새로운 신기술들을 군이 활용할 수 있도록 접목하려면 젊은 과학자와 공학도들의 관심과 기여가 필요하다. 효과적인 예산 집행을 위해 재래식 무기와 첨단 무기 간 어떻게 배합할 것인지, 합동성을 강화하기 위해 어떤 우선순위를 가져야 할 것인지, 미국과의 동맹 강화가 필수적이지만 우리만의 상쇄전략을 어떻게 확보하고, 어떤 기술들을 개발해 비교우위를 확보할 것인지에 대한 지휘부의 전략적 판단과 결심이 필요하다. 특히 사이버 기술면에서 북한과 중국, 러시아의 침해가 너무도 심각하며 우리의 기술과 정보와 중요 작전 사안들을 지키기 어렵다. 주요 국가 기간시설들에 대한 위협이 사실상 핵과 미사일보다 더 위험한 위기 상황에 봉착해 있다. 따라서 이러한 초연결 사회에서는 국민의 안전을 확보하기 위해 융합차원에서의 보안강화 노력이 시급하다. 이러한 노력들이 국방개혁에 담겨야 한다. 심지어 북한도 혁신을 빠른 속도로 추진하고 있다. 따라서 국방개혁 2.0의 성과에 만족해서는 안 되며, 더 효과적이고 구체적인 개혁이 필요하다.

마지막으로 국방정책에서 가장 중요한 것은 미래에 대한 방향 설정이다. 우리가 6.25 발생 이후 지난 70년간 북한의 위협 방지에만 몰두하다 보니 어느새 북한만을 상대로 하는 시야가 좁은 군이 됐다. 이제 우리는 북한 이후를 준비해야 한다. 한미동맹 역시 변하고 있는 상황 하에서 한미동맹의 목표가 북한을 억제하고 한반도에서 평화를 구현하는데 그칠 것인지에 대해 고민해야 한다. 한미동맹이 한반도를 넘어 더 큰 지역과 세계로 나갈 수 있다면 우리의 역할과 역량이 그만큼 성장하게 될 것이다. 주변국들은 통일 후 한반도에 병력을 최소화하는데 관심을 갖게 될 가능성이 크다. 비록 병력은 줄일 수 있지만 군의 임무와 역할은 더 확대되어야 한다. 그 첫 단추가 세계 평화에 대한 기여이다. 현재 안토니오 쿠테레쉬 유엔 사무총장이 제안하는 평화를 위한 행동계획(Action for Peace Initiative)은 매우 중요한 가치를 담고 있다. 세계 도처의 불안정 지역에서 활동하는 유엔 평화유지군의 역량을 강화하는 계획이다. 이러한 노력에 대통령이나 정부가 적극 개입해야 한다. 미국의 인도-태평양 사령부는 연 7회 이상의 인도적 지원 및 재난 대비 훈련을 감행하고 있다. 우리도 이러한 노력에 더 적극적으로 참여해야 한다. 우리의 평화유지군은 한 때 일본과 중국을 앞지른 적이 있다. 지금은 중국이 세계 2위의 분담금을 제공하고 있으며, 시진핑 주석은 병력 공여에 있어서도 1위가 될 것을 약속하고 있다. 우리는 현재 재정적 기여는 10위, 인력 공여는 40위권 밖에 위치해있다. 다행히 정부가 2021년 12월 평화유지 장관급 회의를 주최하기로 했다. 우리가 국제사회의 평화구축을 위해 좀 더 많은 기술 및 재정적 공여를 할 수 있는 좋은 기회이다. 특히 유엔은 아프리카 파병지역에서의 성범죄 예방을 위해 여성 파병자들을 요청하고 있다. 더 많은 여성들이 평화활동에 참여하도록 하자는 엘시 이니셔티브(Elsie Initiative)[3] 캠페

3) Martha Ghittoni, Lehouck and Callum Watson, *Elsie Initiative for Women in*

인이 2017년 캐나다 밴쿠버에서 열린 평화유지 장관급 회의에서 만장일치로 의결된 이후 지속적으로 이 문제가 논의되고 있다. 스위스 제네바의 DCAF는 여성 파병자들의 확보가 어려운 14가지 이유를 지적하며 각 회원국들이 이러한 문제점들을 적극 개선해 달라고 요구하고 있다. 이제 2021년에는 우리가 아이디어를 낼 차례이다. 현재 정부는 우리의 강점인 정보통신 기술을 이용해서 불안정 지역에 더 많은 기여를 하고자 노력하고 있다. 의무역량강화와 디지털 협력, SMART 캠프지원 사업은 그중 대표적인 것으로 유엔이나 국제사회가 관심을 갖고 있다. SMART 캠프는 첨단 과학 경계시스템을 확보해주면서 동시에 지속가능한 환경 여건을 만들어 주는 사업이다. 에너지 소모적인 유엔 캠프들의 문제점들을 극복하고 식수지원 및 쓰레기 처리 등 오염문제를 해결하며, 인터넷 모바일 서비스 지원을 통해 실시간 모니터링이 가능한 체제로 전환해주는 사업이다. 이는 한국 단독으로 진행하기보다 독일과 핀란드 등 기술력과 문제 해결 의지를 갖고 있는 유사협력국(like minded states)들과 협업을 한다는데 장점이 있다. 한국의 미래 국방정책은 세계적 문제 해결을 위해 다양한 전략적 파트너들과 협력할 수 있는 영역과 방법을 찾기 위해 고민해야 한다. 과거와 같은 병력 파병도 중요하지만, 우리가 잘 할 수 있고 또 세상을 위해 새로운 이정표와 표준을 만들 수 있는 일들을 찾아야 한다. 여러분 세대는 과거의 관행에 머물지 않고, 새로운 역사를 만들기 위한 창의적 고민과 함께, 세상에 나가 구체적인 경험을 쌓아가며, 미래지향적 국방정책을 선도해주길 바란다.

Peace Operations: Baseline Study. (Geneva, July 2018).

제12장
한국의 대북인권정책

●● 이정훈 교수(연세대학교 국제학대학원)

1. 서론

태어날 때부터 인간은 자유롭고 동등한 존엄성과 권리를 가지고 있다고 규정한 '세계인권선언문'은 1948년 12월 10일에 채택되었다. 그러나 72년이 지난 지금 북한에서는 아직도 인권에 대한 범죄가 버젓이 저질러지고 있다. 이 선언문의 30개 조항 모두를 일상적으로 위반하고 있는 북한은 국제사회에서 세계 최악의 인권국가로 알려져 있다. 유엔인권이사회(UNHRC)는 2003년부터 매년 북한인권 결의안을 채택하면서 북한인권 개선을 시도하였지만 상황이 여의치 않자 2013년 3월 북한인권조사위원회(Commission of Inquiry on Human Rights in the Democratic People's Republic of Korea: COI)를 창설하면서 북한 인권에 대한 새로운 국면을 모색하게 된다. 1년간의 광범위한 조사 끝에 2014년 2월 발표된 COI 보고서는 이제까지 나온 북한인권 관련 보고서 중 가장 포괄적이고 공신력 있는 것이었다. 그 핵심은 북한의 3대에 걸친 수십 년간의 조직적 인권탄압이 '반인도 범죄'(Crimes against Humanity)로 규정되었다는 점이다. 참고로, 반인도범죄는 집단살해죄(Genocide), 전쟁범죄(War Crimes) 등과 어깨를 나란히 하는 국제법상 최악의 범죄행위 중 하나다. 이 보고서는 또한 책임추궁을 위해 유엔헌장 제7장의 안보리 권한을 바탕으로 김정은을 포함한 북한 지도층을 국제형사재판소(International Criminal Court: ICC)에 회부할 것을 권고하였다. COI 보고서의 유례없는 권고사항은 유엔 인권이사회가 2014년에 채택한 '북한인권 결의안'에 그대로 반영 되었고, 같은 해 12월 유엔총회 본회의 및 안보리에서 각각 정식 의제로 채택되었다. 북한인권 문제가 안보리 의제로 채택된 것은 당시에는 획기적인 사건이었다.

북한 인권에 대한 유엔과 국제사회의 대응이 급속히 강화된 반면, 대한민국 정부와 국회의 대응은 매우 안일했다. 국회에서의 북한인권법 제정 지연이 그 대표적인 예다. 북한의 인권 개선을 위한 목적으로 2005년에 발의된 북한인권법은 당시 야당인 민주당의 오랜 반대로 11년동안 국회에 계류되었으나 국제여론이 악화되자 2016년 3월에 비로소 공포되어 같은 해 9월에 발효되었다. 이 법안은 통일부에 북한인권증진자문위원회와 북한인권기록센터를 신설하고, 수집·기록된 자료를 통일부에서 법무부로 이관하기 위해 법무부 소속기관으로 북한인권기록보존소를 설치하기로 하였다. 또한 국제기구·국제단체 및 외국 정부 등과 협력해서 국제사회의 관심을 제고하기 위해 외교부에 북한인권국제협력대사를 두고, 북한인권증진과 관련된 국내외 연구기관, 시민단체를 지원할 북한인권재단을 설립하기로 여야가 합의했다. 그러나 북한인권법 시행을 위한 핵심기구로 여겨졌던 이 재단은 야당의 계속된 반대로 아예 출범도 못하다가 문재인 정부 등장 후 1년 3개월만인 2018년 8월 결국 사무실까지 폐쇄되면서 유명무실하게 되었다. 필자가 초대로 역임한 북한인권국제협력대사직도 임기가 만료된 2017년 9월 이후 공백으로 있는 상태이다. 어디 그뿐인가? 지난 2019년 11월에 개최된 유엔총회 제3위원회가 15

년 연속 북한인권 결의안을 채택했는데, 문재인 정부는 공동제안국에 참여하지 않아 국제사회로부터 따가운 눈총을 받았다. 2007년 노무현 정부 당시 유엔 북한인권결의에서 기권한 후 처음으로 한국이 북한인권 관련 유엔 결의에 부정적인 입장을 취한 것이다. 그 후 문재인 정보는 3년 연속 공동제안국으로 참여하지 않았다.

인권은 인류보편적 가치 차원에서 접근해야 하는데, 한국에서는 소위 진보 정권만 들어서면 북한인권에 대한 기본 입장 및 정책이 매우 소극적으로 변한다. 북한인권을 논하는 그 자체를 내정간섭, 실효성 부재 등의 정치적인 이유로 집요하게 반대하는 것이 문제다. 문재인 정부도 2017년 5월 출범 이후 북한과 3차례나 정상회담을 가졌지만, 납북자, 국군포로, 탈북자 등의 인권 문제는 그 어떤 선언에도 포함되지 않았다. 평화와 민족이라는 구호를 앞세워 북한의 반인도 범죄 행위를 침묵으로 대하는 것은 매우 위험한 발상이다. 그 이유는 간단하다. 반인도 범죄와 같은 심각한 범죄에 대한 침묵은 국제법상 방조행위에 해당하기 때문이다.

2. 인권의 역사

800년 전인 1215년, 민주주의의 시작을 알리는 동시에 영국 헌정·헌법의 기초가 된 마그나 카르타(Magna Carta/대헌장)가 등장하였다. 이 문서에는 왕의 자의적 통치보다 법에 의한 통치를 더 위에 둔다는 상징적 선포가 담겼다. 그 핵심에는 교회의 자유, 재판과 법률의 성립, 의회 승인 없는 체포, 과세 등의 제한을 포함한 국민 권리와 자유권이 침해 받을 수 없다는 내용이 있다. 마그나 카르타는 당시엔 지존의 존재였던 절대군주의 자의적 통치를 제한한 문서라는 점에서 자유, 인권, 민주주의에 대한 초석(cornerstone)으로 평가 받아 왔다. 영국의 경계를 넘어 미국 연방헌법(1787년)과 세계인권선언 (1948년)에도 영향을 미친 마그나 카르타는 따라서 인류의 문화유산 으로 취급되고 있는 것이다. 헌정주의와 근대적 인권사상의 출발점 으로 평가 받는 이유이기도 하다.

마그나 카르타에서 특히 인권 선언의 의미를 부여할 만한 것으 로는 제39조가 있는데 이 조항은 다음과 같은 내용을 강조 한다. "자 유민(free man)은 같은 신분의 사람(peers)들에 의한 적법한 판결 (lawful judgement)이나 법의 정당한 절차(law of the land)에 의하지 않 고서는 체포되거나 구금되지 아니하며, 재산과 법익을 박탈당하지 아니하고, 추방되지 아니하며, 또한 기타 방법으로 침해 당하지 아니 한다"라고 되어 있다. 이 대헌장이 채택 된 건 무려 800년전의 일이 다. 그러나 800년이 지난 지금 아직도 지구의 한 구석에서는 전 국 민이 탄압을 받으며 시름하고 있다. 바로 북한에서이다. 마그나 카르 타는 자유의 상징이다. 이 고대 인권 문서에 담긴 인류의 보편적 가 치가 하루 빨리 북한에도 확산되어 반인도 정권의 폭정을 끝내는 게 우리와 국제사회의 몫이다.

마그나 카르타는 인권의 기원으로 자리매김하게 되면서 그 후에 채택된 수많은 인권 선언에 큰 영향을 미쳤다. 그러나 인권에 대한 관념이 체계적으로 정립되기 시작한 시기는 17, 18세기이다. 우선 미 국의 독립선언문이 발표되기 바로 직전인 1776년 6월, 버지니아 권 리장전(Virginia Bill of Rights)이 공표되었다. 이 선언문은 부당한 정부 에 반할 수 있는 국민주권을 포함해 인간을 천부적 자연권으로 규정 했다. 약 3주후인 7월 4일 미국 독립선언문(United States Declaration of

Independence)이 선포되는데, 그 핵심이 버지니아 권리장전에 기초한 생명, 자유, 행복을 추구할 수 있는 개인의 천부적 권리이다. 미국의 독립선언문은 인권을 존중하는 20세기 현대사회의 여러 헌법 형성에 적지 않은 영향을 미치게 된다. 심지어 공산주의자인 호쯔민이 베트남민주공화국을 세우며 만든 1945년 독립선언문도 미 독립선언문에 포함된 내용을 그대로 사용해 눈길을 끌었다. 프랑스에서도 1789년의 시민혁명을 통해 시민의 인권과 권리, 즉 자유권, 저항권, 그리고 소유권 불가침 등이 포함된 성문 헌법이 제정되면서 근대 민주주의 탄생에 기여하는 계기가 마련됐다.

3. 제2차 세계대전 이후의 인권

제2차 세계대전 내내 인권은 전쟁범죄, 제노사이드 등의 잔혹하고 반인도적인 범죄에 광범위하게 시달렸다. 특히 나치 독일에 의해 자행된 유대인의 대학살에 대해 국제사회는 경악을 금치 못했다. 아우슈비츠, 트레블링카라 등의 끔찍한 나치 강제수용소에서 600만 유대인 포로들을 상대로 벌어진 독가스실 학살, 생체실험, 고문은 세계를 놀라게 했다. 따라서 국제사회가 느낀 강한 혐오감은 바로 뉘른베르크 재판, 극동국제군사 재판, 그리고 세계인권선언으로 이어지게 된 것이다. 일찍이 프랭클린 D. 루스벨트 미국 대통령이 1941년 1월 연두교서 연설에서 제시한 네 가지 자유(Four Freedoms), 즉 언론의 자유(Freedom of Speech), 공포로부터의 해방(Freedom from Fear), 종교의 자유(Freedom of Religion), 결핍으로부터의 자유(Freedom from Want)와도 일맥상통한 결과였다.

전범자들의 기소와 처벌을 위해 만들어진 국제법 제도는 바로 실행으로 옮겨진다. 뉘른베르크 재판(Nuremberg Trials)은 나치 독일의 유대인 학살자들 중 A급 전범자 23명을 기소해서 그중 13명을 사형시키고, 3명은 종신형 선고를 내려 엄중한 처벌을 하게 된다. 아시아판 뉘른베르크인 도쿄재판(Tokyo War Crimes Tribunal)에서도 일본이 저지른 전쟁 범죄를 심판하는 차원에서 60여명의 A급 전쟁범죄 용의자 중 28명이 기소되었고, 그중 7명이 사형, 16명이 종신형 선고를 받았다.

더 나아가 제2차 세계대전의 악몽이 다시는 반복되어서는 안된다는 차원에서 유엔 총회는 세계인권선언(Universal Declaration of Human Rights)을 1948년 12월 10일 채택하였다. 인류의 보편적 자유와 권리신장을 위해 만들어진 이 선언은 인류역사상 처음으로 모든 인간이 누려야 할 기본적인 시민적, 정치적, 경제적, 사회적 그리고 문화적 권리를 명시했다는 점이 중요하다. 국제 조약은 아니기 때문에 법적인 효과는 없으나, 유엔 헌장에 포함된 그 자체가 법적 효력에 상응한 효능을 가지고 있다고 볼 수 있다.

세계인권선언의 내용을 구속력 있게 만들기 위해 UN은 1966년 12월 16일 국제인권규약(International Covenants on Human Rights)을 채택해 세계최초의 법적 구속력을 가진 인권 관련 국제법을 탄생시킨다. 즉 '경제적·사회적·문화적 권리에 관한 규약'(A규약)과 '시민적·정치적 권리에 관한 규약'(B규약)이 만들어진 것이다. 채택된 이후, 두 규약의 발효는 10년 후인 1976년에 이루어지게 된다. 세계인권선언과 이 두 규약이 소위 일컬어지는 국제인권장전(International Bill of Human Rights)을 구성하고 있다.

1945년 이래로 현재까지 여러 국제인권조약들이 채택되고 관련

기구들이 생겨나면서 지구촌의 다양한 인권문제는 법적인 측면에서
나, 때로는 군사적인 차원에서 다뤄지면서 인권논의는 계속해서 발
전되어왔다. 국제조약과 관습법들은 특히 국제인권법의 중추가 되고
있다. 이러한 법적 장치들은 인권 유린에 맞서 나름 역할을 해 왔다.
안보리 827호에 의해 1993년 5월 구 유고슬라비아 국제형사재판소
(International Criminal Tribunal for the former Yugoslavia)의 설치, 그리
고 안보리 955호에 의해 1994년 르완다 종족분쟁 및 제노사이드 책
임자 처벌을 위해 르완다국제형사재판소(The International Criminal
Tribunal for Rwanda)가 설립된 것이 좋은 예다. 또한 킬링필드로 불리
는 캄보디아 내전 때의 크메르루즈 반인권 범죄자 처벌을 위해 유엔
−캄보디아 정부간 협상을 통해 2003년에 전례가 없는 혼합법정
(Hybrid Court)인 캄보디아특별재판소(Extraordinary Chambers in the
Courts of Cambodia)가 출범된 사례도 빼놓을 수 없다. 뿐만 아니라
남아공의 인종격리정책인 아파르트타이트 폐지를 위해 유엔총회가
결의안 1761호를 채택하고, 국제사회가 포괄적인 보이코트를 실행해
서 결국 1994년에 넬슨 만델라가 남아공 최초의 흑인 대통령으로 선
출된 쾌거 역시 인권을 지키기 위한 국제사회의 강한 의지를 보여주
는 증거이다.

국제인권법 아래에서 각 국가는 인권을 존중하고 보호하며 또
한 인권을 충족시키도록 하는 의무를 지게 되어 있다. 인권을 존중
하는 의무란, 인권의 누림을 간섭하거나, 축소시켜서는 안 된다는 것
을 의미하고, 인권을 보호하는 의무란 인권학대에 처한 개인과 그룹
을 국가가 보호해야 함을 의미한다. 마지막으로, 인권을 충족하는 의
무는 개인이 기본적인 인권을 충분히 누릴 수 있도록 하기 위한 적
극적인 행동을 국가가 취해야 함을 뜻한다. UN의 보호책임원칙

(Responsibility to Prote, R2P) 개념의 배경이기도 하다. 국가가 자국민을 지키기는커녕 자국민에 대해 인종청소 같은 반인륜적 범죄를 저지르는 등 자국 시민을 보호하지 않거나 할 수 없을 경우 국제사회가 그 책임을 맡아야 한다는 것이다. 국제규범인 R2P는 2011년 리비아 사태 때 리비아 국민을 무아마르 카다피의 학살로부터 보호하기 위해 처음으로 발동된 적이 있다. 이 R2P 개념은 세계인권선언문의 30개 조항 모두를 위반하고 있는 세계 최악의 인권국가이면서도 지난 수십 년 동안 용케도 국제사회의 조명을 피해온 북한을 떠오르게 한다. 내전상태도 아닌 북한에서 자국민을 향한 김정은 정권의 잔혹행위는 유엔의 개입을 촉발하기에 충분하다.

4. 유엔 COI의 설립배경 및 조사결과

유엔인권이사회는 2003년부터 매년 북한인권 결의안을 채택하면서 북한인권 개선을 시도하였지만 상황이 여의치 않자 2013년 3월 북한인권 조사위원회를 창설하면서 북한 인권에 대한 새로운 국면을 모색하게 된다. 이와 같이 COI 보고서는 배경 없이 급조된 미봉책이 아니라 유엔이 10년 넘게 꾸준히 진행해온 노력의 결과물이라고 할 수 있겠다.

북한인권결의안은 지금까지 유엔총회와 유엔인권이사회에서 각각 채택되어 왔다. 북한인권결의가 처음 채택된 2003년 이듬해인 2004년에는 북한인권특별보고관이 임명되었는데, 이 특별보고관 제도는 지금까지 계속 유지되면서 북한인권 문제에 있어서 유엔의 구심점 역할을 하고 있다. 북한인권결의를 찬성하는 인권이사회 회원국 수는 해마다 증가하였고, 2012년과 2013년에는 처음으로 투표 없이 결의안이 채택되었다. 2005년부터 채택된 유엔총회에서의 북한인권결의안 역시 2012년과 2013년에는 투표 없이 결의가 채택되어 북한인권에 대한 국제사회의 공감대 형성을 입증하였다. 참고로 문재인 정부가 공동제안국에 참여하지 않고 있는 북한인권결의안도 그 전에는 4년 연속 컨센서스로 채택되면서 북한인권에 대한 유엔총회의 변함없는 입장을 보여줬었다.

이런 유엔 차원의 결의에도 불구하고 북한인권 침해상황에 진전이 없자, 유엔 인권이사회는 체계적인 조사를 위해 2013년 3월 21일 채택한 북한인권결의에서 북한인권조사위원회의 설립을 결정하게 된다. 조사위원으로는 마이클 커비(Michael Kirby) 전 호주 대법관이 위원장을 맞게 되었고, 세르비아 인권운동가인 소냐 비세르코(Sonja Biserko), 그리고 유엔 북한인권특별보고관인 마르주끼 다루스만(Marzuki Darusman)이 위원으로 임명되었다. 설립 자체를 반대한 북한은 조사위원회의 현장방문을 불허하였다. 따라서 조사위원회의 조사는 주로 한국, 일본, 태국, 영국, 미국 등지에서 공청회 및 비공개 인터뷰를 통한 간접조사 방법으로 진행되었다.

유엔의 조사위원회는 대규모 인권침해가 발생할 경우 그 실태를 체계적으로 조사하고 그러한 행위에 따른 책임을, 즉 형사처벌을 가능하게 하기 위해 있는 유엔의 장치이다. 2004년 수단의 다르푸르 국제 조사위원회(International Commission of Inquiry on Darfur), 2006년 레바논, 2011년 리비아, 시리아, 코트디부아르에 설립된 조사위원회 등이 북한인권조사위원회의 전례이다. 특이한 점은 북한 이전의 경우에는 모든 조사 대상국들이 무력충돌 발생지였는데, 북한의 경우에는 무력충돌이 없는 상황에서 설립된 최초의 사례라는 점이다.

이 또한 북한인권의 실상을 국제사회가 얼마나 심각하게 받아들이고 있는지 보여주는 대목이다.

반인도범죄(Crimes against Humanity), 집단살해죄(Genocide), 전쟁범죄(War Crimes) 등의 대규모 인권침해 사태가 발생할 경우 국제 범죄자에 대한 재판을 맡기 위해 로마규정(Rome Statute of the International Criminal Court)을 근거로 국제형사재판소(International Crimined Court, ICC)가 2002년 7월 1일 설립되었다. 로마규정의 회원국들에 대해서

•• 표 1 COI 북한인권 침해 적발 사항

인권 침해 구분	인권 침해 상세 내용
• 사상, 표현, 종교의 자유 침해	• 아동기부터 세뇌 교육, 선전, 강제 대중 동원, 외부 정보 차단, 검열 등 표현의 자유 억압, 종교의 자유 금지 등 인권 침해 만연
• 차별 정책	• 출신 성분에 따라 태어날 때부터 계급별 차별. 특히 여성, 장애인 등 취약 계층에 대한 차별 심각
• 이동, 거주의 자유 침해	• 주민 이동 통제 (거주지, 노동장소 등)
• 식량권, 사회권, 경제권 등 기본권 침해	• 식량 독점 및 배급제도로 인한 식량 부족 만성화
• 자의적 구금, 고문, 처형, 정치범 수용소 강제 수용	• 정치체제 유지 및 공포 정치의 수단으로 자의적 체포, 강제실종, 고문행위, 즉결처형, 정치범수용소 운영 성폭력, 강제노역 등 비인도적 행위 만연 • 특히 탈북자에 대한 고문, 여성에 대한 성폭력, 강제낙태 자행
• 대한민국 민간인 강제납치, 국군포로 억류 • 타국에서의 강제납치, 유괴	• 6.25 당시 민간인, 국군포로 • 그 이후에도 남한 어부 납북, 유학생 납치, 항공기 납치 – 510여명의 한국인 억류 상태 • 1970-80년대 일본, 레바논, 대만, 중국, 말레이시아, 싱가폴 등에서 납치 – 본국 송환 거부

출처: 2014 유엔 인권이사회 북한인권 조사위원회 보고서

는 ICC의 사법권이 자동으로 적용된다. 문제는 북한을 포함한 인권 침해 사태가 발생하는 대다수의 국가들은 로마규정의 가입국이 아니라는 점이다. 이런 경우 ICC가 사법권을 갖기 위해서는 유엔 안보리가 결의를 통해 ICC에 회부를 해야 한다. 그렇기 때문에 COI 보고서는 안보리의 ICC 회부를 권고하는 한편, 안보리에게 판단의 근거가 될 신뢰 있는 정보를 제공하는데 초점을 맞췄다.

북한인권조사위원회는 반인도범죄 등 국제범죄를 구성하는 사안에 대해 전적인 책임(full accountability)을 묻기 위한 목적으로 북한 내 인권침해 상황을 다음과 같은 6가지 유형으로 정리해서 유엔 인권이사회에 기대 이상의 강도 높은 보고서를 제출하였다. 첫째, 최고 지도자에 대한 절대복종 체제를 확립하기 위한 사상, 양심, 표현 및 종교의 자유 침해. 둘째, 성분제도에 의해 태어날 때부터 주거, 직업, 학업, 배급, 결혼 등에서 차별, 그리고 가부장제에 의한 여성에 대한 차별. 셋째, 주민들 간의 소통 및 외부 정보의 유입을 봉쇄하기 위한 이동 및 거주의 자유 침해. 넷째, 식량을 주민 통제 수단으로 이용하여 식량 분배를 성분제도 등에 따라 차별적으로 적용하고, 이로 인해 발생하는 탈북자를 처벌하는 식량권 및 생명권 침해. 다섯째, 자의적 구금·고문·처형 및 정치범수용소와 같은 구금시설에서의 계획적인 굶기기, 강제노동, 고문, 강간 등 잔인한 인권유린 행위. 여섯째, 6.25 전쟁 당시 납치·억류된 민간인 및 국군포로, 그리고 전후에 진행된 내국인 및 일본, 태국, 미국, 중국, 네덜란드, 이탈리아, 요르단, 싱가포르, 루마니아 등의 외국인 납치·강제실종 문제.

여기서 또 뺄 수 없는 문제가 바로 탈북·난민 문제이다. 현재 국내 체류 전체 탈북자 수는 약 34,000명 정도이다. 여기서 강조돼야 할 부분은 국내입국 탈북자 중 여성이 차지하는 비중이 2006년부

터 70-80%대라는 점이다. 김정은이 집권한 후 여성 탈북자 비율은
계속 상승했다. 2011년에 71%였던 여성 비율이 2018년에는 85.2%
로 늘었다. 2019년에도 30.7% 였다. 전체 탈북자 수는 감소하는 추
세인 점을 감안하면 특이한 현상이라고 볼 수 있겠다(참고로 2020년에
는 코로나 사태로 인해 전체 탈북자 수는 229명으로 급감했다). 이 통계가
중요한 이유는 여성 탈북자들의 증언에 의하면 80-90%가 탈북 과
정에서 강간을 포함한 온갖 성추행에 노출되기 때문이다. 또 하나의
문제는 북한 여성이 중국인과 임신 후에 북한으로 강제 송환되면 아
기는 강제 낙태될 확률이 높고, 태어날 경우에도 혼혈 신생아들이
버려진다는 점이다. 중국에 있는 탈북 고아와 중국 혼혈아의 수도
상당하다. Helping Hands Korea의 대표 겸 북한인권운동가인 Tim
Peters에 의하면 이 수가 많게는 5만여 명으로 추산된다고 한다.

5. 유엔 COI 권고사항

유엔 COI는 위와 같이 북한 내 인권침해 행위들이 반인도범죄
를 구성한다고 판단하고, 안보리가 북한의 책임자들을 ICC 또는 특
별재판소(Ad Hoc Tribunal)에 회부할 것을 권고하였다. 그리고 유엔
사무국과 그 산하 기관들에게 반인도 범죄 방지를 위한 '인권우
선'(Rights Up Front) 전략을 시행하도록 하였다. COI는 또한 R2P를
근거로 북한인권 상황의 개선을 위해 국제사회가 나서야 한다고 강
조했다. 보호책임은 이미 설명했듯이 대규모 인권침해 행위에 대해
개입이라는 권리를 강조하는 기존의 인도적 개입(humanitarian
intervention) 차원을 넘어 국제사회가 그 책임을 맡아야 한다는 의무

•• 표 2   COI 주요 권고 사항

북한에 대한 권고	유엔과 국제사회에 대한 권고	중국에 대한 권고
• 체제 전환 수준의 포괄적인 개혁 요구(사법부 독립, 언론독립 보장, 인권교육 실시 등) • 반인도 범죄 책임자 처벌	• 반인도 범죄자에 대한 유엔 안보리 제재 실시	• 중국에 대해서도 탈북자 강제송환은 반인도 범죄 방조행위(aiding and abetting) 지적
• 정치범 수용소 폐쇄 • 탈북민 보호 • 국가보위부 해체	• 안보리 권한을 바탕으로 북한을 국제형사재판소(ICC) 또는 특별재판소(ad hoc Tribunal)에 회부	• 탈북자 보호와 강제송환 금지원칙(non refoulement) 준수 요청
• 출신성분에 의한 차별과 주민 감시 폐지	• 보호책임(R2P) 원칙에 입각한 국제사회의 개입 의무 권장(북한 정부가 자국민을 보호하지 못하고 있기 때문에 국제사회는 북한 주민을 '인도주의에 관한 범죄'로부터 보호할 책임) • 로마협정 미가입국 경우 안보리 결의 • R2P > 주권	
• 식량권과 언론, 사상, 종교, 이동의 자유 보장	• 북한인권 침해 증거 축적을 위한 별도 독립조직 설치 - OHCHR 서울 북한인권현장사무소	
• 납북자 귀환 허용	• 유엔 사무총장 주도의 'Rights UP Front' 전략 추진 주문(대규모 민간 피해 발생한 르완다, 구유고, 스리랑카 사례)	

출처: 2014 유엔 인권이사회 북한인권 조사위원회 보고서

를 강조하는 진전된 국제사회의 대응방식이다.

　　그 밖에 COI는 북한에 대해서 포괄적인 민주개혁을 요구하면서 정치범수용소를 폐쇄하는 동시에 정치범을 석방하도록 권고하였다. 또한 공정한 재판을 받을 권리 보장, 가혹행위 금지, 사형제 폐지, 언론 독립, 정보 접근권 보장, 해외여행 금지조치 폐지 등의 개혁을

요구하였으며, 납북자 귀환, 이산가족 상봉, 유엔과의 협력 수용 등 인권개선을 위한 노력을 권장하였다. 중국에 대해서는 반인도 범죄 방조행위(aiding and abetting) 해당 가능성을 지적하며, 탈북자 강제 송환을 금지하고 국제난민법에 따른 의무를 이행하여 탈북자 및 인 신매매 피해자 보호에 힘쓰도록 요청하였다. 추가로 납치 방지 조치 도 개혁에 포함되어 있다.

6. 유엔 북한인권 결의안

2014년 3월 28일 스위스 제네바에서 열린 제25차 유엔 인권이 사회는 COI 보고서의 결론 및 권고사항 대부분을 반영한 북한인권 결의안을 채택하였다. 이 결의안은 북한에서 반인도범죄가 자행되어 왔다는 북한인권조사위원회의 결론을 인정하는 동시에 북한의 조직 적 인권침해에 대한 책임규명(accountability)을 위해 유엔 총회가 적 절한 국제형사 사법제도(International Criminal Justice Mechanism)에 회 부해서 인권 침해 책임자들에 대한 책임을 추궁할 것을 권고한다. 또한 강제송환금지(non refoulement) 원칙 존중 등 탈북민 보호도 촉 구했다. 유엔 인권최고대표사무소(OHCHR) 내에 북한인권 모니터링 및 기록을 위한 현장사무소 설치를 권고하기도 하였다.

유엔 인권이사회의 결의안을 바탕으로 유엔 총회는 인권문제를 다루는 제3위원회의 논의를 거쳐 2014년도의 북한인권결의안을 통 과시키게 된다. 유럽연합(EU)과 일본이 초안을 작성하고 역대 최다 인 60개국이 공동제안국으로 참여한 이 결의안은 찬성 111표, 반대 19표, 기권 55표로 제3위원회에서 채택됐다. 결의안 채택에 앞서 쿠바가 북한이 민감하게 여기는 ICC 회부 등 일부 문안을 삭제한 수정안을 표결에 부치는 소동이 있었지만 찬성 40표, 반대 77표, 기권 50표로 부결되었다. 그리고 쿠바의 수정안에 찬성표를 던진 40개국 중 21개국이 대거 이탈하면서 최종 결의안은 편안하게 채택될 수 있게 되었다. 북한의 거센 반대와 전례 없는 외교공세 속에서 표결된 이 결의안은 결국 2월에 발표된 COI 보고서를 그대로 반영하면서 북한의 반인도 범죄자들을 단죄하기 위한 발판을 마련했다는 평가를 받고 있다.

  유엔총회의 북한인권결의안은 지난 2005년부터 매년 채택되어 왔지만 이번만큼은 북한이 뜻밖의 반응을 보였다. 북한의 리수용 외무상은 15년 만에 유엔총회에 직접 참석하는 한편 동남아와 유럽을 순방하며 공세적 외교를 펼쳤다. 물론 결의안 채택에 영향을 미치지는 못했다. 강석주 당시 조선로동당 국제담당비서 역시 유럽을 돌며 스타브로스 람브리니디스 EU 인권특별대표와 만났지만 결과는 같았다. 상황이 여의치 않자 북한은 억류되었던 미국인 3명을 전격 석방하면서 미국에 대한 유화제스처를 취하기까지 했다. 또한 유엔 아동권리협약 선택의정서도 가입 24년 만에 비준하였고, 마르주키 다루스만 특별보고관을 북한으로 초청하면서 북한 최고지도자에게 책임을 묻는 결의안 내용을 빼달라는 부탁을 하기까지 하였다. 이에 다루스만은 "북한 인권 문제에 책임을 묻는 것은 그 무엇보다 중요하다"며 본인의 방북에는 전제조건이 없어야 하며 결의안 채택과는 무관해야 한다는 입장을 밝힌바 있다. 다루스만 특별보고관의 방북은 결국 무산되었다.

  유화제스처를 취하던 북한은 결의안이 그대로 통과될 기미를 보이자 이에 반발하여 핵실험 가능성까지 시사했다. 수십 년 동안 국제사회의 감시망과 법적 규제를 교묘하게 피해온 북한에게 인권문제는 분명 국제사회로부터 은폐하고 싶은 비밀이다. 이 비밀이 상세히 밝혀지고 책임추궁의 목소리가 높아지자 북한 당국은 당황하기 시작한 것이다. 유엔안보리의 연이은 대북제재 결의에도 꿈적 않던 북한이 인권 결의안 앞에서 보인 뜻밖의 모습은 국제사회를 놀라게 했다. 특히 시민단체들은 드디어 북한의 『아킬레스건』을 찾았다는 기대감에 크게 고무되었다. 결국 유엔 총회 본회의에서 압도적인 표차로 채택된 북한인권결의안은 처음으로 안보리의 의제로 채택되면서 유엔 기구의 가장 높은 차원에서 다루어지게 되었다. 물론 거부권을 행사할 수 있는 중국과 러시아 때문에 비관적인 견해도 있었지만, G2를 꿈꾸는 중국이 국제사회의 보편적 가치를 무시한 채 북한을 계속 감싸지는 않을 것이라는 의견도 적지 않았다. 중국의 대북 인권정책은 시간이 갈수록 중국이 국제사회에서 북한과 함께 반인도 범죄의 '공범'으로 전락할 것인지, 아니면 진정한 글로벌 리더로 거듭날 것인지에 대한 리트머스 테스트가 될 수 있는 폭발적인 이슈인 것이다.

7. 미국, EU와 국제사회의 대응 현황

COI 보고서의 효과는 유엔은 물론 국제사회 곳곳에 빠르게 확산되었다. 캐나다 중앙정부는 2013년 9월 28일 '북한인권의 날'을 선포하였고, 남아프리카에 위치한 보츠와나 정부는 COI 보고서 발표 직후에 북한의 반인도 범죄를 이유로 수교 40년 만에 북한과의 외교관계 단절을 선언하였다. 또한 영국 소재 대형 법률사무소인 호간로

벨스(Hogan Lovells)는 COI 보고서의 법적 타당성을 입증하는 별도 법률 의견서를 발간하면서 북한인권 침해 사례에 대해 집단살해죄 (Genocide) 적용 가능성도 제시했다. 집단살해죄는 민족, 종족, 인종, 종교, 집단의 전체나 일부를 파괴하는 범죄행위를 일컫는데 북한 정권이 탄압하는 적대계층 가운데 기독교 등 신앙을 가진 사람들이 많고 이들을 '주체사상에 대한 심각한 위협'으로 보고 있기 때문에 집단살해죄 규정이 가능하다는 결론을 내린 것이다.

북한 인권 개선을 위해 가장 적극적으로 관여하는 나라는 미국이다. 미국은 유엔에서의 강도 높은 대북정책을 견인하는 것은 물론, 자체적으로도 다양한 대북압박 수단을 적용해 왔다. 우선 미국은 북한인권법(North Korean Human Rights Act)을 우리보다 12년 앞선 2004년에 발효하였다. 이 법안은 하원에서 2004년 3월에 상정된 뒤 불과 6개월만인 9월에 상원을 통과했고, 당시 대통령인 조지 W. 부시가 10월에 서명을 하면서 발효된 것이다. 참고로 대한민국 국회에서는 같은 법안이 11년이나 걸리며 겨우 통과됐다는 점을 다시 한번 지적하지 않을 수 없다. 미 상원 외교위원회는 북한인권법 재승인을 2008년, 2012년, 그리고 2018년에 각각 만장일치로 연장했고, 마지막으로 재승인 된 법안(HR 2061)은 2022년까지 유효하다. 특히 2018년 6월 싱가포르 북미정상회담을 한달 앞두고 이 법안이 처리되었기에 더욱 돋보였다. 일본도 미국에 이어 북조선인권법("납치문제와 그밖의 조선민주주의인민공화국 당국의 인권침해 대처에 관한 법률")을 2006년 6월에 공포했다.

미 하원 외교위원회는 북한인권법 외에도 2014년 7월 북한 주민의 인권보호 내용을 담은 북한에 대한 경제 제재와 금융거래 봉쇄법안, 이른바 '대북제재 이행법안'(North Korea Sanctions Enforcement

Act of 2013 – HR 1771)을 역시 여야 의원들의 초당적 지지로 통과시켰다. 이 법안을 발의한 공화당 에드 로이스(Ed Royce) 하원 외교위원장은 북한의 핵과 미사일 개발을 저지하기 위해 북한 지도자의 돈줄을 막고 주민의 인권을 개선하는 법안 필요성을 강조했다. 또한 이미 상정된 대북제재 강화 법안(H.R. 757)도 하원 본회의에 상정했는데, 이 법안은 제재의 범위를 북한은 물론 북한과 불법으로 거래하는 제3국의 기업과 개인 등으로 확대하는 내용을 담아 눈길을 끌었다. 이와 같은 개념은 추후 '세컨데리보이콧'(Secondary Boycott/3자 제재)의 축으로 작용하게 된다. 같은 해 9월, 존 케리 미 국무장관은 유엔 총회를 배경으로 열린 첫 북한인권 관련 장관급 회담에서 북한의 정치범수용소를 지칭하여 "이 사악한 제도"를 폐쇄하라며 북한정권을 향해 강도 높은 경고를 했다. 케리 장관은 북한 인권문제를 작심한 듯 비난하면서 "소리 없이 고통 받는 자들에 대한 침묵이야말로 최대의 학대"라고 덧붙여 강조했다.

더 나아가 2016년 7월 미 국무부는 김정은을 포함한 대북 제재 리스트를 공식적으로 발표했다. 북한의 최고 존엄인 김정은이 미 정부의 대북 제재리스트에 오르는 사상 초유의 사태가 발생한 것이다. 국무부가 의회에 제출한 인권보고서에는 김정은을 포함한 북한의 개인 15명과 기관 8곳을 제재대상으로 지정했다. 그리고 앞으로 인권유린과 관련된 정보를 더 확보해 제재대상을 추가할 것을 다짐했다. 김정은이 제7차 노동당 대회에서 당 위원장에 오른 데 이어 최고 인민회의에서 국무위원장으로 추대되어 유일 지배체제를 완결한 상황에서 미국으로부터 인권 유린 책임을 이유로 '제재 리스트'에 오르는 일격을 당한 것이다. 2016년 7월에 개최된 미 공화당 전당대회에서 당의 새 정강에 북한을 '김씨 일가의 노예국가(slave state)'로 규정한 점도 같은 맥락에서 볼 수 있겠다.

도널드 트럼프 정부가 2017년 1월에 출범하면서 미북관계는 트럼프 특유의 걷잡을 수 없는 혼선을 반복했지만 미 정부의 기본적인 대북 인권정책은 크게 변하지 않았다. 싱가포르 정상회담 이전에는 오히려 더 강경하게 전환되는 조짐을 보였다. 미 주요 인사들은 북한에 대해 고강도 제재를 주문했고, 렉스 틸러슨 미 국무부장관은 북한에 대해 "전략적 인내는 끝났다"고 단호한 입장을 밝혔다. 틸러슨은 또한 북한이 선을 넘을 경우 군사적 옵션도 배제하지 않겠다고까지 말했다. 물론 싱가포르 정상회담 후 트럼프는 "김 위원장과 사랑에 빠졌다," "그와 좋은 케미스트리(궁합)을 갖고 있다"는 등 비핵화를 위해 김정은의 비위를 맞추는 듯 했지만, 미 행정부는 뒷전에서 대북 제재의 내실을 꾸준히 다지고 있었다. 그 대표적인 예가 미 재무부가 제시한 '세컨더리보이콧' 가능성의 경고이다. 재무부 산하 해외자산통제실이 당시 낸 자료를 보면, 재무부는 김정은과 김여정, 노동당 39호실, 고려항공 등 미국이 기존에 제재 대상으로 지정한 466건의 북한 개인 및 기업에 '세컨더리 보이콧 주의' 문구를 추가한 것이다. 한국 등 제3국의 기업이나 개인이 이들 466개 개인·기업과 거래하면 미국 내 자산 압류 등 제재를 받을 수도 있다는 내용이다. 트럼프도 북한의 비핵화 없이 제재 완화는 없다는 뜻을 분명히 한 바 있다.

미국의 적극적인 입장은 곧 국제사회의 북한인권에 대한 인식 및 정책에도 영향을 미쳤다. 특히 유럽연합(EU)이 대북 제재를 최근 크게 강화하고 있다. 예를 들어 EU의 집행위원회(European Commission)가 2019년 11월에 갱신한 EU 통합 대북 금융제재 명단에 개인 137명과 기관·기업 84곳을 올렸는데, 이 같은 수치는 3년 전과 비교했을 때 개인은 3.5배, 기관·기업은 2배 이상 증가한 것으로 추정된다. EU는 또한 코로나 대응을 위해 대북 제재를 완화해야 한다는 유엔 인권최고대표 등의 최근 주장에 대해서도 그 여부는 안보리의 결정 이 최우선시 돼야 한다는 입장을 고수하였다. EU는 일찍이 유럽 국 가에 파견된 북한 해외노동자들의 인권침해에 대한 진상파악에도 유 엔과 함께 적극적인 입장을 취했다. 그 결과, 러시아는 3만 명이 넘 던 북한 노동자를 3분의 1로 줄였다고 확인했고, 독일과 스페인도 자 국 내 북한 노동자 규모와 처리 방침을 공개했다. EU 국가 중 북한 노동자를 고용한 두 나라로 잘 알려졌던 몰타와 폴란드 역시 2017년 부터 더 이상 자국 내 북한 노동자는 없다고 보고했다. 유럽 외, 말레 이시아, 호주, 덴마크 등에서도 망명을 신청하는 경우를 제외하고는 더 이상 북한 국적 노동자는 없다고 확인하였다. 중국을 제외하고는 이제 북한 해외노동자 인권 침해 문제가 국제사회에서 사라져가고 있는 것이다.

8. 북한인권법과 한국의 대응

북한인권 침해에 대한 국제사회의 대응에 비해 한국이 취해 온 그 동안의 대응은 매우 소홀했다고 평가된다. 주인의식 없이 이 문 제가 마치 남의 일 같이 취급해 왔다고 해도 과언이 아닐 것이다. 보 수 정권 때는 안보문제에 밀려, 진보·좌파 정권 때는 평화 담론에 가려 북측에 문제제기 한번 제대로 한 적이 없다. 미국의 북한인권 운동가인 수잔 숄티(Suzanne Scholte)는 북한인권을 위한 싸움이 한국 좌파 정권 때문에 현재 서울에서 일어나고 있다고 '2019 북한자유주

간' 행사를 앞두고 혹평한 적이 있다. 북한인권법의 발의 및 제정 과
정, 그리고 발효 후 이 법안이 어떻게 취급되었는지를 살펴보면 북
한인권에 대한 우리의 현 주소가 어느 정도 파악된다.

북한인권법은 북한의 인권 개선을 촉구하며 탈북자들의 난민
지위를 인정하고 국내외 시민단체들의 활동을 지원하기 위해 만들어
진 법률이다. 국민의힘의 전신인 한나라당이 2005년 8월 17대 국회
에서 발의한 법안이다. 통일부에 북한인권자문위원회를 두고 북한인
권기본계획을 수립해 시행하며 외교통상부에 북한인권대외직명대사
를 임명하는 내용이 담긴 이 법안은 당시 야당인 열린우리당(현재 더
불어민주당)의 반대로 상임위를 통과하고도 법사위에서 계속 계류되
었다. 2014년 1월 민주당은 인권보다는 인도주의 지원을 중심으로
한 북한민생인권법안을 별도로 발의까지 하였다.

북한인권법을 놓고 양당은 다양한 차이점을 보였다. 첫째, 북한
인권 개선 활동에 대한 재정 지원에 관한 입장이 달랐다. 한나라당
은 북한인권재단을 설립해 이런 활동을 지원하려 했는데, 열린우리
당은 '삐라 지원기구'라면서 지원을 반대했다. 따라서 오랜 기간 동
안 국내외 북한인권 활동에 대한 지원은 주로 미국 정부 또는
National Endowment for Democracy와 같은 비영리 단체가 도맡았
다. 둘째, 여야는 북한인권 침해 사례를 어떻게 기록할지에 대해서도
의견을 달리했다. 한나라당은 북한인권기록보존소를 법무부에 설치
할 것을 권고한 반면, 열린우리당(2008년부터는 민주당)은 인권정보센
터를 통일부에 설치할 것을 주장했다. 이 이견은 사실 통일 전 서독
의 사례를 보면 쉽게 풀 수 있는 문제였다. 서독은 동독의 인권 유린
기록은 물론, 통일 이후 과거 청산을 위한 처벌을 목표로 1961년 잘
츠기터 중앙기록보존소를 검찰청 중심으로 설치한바 있다. 한국도

수사 경험을 갖춘 검사들이 형사소추를 전제로 북한인권 침해 사례들을 기록하고, 축적된 자료를 통일 후 처벌의 근거로 삼기 위해 결국 법무부에 북한인권기록보존소를 세우게 된 이유이기도 하다. 셋째, 한나라당은 기본 자유권에 역점을 둔 반면, 열린우리당은 검증 장치도 없는 인도적 지원만 강조해 '인권법'의 실효성을 의심 받을 정도였다.

지지부진한 한국 상황에 대한 국제여론이 점점 나빠지자 여야는 마침내 북한인권법 합의안을 11년만인 2016년 3월에 통과시켜 공포하게 된다. 시행은 2016년 9월이었는데 법안의 핵심인 북한인권재단이 끝까지 출범 못하는 바람에 결국 우리는 유엔과 국제사회의 흐름을 거스르는 행위를 한 것이나 다름없다. COI 보고서는 분명 반인도범죄 행위에 대한 침묵은 방조행위에 해당한다고 지적했다. 중국을 두고 한 말인데 한국에도 적용이 되는 어처구니없는 상황이 발생한 것이다. 대니얼 골드하겐 하버드대 교수는 일찍이 홀로코스트의 책임이 히틀러에게만 있는 것이 아니라 침묵한 독일인 전체에게 있다고 주장한바 있다. 북한인권에 대한 우리의 무관심과 침묵 역시 같은 맥락에서 볼 수 있겠다.

북한인권 문제는 '보편적 가치' 차원에서 국제사회의 심각한 문제이자 책임으로 각인되고 있다. 이에 따른 국제사회의 적극적인 개입 역시 자연스럽게 증가되고 있다. 또한 북한 체제의 변화 없이는 실질적인 인권 개선이 어렵겠다는 인식이 확산되고 있기도 하다. 국제사회가 시도하는 북한체제 변화는 곧 통일을 앞당길 촉매제가 될지도 모른다. 북한인권에 대한 국제사회의 흐름을 정확하게 읽을 필요가 여기에 있다. 왜냐하면 올바른 대북 인권정책 마련이 북한주민의 기본인권을 지켜주는 것은 물론 자유·민주적 통일을 촉진시키는 기회가 될 수 있기 때문이다.

9. 한국의 대응 옵션

북한의 인권 문제가 마치 남의 일처럼 지켜만 보고 있을 수는 없다. 또한 유엔과 국제사회에만 의존하는 것도 문제다. 원론적인 선언을 넘어 실질적인 인권 증진을 위해 실행 가능한 옵션이 뭐가 있는지에 대한 검토가 시급하다.

우선 북한인권법이 제대로 작동되기 위한 노력부터 시작되어야 할 것이다. 북한인권법은 보편적 가치로서의 인권이라는 차원에서 북한인권 문제를 취급하기 위해 제정된 법이다. 인권 문제는 좌우가 없는 것이며 정치화되어서도 안 된다. 순수하게 보편적 인권의 차원에서 접근해야 명분을 세우고 지지를 얻을 수 있다. 여야 합의하에 신설하기로 한 북한인권재단은 2016년에 사무실 마련은 물론 재단 설립을 위한 예비비 47억원을 확보했고, 2017년에는 재단 운영을 위한 예산 118억원, 2018년에는 109억 원을 확보했지만 재단 출범을 위한 이사 추천이 결국 민주당의 거부로 무산되어 예산 집행에 실패했다. 민주당은 북한인권 증진을 위한 활동이 남북관계에 악영향을 미친다는 주장을 일관되게 펼쳐왔다. 과연 설득력이 있는지 의문이다. 왜냐하면 북한인권법 제정과 상관없이 북한은 핵실험, 미사일 발사, 연평도 포격 등의 도발을 거리낌 없이 일삼아 왔기 때문이다.

제21대 국회가 2020년 5월 30일에 출범했다. 그러나 총선에서 압승을 거둔 더불어민주당은 북한인권 관련 문제들을 지난 1년 동안 등한시해왔다. 이번 회기에 처리해야할 시급한 사안들이 없어서가 아니다. 정상적인 입법기구라면 우선 더 이상의 지연 없이 북한인권 재단을 설립해서 북한인권 실태 조사 및 북한주민의 인권 개선을 위한 시민사회단체 활동 지원을 시작해야 한다. 뿐만 아니라 북한인권 국제협력대사도 임명되어야 한다. 북한인권에 대한 국제연대는 이미 상당한 수준을 구축되어 있다. 북한인권국제협력대사가 할 일은 이 국내외 네트워크를 조율해서 최대한의 시너지 효과를 창출하는 것인데 문재인 정부 이후 공석으로 둔 것이다.

법무부 산하에 있는 북한인권기록보존소의 보다 더 적극적인 역할도 요구된다. 동독의 베를린장벽 설치 후 동서독 간 가장 긴 국경선이 있던 서독의 니더작센(Niedersachsen)주 잘츠기터(Salzgitter)에 1961년 11월 중앙기록보존소가 설치됐는데, 이 기관은 동독의 인권 침해 자료를 수집·보존해서 향후 형사소추가 가능할 때 공소시효에 관계없이 범죄자들의 처벌을 목표로 하고 있었다. 이 중앙기록보존소의 활동은 동독 주민들에 대한 인권침해를 억제하는데 실제로 도움이 되었고, 동독 지도부의 인권침해 상황을 국제사회에 구체적으로 알려서 동독의 인권문제에 대한 국제적 압력을 가하는 토대를 마련했다. 우리의 북한인권기록보존소도 서독의 중앙기록보존소를 본받아 북한의 인권침해 억제 효과를 내게 하는 것이 중요하다.

우리가 할 수 있는 또 하나의 대응 방안은 서울유엔인권사무소와의 유기적인 관계를 구축하는 것이다. 유엔 인권최고대표실의 서울 사무소는 2015년 6월 개소했다. 주요 업무는 북한 내 인권 상황을 살피고, 관련 국가 정부, 시민사회 및 기타 이해관계자와 협력하여 북한 내 인권을 증진시키고 보호하는 것이다. 특히 최근에는 반인도범죄에 준하는 사례에 대한 모니터링 및 기록 역량 강화를 위해 제네바 및 서울 소재 직원으로 구성된 '조선민주주의인민공화국에 대한 책임규명 프로젝트'가 설립되었다. 국제형사법 전문가들이 탈북자들과의 면담을 통해 수집한 정보를 분석하여 국제법 상 범죄에 해당하는 내용이 있는지 밝혀내고, 전자기록보존소에 정보를 보존하는 것이 주 목적이다. 국내에 있는 여러 인권 단체들이 인권 침해 사례 및 잠재적 국제범죄 행위에 관한 정보를 유엔인권사무소에 제공해서 향후 책임규명을 통해 피해자들의 정의실현에 기여할 수 있는 방안들을 적극 모색할 수 있는 기회이기도 하다. 중장기적인 비전을 갖고 유엔 서울사무소와의 협력 체계를 비중 있게 다뤄야 하는 하나의 이유이다.

마지막으로 북한인권 개선을 위해 우리가 할 수 있는 것이 대북 심리전 재개이다. 김여정의 대북전단에 대한 비난에 따른 논란이 불거지고 있는 지금 실천 가능성이 낮다는 점은 인정된다. 정부가 대북전단 살포에 대해 남북교류협력법을 적용해 탈북자 단체들을 고발 조치까지 했기 때문이다. 그러나 전단 살포, 확성기 설치, 라디오 방송 등을 활용한 대북 심리전이 북한 체제에 미치는 영향은 상당하다. 김여정의 비난 이유도 여기에 있다. 북한은 지난 2000년 남북정상회담 때도 가장 먼저 대북 심리전을 중단해줄 것을 요청했었다. 그때도 체제 와해에 대한 불안감 때문이었다. 북한의 인권침해를 막겠다면서 북한이 두려워하는 대북 심리전을 적극 활용하지 않는 것은 인권 개선에 대한 의지가 없는 것으로 간주해야 할 것이다. 북한 사회에 외부 정보를 유입시키기 위한 활동은 매우 중요하다. 외부 정보 유입은 북한주민들의 인권의식을 증대해 변화를 촉발시킬 수 있는 가장 확실한 단초이기 때문이다.

북한인권 문제는 적당히 대응해서 해결할 수 있는 것이 아니다. 지금 막지 못한다면 유엔이 규정한 반인도 범죄는 거침없이 계속될 것이다. 북한인권 문제는 자연재해와 같은 위기 상황으로 봐야 한다. 쓰나미 피해 또는 원전 사고에 버금가는 적극적인 대응이 시급하게 요구되는 상황인데, 피해자들에 대한 접근 자체가 불가하기 때문에 북한 주민들은 잔혹한 인권 침해 사슬에서 벗어나지 못하고 있는 것이다.

10. 결론

북한 핵무기와 인권 유린 문제는 자유통일만이 풀 수 있는 한반도 최대의 난제이다. 지난 수십 년 동안 권력 유지를 위해 사용된 이두 핵심 수단은 북한이 쉽게 포기할 리가 없다. 1994년 남아프리카공화국에서 인종불리정책인 '아파르타이드'가 종결되고 넬슨 만델라가 최초의 흑인 대통령으로 선출된 것은 1980년대 내내 국제사회가 남아프리카공화국에 대해 스포츠, 문화, 투자를 포함한 포괄적이고 철저한 제재를 했기 때문에 가능했다. 그러나 우리는 지금 정 반대 방향으로 가고 있다. 어떻게 해서든 북한을 경제, 문화, 스포츠로 엮으려 하고 있는 것이다. 이런 상황에서 인권 유린 문제는 당연히 해결될 수가 없다. 특히 가장 앞장서야 할 한국 정부가 반인도 범죄를 일삼는 북한에 대해 책임추궁은커녕 문제제기조차 안 하고 있다. 이와 같이 북한인권을 무시하는 행위는 실제로 반국가적이고 반통일적인 면이 적지 않다.

대한민국 정부가 북한인권을 반드시 핵심 국정목표로 설정해야하는 이유는 다음과 같다. 첫째, 세계인권선언문 정신에 부합한 인류 보편적 가치를 수호하는 행위는 정당하기 때문이다. 둘째, 유엔이 북한인권 상황을 반인도 범죄로 규정했기 때문이다. 셋째, 인권외교를 통해 소프트파워로의 비상이 가능하기 때문이다. 넷째, 인권은 핵과 달리 주도권 확보가 가능한 영역이기 때문이다. 그리고 다섯째, 올바른 인권정책을 펼친다면 떳떳하게 통일시대를 맞이할 수 있기 때문이다.

북한인권 문제는 이제 남북관계 차원을 넘어 유엔과 국제사회가 주시하는 글로벌 이슈이다. 민생이니 연방제니 하면서 실효성 없는 남북 특수관계를 운운할 때가 아니다. 국제사회의 흐름을 잘 읽고 자유민주 기본질서에 입각한 통일을 준비해서 북한의 핵과 인권문제를 일괄 타결할 의지를 실천으로 옮길 때가 왔다. 경제강국, 문화강국 창출에 이어 '인권강국'으로 도약해 자유통일 시대를 하루빨리 맞이하는 것이 앞으로 한국 정부가 일궈내야 할 최대의 과제이다.

UN Human Rights Council (UNHCR), "Situation of Human Rights in the Democratic People's Republic of Korea: resolution adopted by the Human Rights Council (A/HRC/RES/22/13)," 2013.4.9.
출처: https://www.ohchr.org/EN/HRBodies/HRC/CoIDPRK/Pages/CommissionInquiryonHRinDPRK.aspx (검색일: 2020.2.15)

UNHRC, "Report of the Detailed Findings of the Commission of Inquiry on Human Rights in the Democratic People's Republic of Korea (A/H RC/25/CRP.1)," 2014.2.7.
출처: <https://www.ohchr.org/en/hrbodies/hrc/coidprk/pages/commissioninquiryonhrindprk.aspx> (검색일: 2020.2.15); 비공식 국문 번역본은 유엔 북한인권조사위원회의 요청으로 통일연구원에서 발간하였고, 유엔인권서울사무소 자료실에 소장되어 있다.
출처: <https://seoul.ohchr.org/EN/_layouts/15/WopiFrame.aspx?sourcedoc=/EN/Documents/Commission%20of%20Inquiry/COI_detailed_Korean.pdf&action=default>

Magna Carta의 자유권적 기본권에 대해 Anthony Arlidge and Igor Judge, Magna Carta Uncovered (Oxford: Hart Publishing Ltd., 2014), pp. 45-50, 189.

Carl N. Degler, Thomas C. Cochran, Vincent P. De Santis, Homan Hamilton, William H. Harbaugh, Arthur S. Link, James M. McPher -son, Russel B. Nye, David M. Potter, and Clarence L. Ver Steeg, The Democratic Experience: A *Short American History, Fourth E-dition,* (Glenview, Illinois: Scott, Foresman and Company, 1977), pp. 54-58; 미국의 독립선언문에 대한 간략한 정리는 Voice of Am -erica, "[미국의 삶] 영국의 식민지 미국, 1776년 독립선언 — 그 배경과 과정," (2007.7.4).
출처: <https://www.voakorea.com/archive/35-2007-07-04-

voa17-91290499> (검색일: 2020.4.5).

오병선, 박종보, 김비환, 홍성필, 박경서, 인권의 해설 (국가인권위원회, 2011), pp. 26-28.

COI 설립과 조사 방식, 그리고 권고안의 상세한 내용에 대해서는 Jung-Hoon Lee and Joe Phillips, "Drawing the Line: Combating Atrocities in North Korea," *The Washington Quarterly*, Vol. 39, No. 2 (Summer 2016), pp. 61-65.

UNHRC, "Report of the Detailed Findings of the COI."

성분제도에 대해 Greg Scarlatoiu, "Human Security in North Korea," *International Journal of Korean Studies*, Vol. 14, No. 2 (Fall 2015), pp. 128-131.

북한은 전 세계 14개국에서 18만 108명을 납치했다. 또한 한국전쟁 때 한국에서 8만 2천 959 명을 북한으로 납치했고, 전쟁 이후에도 3천7 21명의 한국 어부들을 포함하여 3천 824명의 한국민을 북한으로 납치하였다. 납치 문제에 대한 간략한 정리는 자유아시아방송, "[스칼라튜] 북한의 외국인 납치 범죄" (2017.5.16). 출처: <https://www.rfa.org/korean/commentary/greg/gscu-0515 2017145540.html> (검색일: 2020.2.30).

탈북 여성 인권 침해 관련 Daye Gang and Joanna Hosaniak, *They Only Claim that Things have Changed: Discrimination against Women in the Democratic People's Republic of Korea*, NKHR Briefing Report No.8 (Life & Human Rights Books Citizens Alliance for North Korean Human Rights, 2018), pp. 38-46.

중국 내 숨어 생활하는 탈북 난민들의 다양한 문제 해결을 위한 인간 안보 이해에 대해 Jung-Hoon Lee, "The UN's Human Security Challenge: The Plight of North Korean Refugees in China," *Journal of International Politics*), Vol. 25, No. 1 (Summer 2020), pp. 54-60.

Tim Peters, "Refugees," in John Barry Kotch and Frank-Jurgen Richter (eds.), *Korea Confronts the Future* (Singapore: Marshall Cavendish International (Asia) Private Ltd., 2005), p. 111.

북한 탈북난민에 대한 중국 정책에 대해 Roberta Cohen, "China's Forced Repatriation of North Korean Refugees Incurs United Nations Censure," *International Journal of Korean Studies*, Volume XVIII, Number 1 (Summer/Fall 2014).

United Nations Human Rights Council, *Situation of Human Rights in the Democratic People's Republic of Korea* (A/HRC/25/L.17) ad-opted by a vote (30 in favor, 6 against, 11 abstentions) in the 55th meeting on 2014.3.28.
출처: https://ap.ohchr.org/documents/dpage_e.aspx?si=A/HRC/RES/25/25 (검색일: 2020.3.4).

UN Security Council Press Release, "Security Council, in Divided Vote, Puts Democratic People's Republic of Korea's Situation on Agenda following Findings of Unspeakable Human Rights Abuses" UN Doc. SC/11720 (2014.12.22).
출처: <https://www.un.org/press/en/2014/sc11720.doc.htm> (검색일: 2020.2.15).

Hogan Lovells, *Crimes against Humanity: An Independent Legal Opinion on the Findings of the Commission of Inquiry on Human Rights in the Democratic People's Republic of Korea* (London: May 2014). 본 보고서는 유엔 도서 목록 (LIB/ASIA/DRK/130)으로 소장 되어 있다.
출처: https://searchlibrary.ohchr.org/record/27613 (검색일: 2020.4.1).

이조은, "미 상원, 북한인권법 재승인 법안 만장일치 가결," *VOA* (2018.4.26).
출처: https://www.voakorea.com/korea/korea-politics/4365010> (검색일: 2020.3.5).

심재민, "정작 북한은 나 몰라라...타국에서 만들어지는 '북한 인권법,'" 시선뉴스 (2016.3.12.).
출처: http://www.sisunnews.co.kr/news/articleView.html?idxno=33967> (검색일: 2020.3.15).

Philip Rucker and Josh Dawsey, "'We fell in love': Trump and Kim shower praise, stroke egos on path to nuclear negotiations," *The Washington Post* (2019.2.25).

출처: https://www.washingtonpost.com/politics/we－fell－in－love－trump－and－kim－shower－praise－stroke－egos－on－path－to－nuclear－negotiations/2019/02/24/46875188－3777－11e9－854a－7a14d7fec96a_story.html＞ (검색일: 2020.4.25).

황준범, "트럼프 '김정은과 궁합 좋다…사랑에 빠졌다'는 비유적 표현," 한겨레 (2018.10.15).

출처: ＜http://www.hani.co.kr/arti/international/international_general/865848.html＞ (검색일: 2020.3.15).

이연철, "유럽연합 '대북 제재 명단에 개인 137명, 기관·기업 84곳,' *VOA* (2019.11.12.).

출처: ＜https://www.voakorea.com/korea/korea－economy/5161498＞ (검색일: 2020.5.1).

양희정, "몰타·폴란드 '북 노동자 전원 송환,' 자유아시아방송 (2019.12.20.)

출처: https://www.rfa.org/korean/in_focus/nk_nuclear_talks/ne－yh－12202019145155.html＞ (검색일: 2020.5.1).

윤형준, "北 인권 위한 싸움, 서울서 벌어지는 중," 조선일보 (2019.3.28.)

출처: http://news.chosun.com/site/data/html_dir/2019/03/28/2019032800358.html＞ (검색일: 2020.5.2).

구체적인 북한인권법 법령에 대해 통일부(북한인권과), "북한인권법" [시행 2016. 9. 4.] [법률 제14070호, 2016. 3. 3., 제정].

참조: http://www.law.go.kr/법령/북한인권법/(14070,20160303)＞ (검색일: 2020.3.10).

Daniel Jonah Goldhagen, *Hitler's Willing Executioners: Ordinary Germans and the Holocaust* (USA: Vintage Books, Random House, 1996).

'조선민주주의인민공화국에 대한 책임규명 프로젝트' 관련 인권이사회 (제40차 회기, 의제 4) 유엔 인권최고대표 연례보고 및 인권최고대표사무소와 사무총장 보고, 유엔 인권최고대표 보고서: 조선민주주의인민공화국 내 책임 규명 증진 참조 (2019.2.25.-3.22).

출처: https://seoul.ohchr.org/EN/Documents/2019/A_HRC_40_360 _Accountability_KOR.PDF> (검색일: 2020.3.15.).

제13장
한국의 통일정책

●● **홍용표 교수**(한양대학교 정치외교학과)

1. 헌법과 통일정책

통일을 이루는 것은 대한민국 헌법에 명시되어 있는 중요한 국가적 과제이다. 우선 헌법 전문은 "평화적 통일"이 우리의 "사명"이며, "정의·인도와 동포애로써 민족의 단결을 공고히" 해야 한다고 강조하고 있다. 이어 헌법 제4조는 "대한민국은 통일을 지향하며, 자유민주적 기본질서에 입각한 평화적 통일정책을 수립하고 이를 추진"해야 한다는 점을 분명히 하고 있다. 아울러 우리 헌법은 대통령 관련 조항에서 "대통령은 조국의 평화적 통일을 위한 성실한 의무"를 지며, 취임 선서에서 "조국의 평화적 통일"을 위해 노력해야 한다는 점을 국민에게 약속하도록 규정하고 있다. 대한민국 헌법에서 통일만큼 그 중요성이 강조되고 정책의 방향까지 확실하게 제시된 분야는 없다.

아울러 우리 헌법 제3조에는 대한민국의 영토가 "한반도와 그 부속 도서"로 이루어진다고 명시되어 있다. 이 조항에 따르면 대한민국의 영토는 휴전선 북쪽을 모두 포함한다. 현실적으로 휴전선 이북 지역에 대해 우리가 관할권을 행사할 수는 없지만 헌법상 북한 지역도 우리의 영토이다. 그렇기에 북한에서 남쪽으로 넘어온 탈북민들에게 대한민국 국민의 지위가 자동적으로 주어진다. 2019년 11월 북한 선원 두 명이 동료 선원들을 살해하고 남쪽으로 넘어왔을 때 그들을 바로 북한으로 보낸 정부의 조치를 둘러싸고 논란이 있었다. 그 문제의 핵심이 바로 헌법 3조와 관련된 것이다. 남쪽으로 넘어온 북한 주민은 헌법에 의해서 우리 국민이 되는데, 이들을 그냥 북한으로 보냈다는 점에서 문제가 제기된 것이다. 이와 같이 북쪽 지역이 대한민국 영토이고, 그곳에 사는 주민들은 대한민국 국민이라는 뜻을 담고 있는 헌법 제3조는 통일의 당위성을 나타내는 조항이기도 하다.

헌법과 통일문제에 관련하여 또 하나 강조되어야 할 점은 바로 제4조에 통일정책은 "자유민주적 기본질서"에 입각해 수립해야 한다고 규정되어 있다는 것이다. 사실 너무 당연한 이야기이지만 전체주의나 공산주의 방식으로의 통일은 해서도 안되고 할 수도 없다. 마지막으로 우리 헌법에서 통일이라는 단어 앞에는 대부분 "평화"라는 표현이 붙는다. 통일은 무력이 아닌 평화적 방법으로 이루어져야 한다는 것이다.

2. 통일정책은 외교정책인가?

이 책의 대 주제는 "한국의 외교정책"이다. 여기서 한가지 의문이 제기될 수 있다. 바로 '통일정책을 외교정책이라고 할 수 있을까?' 하는 질문이다. 실제 이미 출판된 외교정책 관련 교재들을 보면 통일정책 분야가 포함된 책도 있고 그렇지 않은 책도 있다.

   우선 외교정책의 의미를 살펴보면, 외교정책은 일반적으로 "한 국가가 자국의 이익을 위해 다른 국가 혹은 국제사회를 향해 취하는 행동"을 말한다[1]. 여기서 정책의 주체와 대상은 국가이다. 영어로 외교정책은 "foreign policy"인데, 사전을 찾아보면 "foreign"은 내가 소속되지 않은 다른 나라(country)와 관련된 것을 의미한다. 즉, foreign은 국가 밖의 이야기다. 여기서 중요한 것은 북한을 국가로 볼 것인지 아닌지의 문제이다. 국가적인 측면도 있고 아닌 측면도 있다. 앞에서 이야기 했듯이, 우리 헌법에 따르면 북한은 국가가 아니다. 하지만 국제법적으로는 남북한은 각기 UN에 회원국으로 가입하였고, 국제적으로 별개의 국가로 인정받는다. 뒤에서 자세히 보겠지만 남북한은 하나의 민족이며 통일을 지향하는 특별한 관계이기도 하다.

   이러한 점들을 고려했을 때, 통일정책은 외교정책에 포함되는 측면도 있고, 그렇지 않은 측면도 있다. 대한민국의 이익을 위해서 대한민국 밖에 있는 북한에 대해 정책을 취한다는 점에서 통일정책은 외교정책의 일부분이라고 할 수 있다. 하지만 미국, 일본, 중국과 같은 나라에 대해서 취하는 정책과는 다른 측면이 많다. 통일정책을 외교부가 아닌 통일부라는 별도의 부처에 다루는 이유도 바로 여기에 있다.

---

1) 외교정책의 개념에 대해서는 남궁곤, "외교정책결정 이론," 우철구·박건영 편, 『현대 국제관계이론과 한국』 (서울: 사회평론, 2004) 참조.

3. 통일정책과 대북정책

통일정책의 의미를 보다 구체적으로 파악하기 위해서는 통일정책과 대북정책의 뜻을 비교해 볼 필요가 있다. 통일정책과 대북정책은 같은 것이라는 해석도 있고, 다른 것이라는 해석도 있다. 통일정책 안에 대북정책이 포함된다고 하는 사람들도 있고, 대북정책 안에 통일정책이 포함된다고 생각하는 사람들도 있다. 아예 '통일/대북정책'이라고 함께 표기하기도 한다.

통일정책은 간단히 말해서 분단된 한반도를 다시 하나로 만들기 위한 정책이다. 대북정책은 말 그대로 북한에 대한 정책이다. 우리가 통일이라는 말을 할 때 그 대상이 북한인만큼 통일정책과 대북정책이 비슷한 의미를 지니고 있는 것은 당연하다. 하지만 좀 더 자세히 살펴보면 차이점도 있다.

<그림 1>은 통일정책과 대북정책의 의미와 상호관계를 보여

•• 그림 1　통일정책과 대북정책의 관계

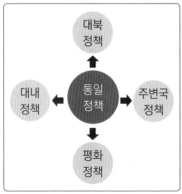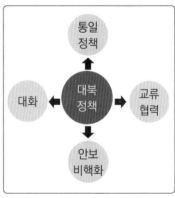

준다. 통일정책에는 그 대상인 북한을 상대로 펼치는 정책, 즉 대북정책이 당연히 포함된다. 하지만 통일을 이루어 가는 과정에서 상대할 대상이 북한만 있는 것은 아니다. 분단과정에서부터 한반도 문제에 영향을 미쳐온 미국, 중국, 일본, 러시아 등 주변국에 대한 정책도 중요하다. 우리나라와 주변 4강과의 정상회담을 분석해보면 대부분의 경우 통일, 핵, 북한 등 분단 문제에 논의가 집중된다. 경제, 문화 등 분야는 그 중요성이 증가함에도 불구하고 실제 정상회담에서 다루어지는 비중은 작은 편이다[2]. 이는 통일문제에 있어 주변국과의 관계가 매우 중요함을 말해준다. 아울러 통일정책을 원활하게 추진하기 위해서는 내부적으로 공감대를 형성해야 한다. 우리가 요즘도 경험하고 있지만 남남갈등이 크면 효율적인 정책 이행이 어렵다. 북한 핵문제 해결, 평화체제 수립 등과 관련된 정책도 중요하다.

　대북정책을 중심으로 보면 통일정책이 대북정책의 일부라고 할 수 있다. 대북정책에는 단기적으로 북한과 대화하고 교류협력을 이어가기 위한 전략이 포함된다. 북한의 군사위협, 특히 핵위협에 대한 대비 등 우리의 안보를 지키기 위한 정책도 북한을 상대함에 있어서 중요한 부분이다. 장기적으로는 북한을 대상으로 통일을 이루기 위한 노력을 지속해야 한다. 이런 의미에서는 대북정책 안에 통일정책이 들어 있다고 할 수 있다. 한마디로 말해서 어떤 관점에서 보느냐에 따라 통일정책과 대북정책의 관계는 달라진다.

---

2) 홍용표, "분단과 한국의 외교: 주변 4강과의 정상회담을 중심으로," 『한국정치외교사논총』 제32권 1호 (2010).

4. 통일부와 통일정책

헌법에 명시되어 있는 통일정책을 담당하는 행정기관은 통일부다. 1969년 3월 "사회 각계에서 전개된 통일 논의를 수렴하고 정부 차원에서 체계적, 제도적으로 통일 문제를 다루기 위해" 세워진 국토통일원이 그 출발이다. 분단국의 특성을 반영해서 통일 업무를 전담하는 중앙행정기관을 창설한 것으로, 이러한 행정부처가 있는 곳은 전 세계에서 대한민국뿐이다. 그래서 통일부 장관은 해외에 나갈 경우, 카운터 파트를 찾기 어렵다. 다른 나라에는 통일부와 같은 중앙행정기관이 없기 때문이다. 독일의 경우 통일 이전 시기에는 서독에 동독과의 관계를 다루는 '내독성'이 있었다. 통일 이후에는 연방경제에너지부 차관이 구 동독지역 관련 업무를 담당하는 '신연방주 특임관'이라는 직책을 겸임하고 있다.

현재 정부조직법 31조에 따르면 "통일부장관은 통일 및 남북대화, 교류·협력에 관한 정책의 수립, 통일교육, 그 밖에 통일에 관한 사무를 관장한다." 통일부 홈페이지를 보면 위의 업무 외에도 인도지원, 북한정세 분석, 홍보 등과 관계된 일을 한다. 이산가족과 북한이탈주민 지원, 북한인권 문제, 개성공단 관리 등도 통일부의 중요 업무이다. 한마디로 통일부는 통일 및 북한과 관련된 거의 모든 문제를 다루고 관련 정책을 만든다.

물론 통일부 혼자만 관련 일을 하는 것은 아니다. 통일문제는 우리 사회 거의 모든 분야에 영향을 미치기 때문에 많은 행정기관이 관계되어 있다. 예를 들어 북한 이탈주민 정책 수립을 위해 '대책 협의회'가 정기적으로 개최되는데 여기에는 법무부, 보건복지부, 행정자치부, 경찰 등 19개 기관이 참석한다. 하지만 통일문제에 관해 가장 협력이 많이 필요한 국가기관은 외교부, 국방부, 국정원 등이다. 통일에 대한 국제적 지지를 확보하기 위한 외교, 핵 문제를 풀기 위한 외교 등 대외관계는 외교부의 협력이 필수적이다. 북한의 군사적 위협에 대한 대처 및 군사문제 관련 대화는 국방부가 맡는다. 국정원의 대북 정보 수집은 올바른 정책 및 대화 전략을 수립하는데 있어 매우 중요하다.

5. 남북관계의 이중성과 통일정책 수립의 어려움

통일 문제, 특히 북한과 관련된 이슈에 대한 국민들의 관심은 매우 높다. '남남갈등'이라는 표현이 일상적으로 쓰이는 데서 알 수 있듯이 다른 분야에 비해 의견 대립도 크다. 그만큼 정책을 수립하기도 어렵다. 통일정책을 둘러싸고 갈등이 생기는 큰 이유 중 하나는 북한을 어떻게 생각하는가에 따라 선호하는 정책 방향이 다르기 때문이다. 북한에 대한 지원을 찬성하는 사람들도 있지만 반대하는 사람도 적지 않다. 북한은 우리의 동포이니까 꼭 통일을 해야 한다는 의견도 있지만, 우리를 위협하고 비상식적 행동을 하는 북한과 꼭 같이 살아야 하는지 의문이 제기되기도 한다.

이러한 인식의 차이는 남북관계를 민족이라는 관점에서 볼 것인지 또는 국가적 차원에서 볼 것인지의 문제로 연결된다. 전자는 '민족 중심적 시각', 후자는 '국가 중심적 시각'이다[3]. 남한과 북한에

----

3) 남남갈등과 북한에 대한 인식차이 문제에 관련한 자세한 논의는 박순성 편저, 『통일 논쟁: 12가지 쟁점, 새로운 모색』 (서울: 한울, 2015) 참조.

사는 사람들은 한글이라는 같은 언어를 사용하고 같은 역사와 문화를 공유하고 있는 하나의 민족이다. 하지만 남과 북은 대한민국과 조선민주주의인민공화국이라는 다른 국호를 사용하고 있으며, 1991년에는 유엔에 동시 가입하였다. 한반도에 두 개의 국가와 두 개의 정부가 존재하는 것이 엄연한 사실이다. 바로 그렇기 때문에 북한은 우리에게 이중적인 대상이며, 남북관계에는 이중성이 있다는 표현이 생겼다. 그리고 이러한 이중성은 정책의 방향에 영향을 미친다.

민족 중심적 시각은 남북관계에서 민족의 공동이익과 동포애를 중시하며, 따라서 북한과의 교류와 협력의 필요성을 강조하는 경향이 있다. 국가 중심적 시각은 국가이익을 중시하며, 따라서 북한의 위협에 대응한 안보의 필요성을 강조한다. 대체로(항상 그런 것은 아니지만) 전자는 진보적 입장과, 후자는 보수적 입장과 연결되어 있다. 국제정치적 관점에서 볼 때는 전자는 자유주의와, 후자는 현실주의와 유사한 인식을 지니고 있다.

남북관계의 이중성이 상징적으로 잘 나타난 사례 중 하나가 1992년 발효된 「남북기본합의서」이다. 기본합의서는 제3자의 개입 없이 남북한이 공개적 협의를 거쳐 채택·발효된 최초의 공식 합의문으로 평가된다. 이 합의의 서문에는 남북관계가 "나라와 나라사이의 관계가 아닌 통일을 지향하는 과정에서 잠정적으로 형성되는 특수관계"라고 명시되어 있다. 또한 "민족의 공동 이익 도모"와 같은 표현이 포함되어 있는 등 민족 중심적 시각이 반영되어 있다. 하지만 이 합의에는 서명 주체로 '대한민국 국무총리 정원식'과 '조선민주주의인민공화국 정무원 총리 연형묵'이 명기되어 있다. 합의 내용에는 "나라 사이의 관계가 아니다"라고 되어 있지만, 합의 자체는 각 나라의 대표 간에 이루진 것이다.

•• 그림 2 남북 동시입장 사용 기(旗)에 대한 여론조사

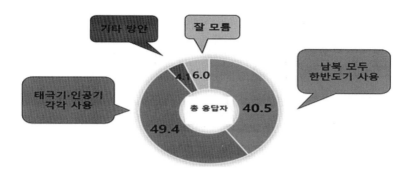

출처: 리얼미터 설문조사, 2018/01/17

(1) 사례 1: 태극기, 인공기, 그리고 한반도기

남북관계의 이중성으로 인해 한국 사회의 여론이 갈라진 대표적 사례가 2018년 동계 올림픽 때 남북한이 공동으로 입장하면서 어떤 기(旗)를 사용할 것인가의 문제였다. 당시 남북한 간에 화해 분위기가 무르익으면서 양측 당국은 한반도기를 함께 들고 올림픽 개막식 동시입장 한다는 데 합의하였다. 하지만 국내 여론은 찬반 입장으로 갈렸다. <그림 2>에서 볼 수 있듯이 한반도기에 찬성한 입장

•• 그림 3 2018년 동계올림픽 입장식 및 폐막식

•• 그림 4 남북 단일팀 구성에 대한
여론조사

남북 단일팀 참가에 대한 찬반 (단위=%)

무리해서 구성할 필요
없다
72.2

가급적 단일팀
구성이 옳다
27.0

무응답
0.8

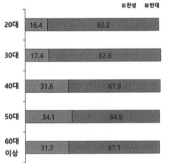

단일팀 구성에 대한 연령별 반응(단위=%)

□찬성 □반대

	찬성	반대
20대	16.4	82.2
30대	17.4	82.6
40대	31.6	67.9
50대	34.1	64.9
60대 이상	31.7	67.1

출처: 매일경제, 2018/01/17

은 40.5%, 태극기와 인공기를 각각 들어야 한다는 입장에 찬성한 의견은 49.5%로 나타났다. 민족을 중시한 사람들은 한반도기를 선호했지만, 국가를 중시하는 사람들은 태극기를 무시하면 안 된다는 반론 제기한 것이다. 실제 개막식 때는 남북한이 한반도기를 들고 공동 입장하였으나, 폐막식때는 양측이 태극기와 인공기를 각자 원하는 대로 사용하는 쪽으로 정리되었다.

평창 동계올림픽 여자 아이스하키 경기에 남북 단일팀을 구성하는 문제는 더 많은 갈등과 논쟁을 불러일으켰다. 정부는 민족의 화합과 평화를 위해 단일팀 구성이 중요하다고 생각했다. 하지만 대한민국을 대표하는 국가대표팀이 존재하는데, 이들을 희생시켜서는 안 된다는 반론도 많았다. 당시 여론조사에 따르면 단일팀을 무리해서 구성할 필요가 없다는 의견이 72%에 달했다. 특히 2 - 30대에서는 단일팀 반대 의견이 80%를 넘었는데, 이러한 결과는 젊은 세대에게는 민족보다 국가 정체성이 더 강하기 때문인 것으로 해석되었다.

(2) 사례 2: 안보와 교류협력의 균형

'민족이 먼저인가 국가가 먼저인가'의 논쟁은 정책적으로 '안보가 우선인가 교류협력이 우선인가'의 문제와 연결된다. 남북관계의 현실을 봤을 때 둘 다 필요하다. 핵 개발을 포함한 북한의 군사적 위협이 지속되고 있기 때문에 안보에 소홀함이 있어서는 안 되지만, 헌법에 평화적 통일을 명시한 만큼 대화와 교류협력도 해야 한다.

남북관계의 역사를 보아도, 협력과 갈등이 반복하였다. 남과 북은 1972년 7.4 남북공동성명에 합의 한 이후 남북기본합의서 체결(1992), 금강산 관광 개시(1998년) 및 개성공단 운영(2004년), 남북정상회담과 6.15 공동선언(2000년), 10.4 공동선언(2007년), 판문점 선언(2018년) 등 적지 않은 합의와 협력 사업을 이루어냈다. 하지만 북한은 그 사이 사이에 KAL기 폭파(1987년), 연평해전 및 대청해전(1999, 2002, 2009년), 천안함 피격 및 연평도 포격(2010년), 남북공동연락사무소 폭파(2020년), 무엇보다 6차례의 핵실험 등 각종 도발을 감행하였다. 그렇기에 안보와 교류협력, 어느 한쪽에만 치중해서는 안 된다.

•• 그림 5　김정은의 미소와 평화

출처(좌측이미지): 무료이미지, 청와대,
2018 남북정상회담 01,
http://www.president.go.kr/img_KR/
2018/04/2018042704.jpg

　　2018년 이후 한반도 평화가 진전되었지만, 김정은 위원장의 행보에서 여전히 북한의 이중성을 찾아 볼 수 있다. 예를 들어 김정은 위원장은 2018년 문재인 대통령, 트럼프 대통령과의 정상회담에서 평화를 이야기하면 활짝 웃었다. 하지만 2019년 탄도미사일을 시험 발사하면서도 웃는 모습을 보였다(그림 5 참조). 과연 어떤 웃음이 진짜일까? 정답은 김정은 위원장 본인만이 알 것이다. 우리에게 중요한 것은 막연한 기대나 근거 없는 억측을 해서는 안 된다는 것이다. 북한의 이중성을 인정하며 냉정하게 북한의 행동 패턴과 의도를 분석하며 정책을 수립해야 한다.

6. 통일정책의 연속성과 변화

　　앞서 논의하였듯이, 통일정책에는 북한에 대한 정책 뿐만 아니라, 주변국에 대한 정책 그리고 국내정책이 포함된다. 따라서 통일정책을 만들 때는 여러 가지 요인들을 복합적으로 고려해야 한다. 우선 가장 중요한 대상인 북한이 우리를 어떻게 생각하는지, 대남정책은 어떤 방향으로 추진되고 있는지, 북한 내부는 어떻게 돌아가고 있는지 등을 파악해야 한다. 국제환경도 중요한 만큼, 국제정치 질서는 어떤 특징을 띄고 있는지, 미·중·일·러 등 주변국은 한반도 문제를 어떻게 생각하는지 분석해야 한다. 국내환경과 관련해서는 통일에 대해, 그리고 북한에 대해 국민들은 어떻게 생각하고 있지, 정치적 역학구도는 어떤지 등에 대해 알고 있어야 한다. 이렇게 여러 가지 변수가 영향을 미치기 때문에 흔히 통일정책은 '고차원 방정식'을 푸는 것과 같다는 비유가 생겼다.

이와 같은 환경적 변수와 함께 정책결정자가 어떤 이념적 성향과 세계관을 가지고 있는가에 따라서도 정책방향은 변화할 수 있다. 예를 들어 앞에서 언급한 민족과 국가 중 어떤 쪽을 중시하는지, 진보적 이념과 보수적 이념 중 어떤 성향을 지녔는지, 자유주의적 정책과 현실주의적 정책 중 어떤 쪽을 선호하는지에 따라 다른 정책이 수립될 수 있다. 또 다른 기준은 현상유지적 정책과 현상 수정적 정책이다. 통일은 분단이라는 현상을 변경하는 것이다. 따라서 분단이라는 상황을 어느 정도 인정하고 분단관리 및 평화관리 중심의 현상유지 정책을 추진할 수도 있고, 아니면 좀 더 적극적으로 남북관계를 바꾸고 통일로 가기 위한 현상수정 정책을 펼칠 수도 있다. 예를 들어 이승만 대통령은 현실주의적이면서도 현상수정을 추구하는 정책을 선호하였다. 그는 공산주의는 콜레라와 같다고 인식하며 북진통일을 주장하였다. 반면 박정희 대통령의 선건설 후통일 정책은 현실주의적이면서도 현상유지적 정책이라고 할 수 있다.

통일정책은 시대적 환경에 따라 또 지도자의 성향에 따라 변화하는 부분이 있다. 하지만 연속성도 존재한다. 대내외 환경이 아무리 바뀌어도, 정책결정자의 철학이 아무리 달라져도 완전히 무시할 수 없는 부분이 있기 때문이다. 바로 평화적 통일을 준비하라는 헌법적 명령 및 남북관계 개선의 필요성, 그리고 6.25전쟁 이후 끊이지 않은 북한의 군사적 위협이다. 따라서 아무리 북한과의 대화와 교류협력을 중요시 하더라도 안보의 중요성을 간과할 수는 없으며, 반대로 북한의 위협을 강조하는 정부도 교류협력을 도외시할 수는 없다.

일반적으로 한국의 보수 정부는 안보를 강조하며 주로 대북 압박정책을 수립하고 진보 정부는 주로 유화적 정책을 펼친다고 인식되어 왔다. 그런 경향이 아주 없는 것은 아니다. 하지만, 김대중, 노

무현 대통령의 포용정책에서는 '안보와 교류협력의 병행'이 강조되었
고, 대부분의 보수 성향 정부에서는 교류협력 방안을 준비해 왔다.
예를 들어 박정희 정부가 1972년 체결한 7.4 공동성명에는 통일 3대
원칙(자주, 평화, 민족대단결) 외에 상호 중상 비방 및 무장도발 중지,
서울-평양 상설 직통전화 설치, 민족적 연계를 위한 다방면 교류,
통일문제 해결을 위한 남북조절위원회 설치 및 운영 등이 포함되어
있다. 1982년에는 전두환 정부가 북한에게 서울-평양 간 도로 연
결, 설악산 및 금강산 지역의 자유 관광지대화, 자유교역을 위한 인
천항과 남포항 개항, 자유로운 공동어로구역 설정, 국제대회 단일팀
구성, 자연자원 공동개발, 군비통제 협의 및 군 직통전화 운용 등을
제안하였다. 이러한 대북 사업 아이디어들은 1987년에 발표된 노태
우 대통령의 '7.7 선언'에서 체계적으로 정리되었다.

노태우 대통령의 7.7 선언

나는 오늘 자주·평화·민주·복지의 원칙에 입각하여 민족구성원 전체가
참여하는 사회, 문화, 경제, 정치 공동체를 이룩함으로써 민족자존과 통일
번영의 새 시대를 열어 나갈 것임을 약속하면서 다음과 같은 정책을 추진
해 나갈 것을 내외에 선언합니다.
첫째. 정치인, 경제인, 언론인, 종교인, 문화.예술인, 체육인, 학자 및 학생
등 남북 동포간의 상호 교류를 적극 추진하며 해외동포들이 자유로이 남
북을 왕래하도록 문호를 개방한다.
둘째. 남북적십자회담이 타결되기 이전이라도 인도주의적 견지에서 가능
한 모든 방법을 통해 이산가족들 간에 생사, 주소 확인, 서신 왕래, 상호
방문이 이루어질 수 있도록 적극 주선, 지원한다.
셋째. 남북간 교역의 문호를 개방하고 남북간 교역을 민족 내부 교역으로
간주한다.
넷째. 남북 모든 동포의 삶의 질을 향상시킬 수 있도록 민족 경제의 균형

적 발전이 이루어지기를 희망하며 비군사적 물자에 대해 우리 우방들이 북한과 교역을 하는 데 반대하지 않는다.

다섯째. 남북간의 소모적인 경쟁, 대결 외교를 종결하고 북한이 국제사회에 발전적 기여를 할 수 있도록 협력하며, 또한 남북 대표가 국제 무대에서 자유롭게 만나 민족의 공동 이익을 위하여 서로 협력할 것을 희망한다.

여섯째. 한반도의 평화를 정착시킬 여건을 조성하기 위하여 북한이 미국, 일본 등 우리 우방과의 관계를 개선하는 데 협조할 용의가 있으며 또한 우리는 소련·중국을 비롯한 사회주의 국가들과의 관계 개선을 추구한다.

최근 박근혜 정부와 문재인 정부의 정책에서도 변화와 함께 연속성을 발견할 수 있다. 박근혜 정부의 대북정책 기조는 "튼튼한 안보에 기초한 정책 추진"과 "합의 이행을 통한 신뢰 쌓기" 그리고 "국민적 신뢰와 국제사회와의 신뢰에 기반"한 정책 추진이었다. 보다 구체적으로는 대화와 교류협력에 기초한 신뢰 형성, 한반도의 지속가능한 평화 만들기 등을 추진 과제로 제시하였다. 이러한 정책 방향은 "튼튼한 대한민국, 평화로운 한반도"를 앞세우며, 국민과 함께하는 민생통일, 남북협력 법제화와 한반도 비핵화 합의 등을 제시한 문재인 정부의 대북정책 기조와 유사한 측면이 있다.

7. 바람직한 통일정책의 목표와 방향

대한민국의 통일정책은 지난 70여년의 역사 속에서 변화하며 발전해 왔다. 그리고 그 과정에는 일관성과 연속성도 존재한다. 정책이 변화했던 그대로이던, 그것은 맞고 틀리고의 문제가 아니다. 모든 정부가 그 당시 주어진 상황에서 좀 더 좋은 평화와 통일의 환경을 만들기 위해 노력해다는 것을 인정해야 한다. 그리고 어떤 상황에서 어떤 정책결정을 했고, 그것은 어떤 결과를 가져왔는지 분석하고 교훈을 찾는 것이 중요하다. 그것이 많은 전문가들이 바라는 '지속 가능한 정책'을 만드는 지름길이기도 하다.

마지막으로 그동안의 연구와 정책 현장에서의 경험을 바탕으로 보다 바람직한 정책을 위한 몇 가지 제언을 하고자 한다. 첫째, 목표를 분명히 해야 한다. 북핵 문제 해결과 관련, 북한과 대화를 해야 한다 또는 제재를 강화해야 한다는 논쟁이 있다. 결론적으로 말하면 대화와 제재 둘 다 필요하다. 하지만 대화와 제재 둘 다 목표는 아니다. 우리의 목표는 통일과 평화, 그리고 이를 위한 북한의 비핵화이다. 이 과정에서 대화와 제재는 북한의 변화를 이끌어내기 위한 수단일 뿐이다. 어느 것이 좋고 나쁘고의 문제가 아니라, 어떤 상황에서 우리가 원하는 목표를 달성하기 위해 어떤 수단을 쓸 것인가를 잘 정하는 것이 중요하다. 대화에만 매달리게 되면 협상력이 떨어질 수밖에 없다. 대화의 모멘텀 유지를 위해 노력하되, 북한의 잘못된 행동은 단호히 대응하며 바로 잡아야 한다. 제재와 압박에만 몰두해서도 안 된다. 적절히 채찍과 당근을 사용해야 말을 원하는 대로 움직일 수 있듯이, 압박이 필요할 때는 확실히 또 대화가 필요할 때는 최선을 다하는 자세가 필요하다.

둘째, 정책을 수립함에 있어 국가이익의 유지와 확대가 중요한 기준이 되어야 한다. 앞서 민족 중심과 국가 중심 시각에 대해서 살펴봤는데, 정부는 당연히 국가 중심적 시각에서 국익을 중심으로 움직여야 한다. 민간 영역에서는 민족적 시각 중심으로 교류와 협력에 보다 많은 노력을 기울여도 된다. 하지만 정부는 국민의 안전과 국가의 안보에 만전을 기해야 한다. 비핵화 대화도 핵을 가지고 자신의 안보를 지키려는 북한과 북한 핵의 위협으로부터 국민 안전을 지켜야 하는 한국의 협상이라는 점을 잊어서는 안 된다.

셋째, 평화와 통일의 조화로운 모색이 필요하다. 우리는 평화적 통일을 지향해 왔다. 통일은 당연히 평화적으로 이루어져야 한다. 하지만 통일이 이루어졌다고 평화라는 가치의 역할이 끝나는 것은 아니다. 평화는 인류 보편적 가치이다. 통일 이후에도 우리가 평화를 중시하고, 평화를 확산하기 위해서 노력해야 통일한국도 국제사회에서 환영 받을 수 있다. 다시 말해, 평화를 통일의 전제조건 또는 통일의 방법으로만 인식하는 데서 벗어나, 평화 그 자체를 통일의 비전으로 인식할 필요가 있다.

마지막으로 전쟁과 평화, 통일과 평화의 이분법에서 벗어나야 한다. 평화의 중요성을 강조하기 위해 과도하게 전쟁의 불안감 확대해서는 안 된다. 평화가 중요하고 필요하지만 평화에 대한 막연한 기대도 버려야 한다. 냉철하게 상황을 파악하고 평화의 길을 찾아야 한다[4]. 과거에 우리는 '우리의 소원은 통일'이라는 노래를 부르면 통일만 되면 모든 일이 해결될 것이라는 막연한 기대를 가지고 있었다. 하지만 독일 통일을 보면서 우리가 잘 준비하지 않으면 통일이 약이 아니라 독이 될 수도 있음을 깨닫기 시작했다. 평화도 마찬가지다. 평화가 만병통치약이 될 수 없다. 통일에 대한 환상에서 벗어났을 때 우리가 보다 현실적인 통일정책을 생각할 수 있었듯이 평화에 대한 환상에서 벗어나야 진정한 평화, 인간 존엄성이 지켜지는 평화를 만들 수 있다.

....

4) 홍용표, "한반도 평화와 대한민국의 평화정책," 최대석·홍용표 외, 『한반도, 평화를 말하다』 (서울: 21세기북스, 2021).

저자소개

현인택

고려대학교 정치외교학과 명예교수로 지난 30여 년 동안 국제정치를 연구하고 교육해왔다. 특히 국제
정치이론, 한국외교정책, 미국외교정책, 한국의 통일정책, 동아시아국제정치, 안보연구, 비전통안보연
구를 가르치고 연구해왔다. 특히 지난 수십 년 동안 한미관계, 한일관계 및 한국과 동아시아 관계에
관해서 주요 Track II 회의(민관합동회의)를 기획하고 주도함으로써 한국외교정책의 수립에 직간접적
으로 기여해왔다. 고려대 기획예산처장 및 일민국제관계연구원장을 역임하였다. 제35대 통일부장관
(2009–2011) 및 대통령통일정책특별보좌관(2011–2013)을 역임하였다.
현재 고려대학교 정치외교학과 명예교수 및 재단법인 국제정책연구원 이사장으로 재임 중이다. 고려
대에서 학사, 석사 학위를 받았고, 미국 University of California, Los Angeles(UCLA)에서 정치학 박
사 학위를 받았다. 최근 저서로는 「헤게모니의 미래」(고려대 출판문화원, 2020)가 있으며 이외에도
영문 및 국문 저서 및 논문 수십 편이 있다.

한국외교정책론

초판발행	2022년 3월 15일
지은이	현인택
펴낸이	안종만·안상준
편 집	탁종민
기획/마케팅	이영조
표지디자인	이소연
제 작	고철민·조영환
펴낸곳	(주) **박영사**
	서울특별시 금천구 가산디지털2로 53, 210호(가산동, 한라시그마밸리)
	등록 1959. 3. 11. 제300-1959-1호(倫)
전 화	02)733-6771
fax	02)736-4818
e-mail	pys@pybook.co.kr
homepage	www.pybook.co.kr
ISBN	979-11-303-1394-8 93340

정 가	20,000원